ミネルヴァ日本評伝選

後代の佳名を貽す者か

源 義経

近藤好和著

ミネルヴァ書房

刊行の趣意

「学問は歴史に極まり候ことに候」とは、先哲荻生徂徠のことばである。

歴史のなかにこそ人間の智恵は宿されている。人間の愚かさもそこにはあらわだ。この歴史を探り、歴史に学んでこそ、人間はようやくみずからの正体を知り、いくらかは賢くなることができる。新しい勇気を得て未来に向かうことができる。徂徠はそう言いたかったのだろう。

「ミネルヴァ日本評伝選」は、私たちの直接の先人について、この人間知を学びなおそうという試みである。日本列島の過去に生きた人々の言行を、深く、くわしく探って、そこに現代への批判を聴きとろうとする試みである。日本人ばかりではない。列島の歴史にかかわった多くの異国の人々の声にも耳を傾けよう。

先人たちの書き残した文章をそのひだにまで立ち入って読み、彼らの旅した跡をたどりなおし、彼らのなしとげた事業を広い文脈のなかで注意深く観察しなおす――そのとき、はじめて先人たちはいまの私たちのかたわらによみがえってくる。彼らのなまの声で歴史の智恵を、また人間であることのよろこびと苦しみを、私たちに伝えてくれもするだろう。

この「評伝選」のつらなりのなかから、列島の歴史はおのずからその複雑さと奥ゆきの深さをもって浮かび上がってくるはずだ。これを読むとき、私たちのなかに新たな自信と勇気が湧いてきて、その矜持と勇気をもって「グローバリゼーション」の世紀に立ち向かってゆくことができる――そのような「ミネルヴァ日本評伝選」にしたいと、私たちは願っている。

平成十五年（二〇〇三）九月

上横手雅敬
芳賀　徹

源義経画像（中尊寺蔵）

源義経画像（中尊寺蔵）

源義経の画像（肖像画）は少ない。そのなかでもっとも著名なのが本画像である。これは弁慶画像と一対となったものであるが，弁慶画像が戯画的なのに対し，揉み上げや髭の表現も自然で写実的である。耳が無骨な感じを受けるが，表情はどことなく憂いを含んでおり，切れ長の目に，鼻梁高く，引き締まった口元は，美男子といってよいであろう。しかし，この画像は近世初頭の制作という。だから，この画像に実際の義経のイメージを重ね合わせることは早計である。

この画像が近世初頭の制作であることは，着衣や左腰に佩帯した太刀の様式からも明瞭にわかる。具体的にみていくと，まず頭には捼烏帽子《なええぼし》を被り，額の状態からは月代《さかやき》を剃っているようである。着衣は，肌着に盤領《まるえり》の胴衣《どうぎ》らしきものを着用し，赤地の小袖を重ね，鉄色を思わせる袴に着込めている。足には，おそらく絹地であろう白足袋を履き，薄物で仕立てた，白い胸紐の付いた広袖の胴服《どうふく》を羽織っている。左手で突いているのは，蝙《かわ》蝠扇《ほりおうぎ》（細骨五本に地紙片面張の扇）であり，これは夏用の扇で，薄物で仕立てた胴服とともに，画像が夏姿であることを示している。

一方，左腰に佩帯した太刀は，柄は白鮫皮包《しろさめがわつつみ》で萌葱を思わせる糸を巻いた糸巻《いとまき》太刀という様式であり，柄頭からは赤い手貫緒《てぬきのお》を垂らしている。柄の外装金物（柄頭の兜金《かぶとがね》と鐔《つば》側の縁金《ふちがね》）と鐔は，赤銅地金鍍金《しゃくどうじきんときん》のようであり，背後にのぞく鞘には，花文様の金蒔絵が施され，石突金物《いしづきがなもの》と責金《せめがね》もみえている。

この太刀は，描かれている反りの状態からすると，一見打刀《うちがたな》を思わせる。しかし，袴の腰に差しているようには描かれておらず，また兜金・手貫緒・石突金物などは太刀の装備である。そこで，腰に佩緒《はきお》が描かれていないのが不審であるが，これは太刀に相違ない。ただし，寸法は短かく，小太刀のようである。また，反りが打刀のように描かれているのは，座ったことにより，鞘が股で持ち上がった状態を描いたためであろう（太刀と打刀の区別については本書第二章参照）。そうであれば，ますます写実的な画像ということになろう。

源義経——後代の佳名を貽す者か　目次

図版一覧

※文化財の名称は、筆者の見識で一部改めたものがある。

関係地図

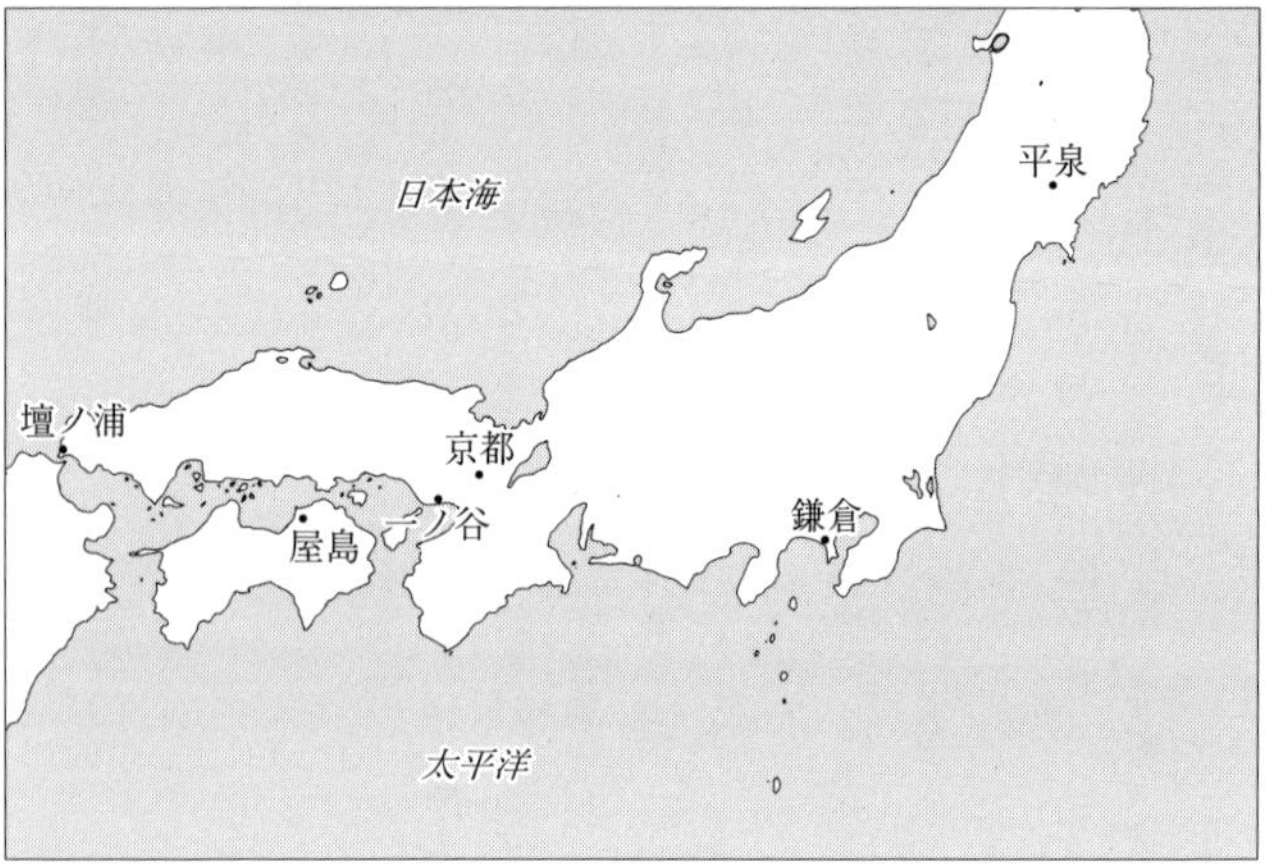

序章　義経の略歴と史料

義経の略歴

源義経は、十二世紀末、一般に源平時代といわれ、その時代の元号から治承・寿永内乱期とよばれる時代の英雄である。これは誰もが認めることであろう。その生涯は短く劇的である。しかも確実な史料からはわからない点が多く、その死の直後から多くの伝説が形成された。確実であろうと考えられている範囲で義経の生涯を概観すると、つぎのようになる。

生年は平治元年（一一五九）。父は源義朝《みなもとのよしとも》、母は九条院雑仕常盤《ぞうしときわ》（常磐とも）。幼名牛若。生後まもなく、父義朝は平治の乱に平清盛《たいらのきよもり》に敗れて、翌年、東国に逃げる途中、尾張で謀殺される。母常盤は、牛若と二人の兄今若・乙若の幼子三人を伴い、一時は大和に逃れたが、清盛のもとに自首。しかし、清盛は母子の助命を認め、やがて常盤は一条長成《ながなり》と再婚。三人の子は長成に一時養われた後、それぞれ稚児《ちご》として寺院に送られ、牛若は鞍馬（鞍馬寺）に登り、遮那王《しゃなおう》と名乗る。数年の後、義経は、鞍馬を出て、自ら元服し、源九郎義経と名乗り、その後、奥州藤原氏のもとに身を寄せる。

やがて異母兄源頼朝《よりとも》の挙兵を聞き、奥州を出て、治承四年（一一八〇）十月、頼朝と対面。以後、頼朝の配下となる。寿永二年（一一八三）七月、木曽義仲《きそよしなか》に追われる形で、平氏一門は都を落ちる。しかし、都に入った義仲を後白河法皇は嫌い、頼朝を頼り、頼朝は義経を派遣。義経は都に入らず、近隣諸国を徘徊して義仲を牽制した。やがて義仲が後白河を幽閉し、クーデター（法住寺合戦）を起こすと、頼朝は、異母弟の源範頼《のりより》に大軍を付けて上洛させ、翌寿永三年（一一八四、この年は四月十六日改元で元暦元年となる。以下、本書では元暦元年とする）一月、義経は範頼とともに義仲を追討。引き続き義経は、同年二月の一ノ谷合戦、翌元暦二年（一一八五、この年は八月十四日改元で文治元年となる。以下、本書では文治元年とする）二月の屋島合戦で平氏を敗り、同年三月、壇ノ浦でついに滅亡させる。この時期が義経の生涯でもっとも活躍した時期であり、同時にもっとも史料が豊富な時期である。

しかし、壇ノ浦合戦後は頼朝と不和となり、やがて叔父の源行家《ゆきいえ》とむすび、同年十一月、頼朝追討宣旨を得て、西国に向かおうとしたが難破。その後、わずかな郎等とともに畿内近国に潜伏・流浪し、やがてふたたび奥州藤原氏のもとに身を寄せる。しかし、その庇護者であった藤原秀衡《ひでひら》が死去すると、後継者の藤原泰衡《やすひら》は、はじめ頼朝の圧力に抵抗していたが、ついに負けて義経を攻め、文治五年（一一八九）閏四月、義経は妻子とともに自害して果てるのである。享年三十一歳であった。

義経を探る文献史料

以上のような義経の短い生涯を探る文献史料としては、九条兼実《かねざね》の『玉葉《ぎょくよう》』や吉田経房《つねふさ》の『吉記《きっき》』などの京都の公家の漢文日記（古記録と総称）、鎌倉時代末期に幕府によって編纂された『吾妻鏡』、『平治物語』や『平家物語』などの軍記物語、南北朝時代につくられた藤原氏と源平両氏を中心とする系図集成である『尊卑分脈《そんぴぶんみゃく》』の注記などが代表的なものであり、また、自筆を含むいくつかの義経関連の古文書も残る。

ほかに、古記録類の記述をもとに編纂されたという『百錬抄《ひゃくれんしょう》』（『百練抄』が正しいとも）という史料や、九条兼実の実弟で天台座主《てんだいざす》であった慈円《じえん》が著した『愚管抄《ぐかんしょう》』という書物も、義経を知るための文献史料である。さらに、室町時代にできた『義経記《ぎけいき》』という軍記物語などもある。

こうした文献史料のうち、もっとも信頼できるのは古文書と古記録である。それは義経と同時代のいわば「生」の史料だからである。ただし、古記録の記述には、伝聞や推定なども含まれていることを考慮しなければならない。

ついで信頼できるのが、鎌倉幕府の公式記録となっている『吾妻鏡』である。しかし、『吾妻鏡』は、様々な原史料をもとに鎌倉末期に編纂された文献である。こうした編纂史料の場合、原史料それぞれの信頼性が均一ではないことが多く、また、編纂者の意図によって史実が潤色されたり、歪曲や改変される場合もある。『吾妻鏡』の記述も、信頼できる部分と疑わしい部分があり、明らかな錯簡などもある。しかも頼朝の死後、幕府の実質的な支配者となった北条氏の意図によって編纂されたことを考慮する必要がある。したがって、『吾妻鏡』の記述を全面的に信頼するのは危険である。しかしながら、義経を考えるためには、『吾妻鏡』に頼らざるを得ないのも事実であり、古記録と同等に利用できる史料である。

『吾妻鏡』よりもさらに信頼性が落ちる史料が軍記物語である。軍記物語も『吾妻鏡』などの編纂史料と同様に、様々な原史料をもとに記述されているわけだが、編纂史料以上に文飾や誇張を含む史実の潤色・歪曲・改変が多く、しかも同じ作品でも、後世に逸話が増補されたり、逆に整理されたりして、様々な異本が存在する。特に異本が多いのが『平家物語』で、異本間で内容が異なる場合も多く、どの異本を利用するかも考慮の対象となる。

とはいえ、軍記物語が全面的に信頼できないのかといえば、そうではない。古文書・古記録や『吾妻鏡』には記されていない意外な真実が記されている場合があるし、特に合戦・戦闘の具体的な記述は軍記物語の真骨頂であり、それについては軍記物語に頼らざるを得ない。

そうしたなかで、『吾妻鏡』の一部の記述や『尊卑分脈』の注記以外には他の史料が乏しい義経の生い立ちについては、『平治物語』（下巻）に詳しく、義経がもっとも活躍した時期とその合戦・戦闘に関しては『平家物語』に詳しい。

これに対し、『義経記』は、義経の生涯を記しているが、他の史料に乏しい義経の生い立ちと、文治元年十一月以後の潜伏・流浪生活から自害までが詳しく、もっとも活躍した時期については簡単な記述ですませている。

しかし、生い立ちや潜伏・流浪生活の記述は作り話が多く、現在でも著名な義経伝説の多くは、『義経記』の記述がもとになっている場合が多い。たとえば、鞍馬で天狗に剣術を習ったとか、弁慶との出会いであるとか、歌舞伎の『勧進帳』のもとになった話などである。したがって、史実の義経を考えるためには『義経記』は無視することのできる史料といえよう。

本書の方針

本書では、以上のような史料を利用して義経の生涯をたどっていくが、『玉葉』と『吾妻鏡』を中心として、それらの記事をあまり解釈を加えずに網羅的に要約引用し、義経の生涯を編年的に辿っていくこととする。そのほうが先入観を排した客観的な記述ができると考えるからである。したがって、『玉葉』や『吾妻鏡』に記されていない、義経の伝説的部分についてはほとんどふれないつもりである。

また、本書では、史実として政治史の流れは追うが、政治史的な背景のなかで義経の生涯を考えるという手法はとらない。筆者は政治史の専門家ではなく、新たな政治史を説く用意も蓄積もないからであるし、逆にそれらについてはすでに多くの優れた業績があるからである。

それに対し、筆者の専門は有職《ゆうそく》故実《こじつ》であり、特に日本の古代・中世の武具や戦闘の研究である。そこで筆者は、義経の戦士としての側面に注目し、これまで学問的には手薄であった合戦や戦闘の具体像のなかで義経を考えてみたい。そのために活用する史料の中心は『平家物語』である。

ただし、『平家物語』にはすでにふれたように多くの異本がある。そのうち延慶本《えんぎょうぼん》・『源平盛衰《げんぺいじょうすい》記《き》』・四部合戦状本《しぶかっせんじょうぼん》・『源平闘諍録《げんぺいとうじょうろく》』・覚一本《かくいちぼん》などが代表的な諸本といえる。これらをすべて利用できれば理想だが、本書では、そのうち鎌倉末期の延慶年間（一三〇八〜一一）に書写したことを記す奥書があり、それをさらに応永二十六、七年（一四一九、二〇）に書写した異本で、現存諸本のうちでもっとも古態を示している（古態を示す部分が多い）と考えられている延慶本と、南北朝期に覚一という琵琶法師によって平家語りのテキストとしてまとめられ、現在もっとも流布している異本である覚一本を中心的に利用することとする。なお、この二本に限らず、諸本間で共通する場合は、広く『平家物語』と記すこととする。

最後に、本書の構成を示すと、第一章では、義経と頼朝の初対面から、木曽義仲追討の直前までを追う。ただし、ここでは義経に関する史料はごく限られているため、木曽義仲を軸とした内乱の展開(義経が史上に登場する背景)が中心となる。第二章では、木曽義仲追討戦での義経を考え、同時に当時の武具や戦闘法についても概観する。第三章では、一ノ谷合戦について考える。第四章では、一ノ谷合戦後の京都での義経と、屋島合戦から壇ノ浦合戦までの義経を追う。第五章では、壇ノ浦合戦後の義経の没落から自害までを追っていく。そして、終章で、謎の多い義経の生い立ちについて、主に戦士能力の育成という側面から探り、義経の総括としたい。

第一章　義経の登場

1　鎌倉の義経

黄瀬川陣での対面

治承四年（一一八〇）十月二十一日、駿河の黄瀬川に設けた源頼朝の陣所にひとりの若者が訪れ、頼朝への面会を申し出た。その若者こそ義経であり、それを記す『吾妻鏡』同日条こそ確実といえる史料にみえる義経の初見記事である。

警固をしていた土肥実平《とひさねひら》等ははじめ不審に思い、頼朝に取り次がずに数時間が過ぎた。しかし、このことが頼朝の耳に入ると、頼朝は年格好から義経と悟り、すぐに対面した。

その日は、頼朝追討に向かった平維盛《これもり》等が率いる平氏軍が、駿河の富士川で頼朝軍と対峙し、富士沼に群がる水鳥が飛び立つ羽音に驚き、ほとんど戦わずして退却したという富士川合戦の翌日であった。頼朝は、退却する平氏軍を追って上洛することを命じた。しかし、千葉常胤《ちばつねたね》・三浦義澄《みうらよしずみ》・上総広《かずさひろ》常等《つね》の関東の諸豪族に、常陸の佐竹氏がいまだ頼朝に従っていないことを理由に説得され、頼朝は上洛を断念。関東の平定を優先することにした。そのために頼朝は富士川から黄瀬川の陣所に戻っていたのである。

対面を果たした兄弟は、互いに往時を語り合い、懐旧の涙を流した。特に頼朝は、十一世紀の後三年合戦の際に、朝廷の官職をなげうって兄源義家のもとに赴いた源義光の故事を思い、義経の行動をその先祖の佳例になぞらえて喜んだという。

以上が『吾妻鏡』治承四年十月二十一日条にみえる内容である。このタイミングでの兄弟の対面はなにか出来過ぎの感があり、『吾妻鏡』の作為の可能性もあろう。事実、『吾妻鏡』以外の史料では、兄弟の対面は、『尊卑分脈』と『平治物語』（下巻）が、富士川へ向かう途中の相模の大庭野、『平家物語』では、延慶本（巻五）が合戦直前の富士川、『源平盛衰記』（巻二十三）が合戦後に浮島が原、というように諸説がある（覚一本には記述なし）。

したがって、通説は『吾妻鏡』の記述によっているが、兄弟が対面した具体的な日時と場所は、必ずしも『吾妻鏡』通りではないのかもしれない。ただし、富士川合戦の前後に義経が頼朝のもとを訪れたことは確かといっていいであろう。

義経の生い立ち

また『吾妻鏡』にはこの兄弟対面の記事に続き、簡略に義経の生い立ちが記されている。要約するとつぎのようになる。

平治二年（一一六〇）正月、まだおむつをしている時に父（源義朝）の死に遭い、継父一条長成の世話で、出家のために鞍馬に登った。成人になるに従い、父の恥辱を雪《そそ》ごうという思いが強くなり、自分の手で元服し、藤原秀衡を頼って奥州に下向し、数年を経た。ところが、武衛《ぶえい》（頼朝）が宿願を遂げたこと（平氏に対して挙兵したこと）を伝え聞いて、それに加わるために、奥州を出ようとしたところ、秀衡が盛んに留めようとした。そこで、ひそかに館を抜け出したところ、秀衡も諦め、佐藤継信《つぐのぶ》・忠信《ただのぶ》兄弟を従わせた。

この記事によって義経の生い立ちの大まかな所は確かめられる。

義経の生い立ちについては、一般的には恵まれていなかったとみるのがふつうである。そのように考えるひとつの大きな根拠が、『吾妻鏡』文治元年（一一八五）五月二十四日条にみえる通称「腰越《こしごえ》状《じょう》」の一節である。

この腰越状は、義経が大江広元《おおえのひろもと》に提出した自分の心情を切々と綴った書状である。それが提出された事情は第五章で詳しくふれるのでここでは省略するが、それが書かれた場所が鎌倉を目前とした相模の腰越であったので、その通称があり、腰越に近い鎌倉の満福寺にその実物と称されているものがある。問題の一節を、一部に原文の読み下しを加えながら要約してみよう。

生まれてすぐに、父義朝が平治の乱で他界したので孤児となり、平氏の追求を逃れるために母の懐に抱かれて、大和国宇陀郡龍門牧《うだごうりりゅうもんまき》に逃げてからというもの、一日たりとも安堵の思いをなさず、甲斐なき命を長らえてきました。しかし、京都での生活が難しくなってきたので（京都の経廻難《けいかいなん》治《じ》の間）、京都を出て諸国を流浪し、この身をあちこちに隠しつつ、辺境の地や遠い国に住み（辺《へん》土遠国《どおんごく》を栖《すみか》となし）、土地の人間や百姓達にこき使われてきました（土民百姓等に服仕《ふくじ》せらる）。

これによれば、義経の生い立ちは辛酸を嘗《な》めるような流浪と辛苦の連続であったことになる。ただし、ここには、鞍馬や奥州のことは出てこない。しかし、奥州のことは「返土遠国」以下で示されているると考えられる。また、鞍馬は、これがもし作為的な書状であるならば、そのことを強調しないはずはなく、鞍馬のことが記されていないのはかえって信用できるという説がある。

一方、近年では腰越状を偽文書とみる説が強くなってきている。そこから、右の一節を事実を伝えるものではないとして否定し、義経の同腹の兄二人の例なども傍証としながら、義経も、養父長成の扶養でむしろ恵まれた自由な生活を送っていたとみる説も出されている。

また、奥州での義経も、秀衡に歓待されたという説と、秀衡は義経をあまり歓迎しておらず、厄介者であったという説がある。腰越状によれば、後者となろう。これに対し、前者の説では、長成の縁者で、陸奥守・鎮守府将軍《ちんじゅふしょうぐん》であった藤原基成《もとなり》の存在を重視する。

基成は、平治の乱の首謀者藤原信頼《のぶより》の異父兄であり、陸奥守重任《ちょうにん》（陸奥守を連続二期務めることをいう）の後、京都に戻ったが、平治の乱で信頼に連座して陸奥に配流となり、そこに土着したらしい。

そして、その娘は藤原秀衡の妻となり、のちにその後継者となる泰衡を生んでいる。一方、義経の父義朝は平治の乱で信頼のもとで戦って敗れたわけである。したがって、基成には義朝の遺児に対して負い目があるうえに、その縁者である長成の依頼により、義経は奥州で受け入れられたのではないかというのである。

確かに『吾妻鏡』をみても、奥州を出るときに秀衡は義経を引き留めたわけで、厄介者ならば引き留めるはずもなかろうから、それは義経が奥州で歓待されていた傍証になるかもしれない。

それにしても、確実な史料はないわけで、類推はできても確かなことはわからない。

義経一行の人数

その点に関連して、頼朝のもとを訪ねた時の義経一行の人数の問題がある。『吾妻鏡』では「弱冠一人」とあり、ほとんど単身で訪れたような印象を受ける。佐藤兄弟も義経の生い立ちのなかで秀衡が従わせたとあるが、黄瀬川に伴ってきたかどうかは明記されていない。義経の訪問を土肥実平等がはじめ不審に思って頼朝に取り次がなかったのも、ほとんど単身に近いかたちでの訪問だったからではなかったか。『平家物語』でも、この時の郎等は、延慶本（巻五）では記されておらず、『源平盛衰記』（巻二十三）は二十余騎と少数である（覚一本には兄弟対面の記述はない）。

これに対して『平治物語』（下巻）では、奥州からは佐藤忠信を伴い、途中、堀弥太郎《ほりやたろう》（景光、窪弥太郎の異本も）や伊勢義盛《よしもり》などの、のちに義経股肱《ここう》の臣となる郎等を従え、総勢八百余騎で頼朝のもとに訪れたとある。その数には誇張があろうが、大武士団を従えて訪れたことになる。

これを受け、また佐藤氏が南奥州の大武士団であることから、一族の勢力から考えて、佐藤兄弟自身に多くの郎等が従っていたと考えられ、そこから義経一行は少人数ではなかったと類推する説もある。

いずれにしろ頼朝のもとに訪れた時の義経一行の人数は、義経が奥州で歓待されていたならば、秀衡の配慮で大人数となった可能性が高く、逆に厄介者扱いであったならば、少人数の可能性が高くなろう。しかし、やはり確実な史料はないわけで、結論はでない。

ところで、佐藤氏との関連でいえば、義経は奥州で妻を娶り、娘がいたらしいのだが、その妻は佐藤氏の出身ではないかという説も出されている。そして、その娘の年齢を推測すると、義経が鞍馬にいた時期も推測できるという。

義経が鞍馬にいた時期

義経に娘がいたことは、『吾妻鏡』文治元年（一一八五）五月十九日条や文治二年六月二十八日条に、源頼政《よりまさ》の孫で義経の郎等となった源有綱《ありつな》（伊豆有綱）が「廷尉《ていい》婿」、「義経婿」とあることからわかる。その娘の誕生は鞍馬時代とは考えられないから、鞍馬を出てからとなると、奥州で生まれたと考えるのが妥当となってくる。

ところで、義経の生い立ちを記した『尊卑分脈』の注記、『平治物語』（下巻）、『義経記』（巻二）、いずれも義経が鞍馬を出たのは、承安四年（一一七四）、つまり義経十六歳の時のこととしている。しかし、娘がその年に誕生したとしても文治元年では数え年十二歳であり、いくら当時とはいえ婚姻には早すぎる年頃であろう。とすれば、義経が鞍馬を出た年は、承安四年以前の可能性もでてくる。ただし、義経も文治元年で数え年二十六歳だから、あまり早くにも想定できない。とすれば、承安元・二年ころが鞍馬を出て娘が生まれた妥当な時期ではなかろうか。また、腰越状によれば、義経は鞍馬から直接奥州に赴いたのではなく、しばらく諸国を流浪していたようで、『平治物語』（下巻）でも一年ほど東国にいる。とすれば、奥州に辿り着く以前に娘が生まれていてもおかしくはない。だとすれば、その母が佐藤氏出身という説自体が成り立たないことになる。

一方、義経が鞍馬を出た年は、鞍馬に入った年にも影響しよう。義経が鞍馬に入った年は、『尊卑分脈』が十一歳の時つまり嘉応元年（一一六九）、『平治物語』（下巻）では十一歳の時にはすでに鞍馬に入っており、『義経記』（巻二）では七歳の時つまり永万元年（一一六五）とする。

そこで義経が嘉応元年に鞍馬に入って、承安元、二年頃に出たとすると、義経は二、三年しか鞍馬にいなかったことになる。これに対し、永万元年に鞍馬に入ったとすると、六、七年は鞍馬にいたことになる。とすれば、二、三年ではあまりに短いから、『義経記』の説がもっとも妥当ということになってこよう。ただし、これも確かなことはわからない。

鎌倉での義経

以上のように、義経の史上への登場は、治承四年（一一八〇）十月である。治承・寿永の内乱は、それに先立つ同年五月に、源頼政が後白河の皇子である以仁王《もちひとおう》を奉じて、平氏に対して謀反を起こしたことにはじまる。

以仁王は敗れて、逃亡途中で討たれ、頼政も自害した。しかし、以仁王の平氏打倒の意志は、東海・東山・北陸諸国に散在・逼塞していた源氏一族に伝えられた。これに、平治の乱以後、伊豆に流人となっていた頼朝や、信濃の木曽義仲をはじめとする諸国の源氏が応じるかたちで、内乱は拡大していったわけである。そのまさに内乱開始の年に、義経は史上に登場したのである。

その後、義経は頼朝の配下となり、鎌倉で暮らしたものと推測される。しかし、寿永二年（一一八三）閏十月に、頼朝の代官として京都に派遣されるまでは、義経の名は『吾妻鏡』にわずかに二回でてくるだけである。①養和元年（一一八一）七月二十日条と②同年十一月五日条である。

①の内容はこうである。その日、鶴岡八幡宮若宮宝殿の棟上げがあり、工匠（大工）達に禄として馬を賜うことになった。そこで、頼朝は義経に禄の馬を引く役を命じた。ところが、義経は下手を引く役がいないことを理由に、役を務めることを渋った。それに対して頼朝は、畠山重忠《はたけやましげただ》や佐貫広綱《さぬきひろつな》等の御家人がいるにもかかわらず、なぜ人がいないというのか。それは、馬を引く役を賤しい役と考えて、渋っているのかと詰問した。すると、義経は、大いに「恐怖」して、すぐに座を立ち、馬を引いたという。

馬を引く役を纜《くとり》という。纜は、略儀では手綱や銜《くつわ》を引くが、正式の場合は、銜に通して馬の首に巻き付けられている差縄《さしなわ》という長い縄を引く。差縄は片方（左側）だけで引く場合と、左右両方から引く場合がある。ここでは下手を問題にしているから、上手と下手の二人で左右に引くことになる。ちなみに上手が左側、下手が右側である。

頼朝の詰問内容からすると、義経自身が、纜の役自体を賤しい役だと考えていたことになろう。しかし、左右で引く場合、左右で身分的な釣り合いも重要であるから、上手の義経に対し、身分的に釣り合う人物がいない、つまり自分は頼朝の親族（兄弟）であるから、下手は親族でない御家人では不釣り合いであると考えて、渋ったのかもしれない。

いずれにしろこの記事は、頼朝の親族だから他の御家人とは立場が異なると考えていた義経の思惑が、弟といえども他の御家人と対等に扱おうとする頼朝の意思に反するものであった、と解釈するのがふつうである。それは間違いないであろう。

しかし、そういう意思は、初対面の後、もっと早い時期に伝えてもよかったのではなかろうか。初対面から九カ月あまりの間、頼朝が義経にそうした意思を伝える機会がなかったのか、あるいは義経が頼朝のそうした意思を感じ取っていないのか、またはこの九カ月で頼朝の立場や権威も大きく変わったために、頼朝の心情にも変化が生じたためなのか、筆者にはこの九カ月間のふたりの関係が気になるのである。史料がないのでわからないが、その間、頼朝と義経はお互いに対してどのように接していたのであろうか。

一方、②の記事は、平氏軍の再度の東国下向の報に接し、頼朝は義経を含む軍勢を遠江に派遣しようとした。しかし、佐々木秀能《ひでよし》の報告により、それは差し迫ったものではないことがわかり、派遣を延期したというものである。

これは、足利義兼《あしかがよしかね》・土肥実平・土屋宗遠《つちやむねとお》・和田義盛等とともに、関東軍の一員として義経の名前が記されているだけの記事である。しかし、義経の名前が義兼の次に記されていることから、義経の鎌倉での位置を示唆する史料として考えられている。つまり足利義兼は源氏一門であるが、同じ源氏一門でも義経は義兼よりも低く扱われていたというのである。

現存の『吾妻鏡』には、寿永二年（一一八三）の記事が全文欠落し（ただし、本来は寿永二年の記事でありながら、他の年に混入されてしまった記事はある）、つぎに義経が登場するのは、元暦元年（一一八四）正月二十日条である。異母兄の範頼とともに入京し、木曽義仲を追討した時の記事である。義経の栄光の始まりである。

のちにふれるように、義経は、前年の寿永二年閏十月には、頼朝の代官として鎌倉を発ち、それから文治五年（一一八九）閏四月に自害するまで、一度も鎌倉に戻っていない（壇ノ浦合戦後、一度戻ろうとしたが頼朝に拒否されている）。つまり義経が鎌倉にいたのは、治承四年十月から寿永二年閏十月までの三年ほどにすぎない。その間、このようにわずか二例の史料しかないわけだが、その二例からうかがわれる鎌倉での義経は、頼朝の弟ということで特別扱いはされていなかったようなのである。

藤原秀衡の動向

こうした鎌倉での義経の立場を考える手掛かりとなるものに、藤原秀衡の動向があるかもしれない。というのも、古記録からうかがわれる養和元年（一一八一）段階の秀衡の動向は、むしろ平氏寄りだからである。『玉葉』の記事から考えてみよう。

まず養和元年三月一日、秀衡は頼朝追討の意志を、後白河を経ずに平宗盛《むねもり》に直接伝えたという。しかし、それは口先だけのことであった。ところが、十七日には、頼朝攻撃のために、軍兵二万余騎で白河関を出たという風聞がたった。一方、四月には、秀衡死去の風聞や頼朝が秀衡の娘と婚姻するなどの風聞が立ち（四月二十一日条）、七月には、越後の城氏が義仲を攻めた際、秀衡は郎等を遣わして、

「藍津《あいづ》の城」に引き籠ろうとした城氏を攻めたという報告も入った（七月一日条）。八月には、内乱の展開のなか、平宗盛は秀衡の陸奥守任命を後白河に相談し、十四日の除目《じもく》で実現している（八月六日・十五日条）。それより前、十二日には、秀衡に官軍（平氏）与力の気持ちがあり、京中の武士が勇気づけられたという。十月には、京都から秀衡のもとに派遣されていた大宮亮《おおみやのすけ》の使者の報告によると、秀衡は平氏に与同することを了解したという（十月十六日条）。などなどである。

これらは、陸奥守任命を除き、伝聞や風聞であって実説とは言い難いものが多い。事実、実際には秀衡は何ら行動を起こしていない。それにしても、長く奥州の実質的な支配者でありながら、これまで認められなかった陸奥守に任命されたことは画期的なことである。

秀衡はそれを辞退せずに受けたわけだから、平氏与同の噂がたっても不思議ではない。しかも秀衡が平氏に与同すれば、鎌倉は背後から攻撃されることになる。それに対して頼朝が警戒心を持つのも当然であろう。

義経が奥州で優遇されていたかどうかはともかく、秀衡のもとで何年か暮らしていたことは事実である。したがって、噂とはいえ以上のような秀衡の動向は、鎌倉での義経の立場を微妙なものにしたのかもしれない。

2 内乱の展開

『吾妻鏡』の三例に続き、つぎに義経が史上に現れるのは、『玉葉』寿永二年(一一八三)閏十月十七日条である。そこにはつぎのようにみえる。

頼朝弟九郎〈実名を知らず〉、大将軍として、数万の軍兵を率ひて上洛を企つるの由、承り及ぶ所なり、

義経が黄瀬川に現れるまで

これは木曽義仲の後白河への奏上のなかにみえ、古記録に義経が現れた初見である。しかし、義経は当時京都側にいまだ実名さえ知られていない存在であった。

義経が黄瀬川の陣に現れてからこの時までに、ほぼ三年の月日が流れている。その間に歴史は大きく動いた。この『玉葉』の記事内容の背景を理解するためには、義経が黄瀬川に現れてから『玉葉』に現れるまでの歴史の流れ、つまりは治承・寿永の内乱の展開を追う必要があろう。その主役は頼朝よりも木曽義仲である。そこで、本節と次節では、義経を離れ、義仲を中心とする内乱の展開を概観したい。なお、以下の内容は、必ずしも出典を明示しないが、主に『玉葉』・『吉記』・『吾妻鏡』・『平家物語』などによっている。

すでにふれたように、治承四年（一一八〇）五月、後白河の皇子である以仁王を奉じた源頼政は、平氏に対して謀反を起こす。これに園城寺《おんじょうじ》や興福寺などの寺院勢力も与同の動きをみせる。これが治承・寿永内乱の始まりである。頼政の謀反はすぐに鎮圧され、頼政は宇治の平等院で自害し、以仁王は南都へ逃亡途中に流矢に当たって死去する。しかし、以仁王の平氏打倒の意志は、王が謀反を起こす以前に、「令旨《りょうじ》」として、平治の乱以後、東海・東山・北陸の諸国に散在・逼塞していた源氏一門に伝えられた。その使者となったのは源義朝の末弟（源為義の十男）の源行家である。

この「令旨」の全文が『吾妻鏡』治承四年四月二十七日条に掲載されている。それが令旨の内容を知る唯一の史料である。それによると、頼政の嫡子源仲綱《なかつな》が奉じた奉書《ほうしょ》の様式で、その冒頭に「最《さい》勝王勅《しょうおうちょく》」とある。最勝王とは以仁王のことであろうが、その形式は古文書学からすれば異様な文書形式である。そこで偽文書説さえ出されており、少なくとも令旨といえる様式ではない。しかし、ここでは『吾妻鏡』の記述に従い、便宜的に「令旨」としておく。

この「令旨」を受け、伊豆に流されていた頼朝は、同年八月、伊豆の目代《もくだい》山木《やまき》兼隆《かねたか》を襲撃して成功する。しかし、続く相模の石橋山合戦で、大庭《おおば》景親《かげちか》・伊東《いとう》祐親《すけちか》等に敗れ、海路、安房へ脱出。その後、房総半島を北上し、上総広常や千葉常胤などの房総の豪族を配下におさめ、武蔵を通って、十月には先祖の故地相模の鎌倉に入り、居を構えた。その間、はじめ敵対していた畠山重忠などの武蔵の豪族も続々と配下に入った。

以上の頼朝の動向はおもに『吾妻鏡』によっている。特に以仁王の「令旨」に応じて頼朝が挙兵したというのは『吾妻鏡』に記されている説である。しかし、『平家物語』によれば、頼朝は文覚《もんがく》上人を通じて後白河の院宣を得て、それにより挙兵したことになっている。

近年では、以仁王の「令旨」そのものが怪しいことや、頼朝をめぐる政治的な人間関係などから、頼朝の挙兵は以仁王の「令旨」によるものではなく、後白河の意志であったとみる説が有力であり、そもそも平治の乱の後、頼朝が死罪を免れ流罪となったのも、背後に後白河の圧力があったからであるという。そのことは、次節でふれるように、後白河が、実際に平氏を都から追い落とした木曽義仲よりも、上洛もしていない頼朝を頼っていることからも肯ける説であろう。

さて鎌倉に居を構えた頼朝は、時を置かず、下向する平氏軍を迎え討つために、十月、駿河の富士川まで出陣し、平氏軍を崩走させた。この合戦は、富士沼の水鳥の飛び立つ羽音に平氏軍が驚き、戦わずして逃げたということで有名である。このことは『吾妻鏡』十月二十日条や『平家物語』で有名であるが、中山忠親《なかやまただちか》の『山槐記《さんかいき》』治承四年十一月六日条にも記されており、事実であったらしい。

ただし、平氏の軍制は、平氏一門と私的な主従関係で結び付いている少数精鋭の郎等・家人と、官軍といわれる、宣旨や院宣などの公権力によって動員された大多数の「駆《か》り武者」集団との二元構成となっていた。前衛部隊として先頭に立って戦うのは前者であり、後者はおもに掃討戦などを行った。富士川合戦では、じつは前衛部隊が甲斐源氏の安田義定《やすだよしさだ》の軍勢に敗れており、そのために、後方の士気の低い官軍が水鳥の羽音で潰走したというのが事実であったらしい。

この富士川合戦で平氏が大敗北したことは、内乱を展開させる大きな転機となったが、こうした時期に、義経が頼朝のもとを訪れたのであった。

以仁王の「令旨」は、信濃の義仲のもとにも届けられた。というよりも、近年の研究によれば、頼朝が後白河と結び付いているの対し、以仁王と結び付いていたのは義仲であるらしい。それは後年、義仲が以仁王の遺児である北陸宮《ほくりくのみや》を、安徳天皇都落ち後の皇位に強く押したことからも肯ける。北陸宮は義仲に保護されていたようなのである。

木曽義仲の動向

義仲の父は、義朝の弟の源義賢《よしかた》である。つまり義仲は義経・頼朝とは従兄弟の関係にある。しかし、義賢は、久寿二年（一一五五）、義朝の長子である源義平《よしひら》（つまり甥）に殺されてしまう。当時、義仲は三歳（二歳とも）であり、その後は、義仲の乳母《めのと》の夫（乳父《ちふ》という）であった信濃の木曽の豪族中原兼遠《かねとお》に養育された。成人して頼朝の挙兵の報を聞き、治承四年九月七日、平氏方の小笠原頼直《よりなお》が木曽を襲撃したのに伴い、自身も挙兵した。

十月に義仲は、信濃を出て上野方面に進出した。しかし、十二月には頼朝との衝突を避けて信濃に引き返した。翌養和元年（一一八一）六月には、有力な平氏の家人である越後の城助職《じょうすけとき》が義仲追討のために信濃に入り、攻め落としたという風聞もあったが、実際は、千曲川左岸の横田河原で義仲と戦って大敗していた。

『玉葉』によれば、その時の義仲の軍勢には、キソ党・サコ党・甲斐武田党の三党があった（七月一日条）。キソ党は義仲が拠点とする南信濃の武士団、サコ党は、東信濃の佐久を拠点とする武士団と考えられ、それに甲斐源氏である。甲斐源氏は、頼朝と連携して富士川合戦でも活躍したことはすでにふれたが、義仲とも連合していたのである。甲斐は駿河とも信濃とも境を接しているわけだから当然であろう。

これに対し、平氏も八月には平経正《つねまさ》と平通盛《みちもり》を北陸に下向させた。しかし、戦況は思わしくなく、通盛は越前までしか進めず、津留賀城《つるが》（敦賀城）に引きこもった。通盛は経正の到着を待っていたが、経正は若狭までしか進めなかったらしい。結局通盛は戦果のないままに十一月に帰京している。ちなみに『吾妻鏡』寿永元年（一一八二）九月十五日条によれば、北陸に派遣されていた平氏軍がすべて帰京したことになっているが、これは前年の記事の誤りであろう。なお、これより前、養和元年閏二月には平清盛が死去しており、その後継者には平宗盛がなっている。

ところで、治承・寿永内乱期は、治承四年の異常気象による大凶作から養和元年には大飢饉となり、同時に地震などの天変地異や疫病の流行など、内乱だけでなく、社会全体が混乱していた時期である。そのために、寿永元年（一一八二）には内乱も一時沈静化していた。ちなみに覚一本（巻六）では、横田河原合戦を寿永元年のこととしているが誤りである。この飢饉の余波はその後も続くが、翌寿永二年になると、内乱は大きく動き出した。

寿永二年四月、義仲追討のために平氏軍がふたたび北陸に派遣される。これより前、頼朝と義仲に対立が起こり、三月には、頼朝は上野から信濃に大軍を送った。しかし、平氏との対戦を前にして、義仲は頼朝との合戦を避け、嫡子義高《よしたか》を鎌倉に人質として送ることで頼朝と和睦した。義高は頼朝の長女大姫《おおひめ》の婿というかたちで迎えられたが、元暦元年（一一八四）一月の義仲滅亡後、四月には頼朝の命で殺されてしまう。大姫はそのことで心に深く傷を負い、それが成人の後までも影響するのである。

さて、北陸に派遣された平氏軍はまず越前に攻め入り、義仲の拠点のひとつである燧城《ひうちじょう》を攻め落とした。五月には加賀に攻め入り、勝ちに乗じた平氏軍の先鋒は越中に入った。五月十一日、平氏軍は、加賀・越中両国の国境に近い礪波山《となみやま》の倶利伽羅峠《くりからとうげ》で、義仲・行家や他の源氏の連合軍と対戦した。しかし、義仲の策略にはまった平氏軍は大敗し、過半は死亡したという。

なお、『玉葉』では、平氏軍の大敗は六月一日のことともみえ（六月四日条）、これが倶利伽羅峠での合戦とも取れる。つまり『玉葉』からは、倶利伽羅峠合戦は、五月十一日とも六月一日とも取れるわけである。しかし、倶利伽羅峠での合戦の後、義仲軍は逃げる平氏軍を追い、加賀の篠原でも対戦して勝利している。『玉葉』にみえる六月一日の敗北は、篠原合戦のことかもしれない。

ところで、平氏軍との戦闘では義仲は源行家と連携している。そこで、行家の動向についても少しみておこう。

源行家の動向

行家は、『尊卑分脈』や『吾妻鏡』治承四年（一一八〇）四月二十九日条によれば本名義盛（『玉葉』養和元年〈一一八一〉二月一日条では義俊）。すでにふれたように義朝の末弟で、義経や頼朝の叔父に当たる。平治の乱後は、紀伊の熊野新宮に隠れ住み、新宮十郎を称した。のち以仁王に謁し、その庇護者であった八条院の蔵人《くろうど》となって、行家と改名。さきにみたように、以仁王の「令旨」を諸国の源氏に伝える使者となった。

行家は、「令旨」を諸国の源氏に伝えた後は、その兄にあたる志太義広《しだよしひろ》とともにあったようで、治承四年十一月、佐竹攻めにあった頼朝に、常陸の国府で両人は面会している。なお、志太義広は、本名義範《よしのり》（他にも異名あり）。八条院領志太の荘官として常陸に住み、関東にありながら頼朝にくみせず独自の動きをみせ、寿永二年（一一八三）年二月には鎌倉攻撃の軍を起こして敗れ、その後、上京して義仲を頼る人物である。

養和元年（一一八一）二月、行家は数万の軍勢を率いて尾張に入った。これに対して平氏軍は伊勢から船で尾張の墨俣《すのまた》に渡るという計画もあった。しかし、平氏軍は疲弊しており、攻める気力がなかったという。そうしたなかで、行家が平氏軍に降伏し、捕らえられたという風聞もあったが、実際は行家軍の一部は美濃に進出し、平氏軍の先鋒を追い散らし、互いに多数の負傷者を出した。

閏二月には、平氏は新たに平重衡《しげひら》を尾張に向けて派遣した。重衡率いる平氏軍は、三月に入っても行家をなかなか攻められなかったが、三月十日、平氏軍と行家軍は尾張の墨俣川で対戦し、行家は敗れてしまう。この合戦では、頼朝から派遣された義経の兄義円《ぎえん》（幼名乙若）が戦死している。つまり行家ははじめ頼朝と連携していたのである。

平氏軍に敗れた行家であったが、その後も尾張・三河方面にあって上洛を企て、伊勢神宮や比叡山に協力を要請したものの断られている。やがて頼朝とも不和となり、義仲のもとに赴いたのである。

義仲・行家軍の進撃

寿永二年（一一八三）五月、倶利伽羅峠合戦、ついで篠原合戦で平氏軍を敗った義仲・行家の軍勢は、その後、北陸道を一気に進み、六月には近江に入り、入京をうかがった。京都でも義仲等の入京の風聞が立ち、入京の時期や入京した際の処置までが検討された。なお、この時点で、『玉葉』などの古記録は義仲等を「賊徒《ぞくと》」と表現している。いまだ官軍はあくまで平氏軍なのである。

義仲は、近江に入る以前に比叡山に牒状《ちょうじょう》を送り、協力を要請した。当時、比叡山や興福寺などの寺院勢力は、宗教的な権威だけでなく、荘園領主としても、また武力としても一大勢力であり、かかる寺院勢力を味方に引き入れることは、源平双方にとって重要な課題であった。比叡山の抵抗にあっては義仲等も入京は困難であったのである。一方、平氏も比叡山に牒状を送り、延暦寺《えんりゃくじ》を氏寺、日吉《ひえ》社《しゃ》を氏神とする旨を伝えた。比叡山は元来から平氏側であったが、その関係をさらに強化しようとしたのである。

しかし結局、比叡山は義仲に同意した。『吉記』によれば、悪僧等はみな源氏に同意しており、僧《そう》綱《ごう》・已講《いこう》などの上層部は、源平の和平を朝廷に申し入れ、もし裁許なければ、源氏に同意することにしたという（六月二十九日条）。また、比叡山としては、源平の和平の方向で決定した。しかし、平氏が日吉社領を焼失させたために、一旦は平氏になびいたものの、それを改めたともいう（七月十日条）。比叡山にも迷いがあったのであるが、義仲に比べて平氏の対応も遅かったのである。

七月二十二日、義仲は比叡山に登り、行家は吉野の大衆と合流するために大和に向かった。義仲の軍勢はそれより二十四日にかけて比叡山に登っている。それ以前、行家は伊賀に入り、有力な平氏の家人であった平田家継《ひらたいえつぐ》と合戦している。また、二十二日には、摂津源氏の多田行綱《ただゆきつな》も摂津・河内で謀反を起こしている。

こうした状況に、平氏も手をこまねいていたわけではない。七月十六日には平忠度《ただのり》が丹波に向かい、二十一日には平資盛《すけもり》等が宇治を経て近江の多原に向かった。また、翌二十二日には、平知盛《とももり》等も近江の瀬田に向かった。しかし、忠度の軍勢は百騎ばかりで敵に対抗できず、二十二日には山城の大江山から引き返してしまった。また、資盛等の軍勢も千騎ほどで、兼実はその軍勢が有名無実であるとする風聞ももっともだと納得しているが（『玉葉』七月二十一日条）、翌二十二日には、行家の入洛に備え、資盛も軍勢を引き上げている。これは平宗盛が引き上げさせたのである。

平氏の都落ち

二十三日には、平氏の拠点六波羅では「嘆息のほか他事なし」（『玉葉』七月二十三日条）という状況のなか、後白河は危険を避けるために六波羅に近い法住寺殿《ほうじゅうじどの》に渡御した。二十四日の夜半には、比叡山に登った軍勢が夜襲をかけるという風聞のなか、安徳天皇も法住寺殿に行幸した。

しかし、その行幸と前後するように、二十五日未明に後白河が逐電《ちくでん》した。法住寺殿からどこかへ姿をくらましてしまったのである。これに対して、平氏は、京都での拠点であった六波羅と西八条を焼き払い、安徳天皇と天皇の象徴である三種の神器（宝剣・神璽《しんじ》・神鏡）を伴い、安徳の母である建礼門院《けんれいもんいん》をふくむ一族で、西海（九州）を目指して慌ただしく都をあとにしたのである。

後白河はじつは比叡山に逃れていた。その事情は『吉記』七月二十五日条にくわしい。それによると、後白河は、二十四日夜に宗盛に書状を出し、火急の場合（つまり義仲等の入京）のことを尋ねたところ、すぐに法住寺殿に参上するという答えであった。その答えを受け、後白河は、すでに平氏が天皇を伴って西海に落ちるために内々準備をしているということも取り沙汰されていたため、自分も同行させられると察した。また、北面の武士に宗盛の身辺をうかがわせていたために、安徳が行幸するとすぐに法住寺殿を出たという。

後白河を伴えなかったのは、平氏の大きな失策であった。後白河が京都にいる限り、王統は二分するのであり、しかも院政時代は、治天《ちてん》の君といい、天皇の父祖（天皇家の家父長）である上皇の権威・権力のほうが天皇よりも上だったからである。まして安徳はこの時わずか六歳にすぎなかったのである。

これは後白河の洞察と作戦の勝利であり、平氏（宗盛）の軽率と杜撰《ずさん》の敗北である。なによりも義仲軍と一戦も交えずにあっさりと都落ちしたことは、闘志の欠如を示している。ただし、あえて宗盛を擁護すれば、都を戦火に巻き込みたくないという気持ちもあったのかも知れない。もっとも平資盛や有力な家人である平貞能《さだよし》のように、都にもどって戦う意志を示した一族もいた。さらに清盛の異母弟平頼盛のように、一族に従わなかった者もいた。頼盛の母は、平治の乱後、頼朝の助命嘆願をした池禅尼《ぜんに》であるが、その背後に後白河がいたのである。のちに頼盛はその縁で頼朝を頼ることになる。平氏も一枚岩ではなかったのである。

義仲・行家の入京

平氏都落ちののち、二十七日には後白河は法住寺殿に還御し、兼実は、京都の治安維持のために義仲・行家の早急の入京を望んだ（『玉葉』七月二十七日条）。

翌二十八日、義仲は比叡山から、行家は南都から入京し、そろって法住寺殿に参上した。

両人は早速、藤原実家《さねいえ》を通して平氏追討のことを命じられ、御所から退出後、さらに京中狼藉停止のことを藤原兼光《かねみつ》から命じられた。これにより事態はたちまち逆転し、義仲等が官軍、平氏が賊徒となったのである。

なお、両人が御所内に参入する際に、行家は両人が相並んで同時に参入するのかどうかを確認し（『吉記』七月二十七日条）、両人は相並び、けっして前後せずに参入したという。兼実は「争権《そうけん》の意趣《いしゅ》、これをもって知るべし」と記し（『玉葉』七月二十八日条）、両人が互いに張り合っていることをすぐに悟った。この後、三カ月も経たないうちに、義仲・行家の両人は不和となるが、その徴候ははじめから現れており、そのことを兼実はめざとく見逃さなかった。

義仲・行家への恩賞

三十日には、法住寺殿で院の議定があり、①義仲等への論功行賞、②京中の治安維持と兵粮米《ひょうろうまい》の調達、③関東・北陸の寺社領の件の三件の問題が、後白河より公卿達に諮問された（『玉葉』七月三十日条）。そのうち当面の問題として①と②についてみよう。

まずは①。後白河から公卿達に諮問された内容はつぎのようである。今回の「義兵」（平氏を都から追い出したこと）について、「造意」（首謀者）は頼朝であるが、実際に追い出したのは義仲と行家である。そこでかれらに恩賞を与えると、頼朝が不快に感じるであろう。しかし、恩賞を与えることを頼朝が上洛するまで待てば、義仲・行家が不満に思うであろう。どうすべきか。また、三人に対する恩賞に格差をつけるべきかどうか、というものであった。

これに対する諸卿の回答はこうである。頼朝の上洛を待って恩賞を行うのではなく、三人同時に行うべきである。頼朝への恩賞は、その内容が不満ならば、あとで変えてもよい。また、恩賞の格差については、勲功の優劣や本官の高低によって決めるべきである。それにより、勲功の第一は頼朝、第二は義仲、第三は行家とし、頼朝は京官・任国・加級、義仲と行家は、任国と叙爵《じょしゃく》を与えることが回答された。

京官とは中央の官職、任国とは受領に任命することで、加級は位階の上昇、叙爵は、貴族の仲間入りである五位の位階をはじめて与えられることをいう。義仲はまったくの無位無官、また行家も八条院の蔵人ではあるが朝廷では無位無官であったから叙爵なのであり、頼朝は、平治の乱で敗れる直前に、すでに従五位下・右兵衛権佐《うひょうえのごんのすけ》になっていたから加級なのである。

これにより八月十日の除目で、義仲は従五位下・左馬頭《さまのかみ》・越後守、行家は従五位下・備後守に任官した（『玉葉』八月十一日条）。しかし、これを知った行家は義仲との間に格差があるために激怒したという。格差とは、義仲だけが、かつて義朝が保元の乱の恩賞として与えられたのと同じ左馬頭という京官に任じられたことをいうのであろう。ただし、行家が激怒したためか、十六日には、義仲は伊予守に、行家は備前守に移っている（『百錬抄』八月十六日条）。

以上の後白河からの諮問①と諸卿の回答からは、今まで賊徒といわれていた頼朝等三人の軍事行為が、一転して義兵となっており、公家社会の変わり身の早さが興味深い。それにも増して、実際に平氏を都から追い出した義仲・行家を差し置いて、富士川合戦の後、関東の経営に専念していただけの頼朝を今回の義兵の首謀者とし、しかもその勲功を第一としている点は、さきにふれた頼朝の挙兵の背後に後白河の意向があったとする説を傍証しよう。後白河の意向があっての挙兵であったからこそ、頼朝が第一なのである。逆に義仲・行家の入京は、後白河にとっては予想外のことであったのであろう。

ただし、『玉葉』養和元年（一一八一）八月一日条によれば、頼朝は極秘に後白河に対して平氏に対する和平の提案をしている。それは、朝廷に対して謀反の気持ちはまったくなく、ただ君（後白河）の敵を討ちたいだけである。もし平氏を滅ぼすべきでないのならば、かつてのように源平両氏をともに召使い、関東は源氏、西海は平氏に任せ、諸国の国司に任命し、もし兵乱があったならば、両氏に命じてどちらがより君命に忠実であるかを試せばよい、というものであった。これによれば、頼朝の挙兵は後白河の意向によるものとはいえなくなってこよう。後白河の意向によるものであれば、ここで改めて後白河に対して謀反の気持ちがないなどという必要はないからである。

ともあれ、この頼朝の提案を後白河が宗盛に伝えたところ、宗盛は、頼朝を討てとの清盛の遺言を理由に拒絶したという。宗盛は、清盛の死後すぐに、清盛が治承三年（一一七九）のクーデターで後白河から奪った政権を後白河に返還している。政権を返還しながら、宗盛は清盛の遺言を楯に内乱を続けようというのである。

ここで平氏の戦闘は、実質的に、朝廷が賊徒を追討するという公戦から、平氏一族の頼朝に対する遺恨を晴らすという私戦に矮小化したとみる説もある。もっともであるが、穿った見方をすれば、頼朝と後白河がはじめから提携していたのであれば、頼朝の提案もこうした宗盛の反応を見越してのことであったかもしれない。つまり頼朝と後白河が平氏の戦闘の矮小化を目論んだという解釈である。

治安維持と兵粮

ついで後白河の諮問②である。内容は、京中に狼藉が横行しているのは、入京した武士の数が膨大だからである。その数を減らそうと考えているが、減らせば不慮の事態も心配で、どうすればよいかという点。さらに武士の人数を減らしたところで、兵粮（食糧）が不足していては、狼藉も絶えないであろう。しかし、それをどのように調達するかという二点である。

京中の狼藉については、経房も「天下を尽くし、一時の魔滅すでにこの時にあるか」と嘆いたほどであり（『吉記』七月三十日条）、これは義仲等に呼応して諸国の源氏が一度に集中して入京したためである。しかも義仲軍も特別な準備もなく、それまでの勢いだけで入京したのである。京都にひしめく軍勢は統率の取れていないいわば「寄り合い所帯」だったといえる。

そのことは、三十日に、その日の院の議定を受けてか、院宣により義仲が京中守護の差配をしたが、そのなかに義仲や行家のほかに源頼政の子息や甲斐源氏・近江源氏などの諸国の源氏の十二名が列挙されていることからもわかる（『吉記』七月三十日条）。義仲の軍勢は雑多な集団だった。かかる軍勢が大挙して一気に入京したのだから、狼藉の横行もむべなるかなであるが、武士の数を減らそうというのは、集中的に入京した武士達の一部を帰郷させるということであろう。

ちなみに京中守護として列記された十二名のなかに、山本兵衛尉《ひょうえのじょう》義経がみえる。この義経は近江源氏で、頼朝等に同調して治承四年に平氏に対して謀反を起こし、平氏軍に対しても激しく抵抗したが、十二月には大敗し、頼朝のもとに逃れた。やがて頼朝と不和になり、義仲に同調して入京するのである。

この義経は、一時は九郎義経と同一人物説が出されたことがあった。しかし、年齢なども合わず、現在では完全に否定されている。

なお、これまでふれてきた行家や志太義広、そして山本義経と、いずれも頼朝と不和となった者達がみな義仲を頼っている点は注意すべき点である。

さて、大軍の集中的な入京は、兵粮の問題とも密接に関わる。食糧がなければ生きていけないからである。狼藉も食糧をめぐって起こるのである。しかも当時は前にふれた養和元年の大飢饉の影響がいまだ色濃く残っている時期であり、後白河の諮問の背景にはそうした事情もあったものと考えられる。

そこで②ついての諸卿の回答は、武士の人数を減らすことには賛成である。兵粮の問題については、義仲・行家の両人に一国を与えて調達させるという中山忠親等の意見に対し、受領に任命するほかにさらにもう一国を与えるというのは問題で、平氏没官領《もっかんりょう》（賊徒に転じた平氏から収公した所領）を与えて、そこから調達すべきだという兼実の意見が対立し、後白河に一任することになった。

あらためていうと兵粮（兵粮米）とは、戦時の軍兵の食糧（軍糧）のことである。この概念が定まったのはじつは治承・寿永内乱期である。当時、内裏造営などの臨時の資金調達のために、一国内の公領（国衙領《こくがりょう》）・荘園を問わずに均等に賦課する一国平均役《いっこくへいきんやく》という税制が確立していた。治承四年の諸国源氏蜂起以降、平氏が軍糧調達のために一国平均役を利用したのが兵粮米の始まりという。それが内乱の過程で義仲や頼朝にも継承されていく。忠親等が主張した一国を与えるというのは、一国平均役のことをいっているのである。ちなみに、この一国平均役による徴収は兵粮米に限らず、兵士などの戦闘員や人夫などの非戦闘員の徴発でも行われた。また、兵粮や生活物資の遠征途中の路次での掠奪はふつうのことであり、朝廷から公認（黙認）された行為ですらあったらしい。

このように、義仲・行家等は入京した。かれらは以後しばらくは京都に居を構える。しかし、平氏を都から追い払った功績はあるものの、統制されてない大軍の入京は、後白河以下の京都の人々にとって、歓迎すべきものとならなかったのである。

京都での義仲・行家

八月六日、平氏およびその縁者二百余人が、解官《げかん》（朝廷の官職を剝奪）された。ただし、平時忠だけは解官を免れた。これは時忠を安徳天皇と三種の神器を返還させるためのパイプ役とするためである。時忠を解官しなかったことを、兼実は「政務の脆弱《ぜいじゃく》」と嘆いている（『玉葉』八月九日条）。解官されたことにより、平氏一門は名目的にも賊徒となった。

ちなみに時忠は、同じく桓武平氏であるが、武門平氏とは別の堂上《とうしょう》平氏（文官系の平氏）の出である。その姉妹である時子が清盛の正妻となったために、平氏に属して清盛政権下で権力を有し、平氏以外はみな「人非人」であると公言したことで有名な人物である。壇ノ浦合戦の後、義経は時忠の女を妾とする。

同じく六日、皇位のことが後白河より兼実に諮問された。安徳の還御を待つべきか、または皇位の象徴である神器(剣璽)がないままに新たな天皇を即位させるべきか、という内容である。兼実は、剣璽なくして即位したはるか古代の継体天皇の先例を指摘しつつ、天皇不在は、京内の狼藉と政務の紊乱《びんらん》を招くから、一日も早い新天皇の即位を回答した(『玉葉』八月六日条)。

その後、八月二十日には、神器がないままに、故高倉上皇の四宮で当時四歳の守貞《もりさだ》親王が新帝として践祚《せんそ》した。後鳥羽天皇である。この人選には曲折があったが、問題なのはその過程で義仲が介入したことである。

おおよその経過はこうである。はじめ故高倉上皇の三宮惟明《これあき》親王と四宮守貞親王のふたりの候補がいた。かれらは平氏に伴われていなかったのである。卜筮《ぼくぜい》をしたところ、第一候補が三宮で、四宮は次点となった。ところが、義仲が、当時加賀にいた故以仁王の遺児北陸宮を強く押してきた。同時に、後白河に寵愛されていた丹後局《たんごのつぼね》が四宮が帝位につく夢を見た。そこで再び御卜《みうら》をしたところ、今度は四宮が第一候補となり、四宮に決定したのである(『玉葉』八月十四日・十八日・二十日各条)。

二度の占いを行わせ、最初の決定を覆させた後白河の強引さは、兼実の批判の対象となっているが、それはともかく、この結果に大きな遺恨を残したのは義仲であった。皇位の問題に一介の武士が介入してくることなどはもってのほかのことであって、このことは後白河や貴族達と義仲の関係を悪化させる大きな要因となった。

なお、北陸宮は、九月二十日に上洛し、後白河のもとで養われたらしいが、十一月の義仲のクーデターの際に姿をくらまし、のちに頼朝の庇護を受け、嵯峨野で生涯を終えたらしい。

京内の治安も悪化していた。そのことは、兼実が、政治の乱れを生んだ後白河批判とともに、嘆息まじりに『玉葉』に様々記している（八月六日・十日・十二日・九月三日・五日各条）。西海に落ちた平氏追討もまったく行われていなかった。しかも義仲と行家の関係にも亀裂が生じはじめていた。義仲の京内での評判は悪化の一途であった。事実、義仲の所行の不当や非法をあげつらった落書さえ現れた。

そのようななか、頼朝上洛の噂が立ち、義仲も頼朝を迎え撃つ仕度をしたという。そのことは、関東で頼朝に仕える中原親能《なかはらちかよし》からの飛脚によって、現実味を帯びてきた。兼実も治安悪化のなか、「憑《たの》むところはただ頼朝の上洛」と記している（『玉葉』九月五日条）。頼朝が義仲に対して、文覚上人を通じて平氏追討と京内の治安維持を怠っていることを叱責したという噂さえ立った（『玉葉』九月二十五日条）。

ところが、九月二十日、義仲が突然姿を消した。後白河の命で西国に下向したのである。その名目は平氏追討のためであるが、体よく京都から追い払われたらしい。後白河は行家も追討使に加えるように義仲を説得したが、義仲はそれに答えないまま下向したという（『玉葉』九月二十一日・二十三日条）。義仲と行家の不和も表面化してきた。

寿永二年十月宣旨

こうして義仲は西国に向かった。ところが、それを見計らったように、頼朝から後白河に重要な申請があった。これは、頼朝のもとに派遣していた後白河の使者が伝えたもので、折紙に三カ条が書かれていた。その内容はつぎのようである。①平氏に押領されていた寺社領を、本来の寺社に返還する宣旨を出すこと。②同じく平氏に押領されていた院宮諸家領を、本来の領家《りょうけ》（領主）に返還すること。③平氏に与し、降伏してきた武士に斬罪を行わないことである。

兼実は、以上の内容をはじめは人伝に、つぎは実際の頼朝の折紙を見て、二度も記しており（『玉葉』十月二日・四日条）、二日条では「一々の申し状、義仲に斉《ひと》しからざるか」と、義仲に似ぬ頼朝の意見を賞賛している。京都の人々の利益を最優先し、平氏にくみした武士までにも温情をかけようというのである。兼実の賞賛も当然であろう。ますます頼朝の株はあがり、義仲の株は下がった。なおこの時、頼朝からは内容は不明だが「合戦注文」なるものも提出されていた。

同時に、頼朝からはすぐの上洛は無理であることも伝えられていた。理由は、頼朝が上洛して鎌倉を留守にすると、奥州の藤原秀衡や、関東でいまだ頼朝に従っていない佐竹隆義《たかよし》などが鎌倉に攻め込む恐れがあるからと、数万の軍勢が一気に入京すれば、京都が混乱するからである。兼実はこうした頼朝の配慮を、「頼朝の為体《ていたらく》、威勢厳粛、その性強烈、成敗分明《せいばいぶんみょう》、理非断決」と誉め称えている（『玉葉』十月九日条）。同時にその日の小除目で、頼朝は本位（従五位下）に復し、名実ともに賊徒の汚名をそそがれた。七月三十日の論功行賞の際に、頼朝に対しては京官・任国・加級が回答されていたが、復位だけにとどまったのは上洛しなかったためであろう。

通説では、この頼朝の申請三カ条に対し、朝廷は早速頼朝の実質的な東国支配権を認める宣旨を出し、その宣旨を出された日付から寿永二年十月宣旨という。ところが、十月にそうした宣旨が出されたことを示す史料は、『百錬抄』十月十四日条だけである。つまり、

東海・東山諸国年貢、神社仏寺並びに王臣家領庄園もとの如く、領家に随ふべきの由、宣旨を下さる、頼朝の申し行ふによるなり、

とある。これによれば、十月十四日に頼朝申請の①②に基づく宣旨が出されたことになる。ただし、ここには北陸は記されていないし、また頼朝の権限を認める文言も記されていない。

一方、『玉葉』では、頼朝申請に基づく宣旨のことは十月にはみえず、翌月の閏十月十三日・二十日条にみえる。十三日条では、頼朝申請①に基づき宣旨を出したが、頼朝が申請した東山・東海・北陸の三道のうち、北陸については義仲に憚って宣旨を出さなかったという事情が記されている。北陸は義仲の勢力拠点だからである。兼実はそのことを強く批判しているが、それはともかく、その宣旨がいつ出されたかは記されていない。

一方、二十日条では、西国から急遽帰洛した義仲が漏らした後白河に対する強い不満（恨み言）が記されている。それは二カ条あり、ひとつは後白河が義仲の意に反して頼朝と提携した点と、東海・東山・北陸の三道に宣旨を出し、それに従わない者は頼朝の命で追討する旨が記されていた点である。このことを義仲は「生涯の遺恨」といったという。この後者が頼朝申請に基づく宣旨であることは明

らかであり、ここから宣旨のなかに三道に対する頼朝の権限を認める文言が記されていたことがわかる。

また、延慶本（巻八）にも頼朝申請①②に基づく宣旨が掲載されている。その最後に「違濫《いらん》あるの所は、前右兵衛佐頼朝に仰せて、厳しく禁制を加へ、速やかに遵行《じゅんぎょう》せしめよ」とあり、頼朝の権限が明記されている。ただし、この宣旨の日付は十一月九日であり、対象は東海・東山諸国で北陸は記されていない。さらに兼実のもとに伝えられた、宣旨を作成した藤原兼光の言い分によれば、宣旨には当初北陸が記されていたが、すぐに修正して北陸を削ったことがわかり、義仲が聞き及んだのは修正前の宣旨ではないかという（『玉葉』閏十月二十三日条）。

つまり東海・東山の二道に対し、頼朝の権限を認める宣旨が出されたことは確かといえる。しかし、それが十月に出されたという確証は乏しく、閏十月に出された可能性も残る。だから、寿永二年十月宣旨という命名に問題があるわけである。しかし、ここではひとまず「十月宣旨」とよんでおく。

さて、内乱期の京都の人々がもっとも恐れたのは、内乱により諸道が塞がれ、諸国の公領・荘園からの年貢をはじめとする諸物資が京都に入ってこなくなることであった。頼朝申請は、見方を変えれば、内乱で停滞していた諸物資の京都への流入をスムーズにしようというわけであるが、宣旨はそれを頼朝の権限（武力ともいえる）によって行うことを認めているわけである。

つまりこれまで伊豆・相模・武蔵・房総などの南関東周辺だけに及んでいた頼朝の権限は、漁夫の利の如く、北陸をのぞく東国一体に及ぶことになったのである。同時にそれはそれまでは反乱軍であった頼朝の武力が、朝廷から公認されたことを示している。これは、頼朝と義仲や平氏との関係にとって画期的なことであり、かれらに対する立場の逆転、義仲や平氏に対して頼朝が完全に優位にたったことを示している。

義仲の帰洛

これに対し、西国に向かった義仲の戦況は思わしくなかった。閏十月一日には備中水嶋で平氏と戦い、大敗している。当時、平氏は讃岐の屋島を拠点として勢力を盛り返しつつあったが、都落ち後の平氏の動向については次章でまとめることにしたい。

義仲敗北の報は十四日には兼実のもとにも入った。同時に義仲帰京の報も入った。その報に接し、院中をはじめ京中が大騒動になった（『玉葉』閏十月十四日条）。誰も義仲の帰京を望んではいなかったのである。義仲は十五日に帰京すると、翌十六日には後白河のもとに参上した。十七日には義仲が後白河へ奏上した内容が静賢法印《じょうけんほういん》から兼実のもとにも伝わった。その奏上のなかに、本節冒頭でふれた、

頼朝弟九郎〈実名を知らず〉、大将軍として、数万の軍兵を率ひて上洛を企つるの由、承り及ぶ所なり、

の文言が出てくるのである。

義仲の言い分は、この頼朝弟九郎率いる頼朝軍の上洛を口実として、それを防ぐために急遽帰洛したという。「十月宣旨」もそうであったが、西国の義仲にも京都の政治情勢とりわけ頼朝関係の情報

は逐一入っていた。義仲は、水嶋で平氏に大敗した直後にもかかわらず、後白河に対しては、平氏のことは心配ないとしたうえで、帰洛の理由（口実）を述べている（『玉葉』閏十月十七日条）。

義仲の関心事は、もはや平氏ではなく、頼朝であった。そして、その頼朝の代官となったのが弟の九郎つまりは義経であった。京都の人々にいまだ実名さえ知られてはいなかったが、こうして、義経という存在が同時代史料に登場したのである。

義経の上洛

その後、義仲は十一月十九日には、後白河の徴発もあって、ついにその御所法住寺殿を襲撃し、クーデターを起こす。そして、翌元暦元年（一一八四）正月二十日に義経・範頼軍に敗れて滅亡する。

ここで話題の中心をふたたび義経に戻し、この間の義経の動向を『玉葉』と『吉記』によって追ってみよう。

義経が鎌倉を発ったのは、閏十月五日らしい。それは上洛を決意した頼朝に従うものであった。しかし、頼朝は遠江から鎌倉に引き返し、代わって義経を代官とした。

そのことは『玉葉』十一月二日・三日条や『吉記』十一月四日条などからわかるが、『玉葉』では「九郎御曹司《おんぞうし》」「九郎冠者《かじゃ》」とあり、「誰人か尋ね聞くべし」とあって、その時点でも兼実にはいまだ実名の情報が入っていない。それに対して『吉記』では、「舎弟九郎冠者、その名義経」と実名が記されている。これが義経の実名が確実な史料にみえる初見である。

閏十月二十二日には、「頼朝使」が伊勢に着いたという情報が兼実に入った。その目的は謀反を起こすためではなく、「十月宣旨」の内容を執行するためと、また国中にその内容を周知させるためであるという。これに対し、義仲・行家は伊勢に郎従を遣わしていたらしいが、伊勢の国人（『玉葉』には「国民」とある）等は義仲等の郎従の暴虐を憎み、頼朝使を口実に鈴鹿山を切り塞いでかれらを射たという。そこで、義仲は郎従をさらに伊勢・美濃に遣わした（『玉葉』閏十月二十二日条）。この「頼朝使」は、つぎにみる「頼朝代官」である義経達と相違する可能性も考えられなくもないが、義経達と考えてよいであろう。

十一月四日には、頼朝の「代官」が美濃の不破関《ふわのせき》に着き、上洛するか否かは後白河の決定に従う旨を伝え、後白河は、義仲・行家の軍勢が妨害すれば合戦してよい旨を伝えた（『玉葉』十一月四日条）。この「代官」は義経達であろう。

十一月七日には、「頼朝代官」が近江に着いた。その勢は五、六百騎で、合戦をするためではなく、院に物を供ずるための使であるという。その使は、中原親能と頼朝弟の九郎であった（『玉葉』十一月十七日条）。「頼朝代官」が誰であるかが明確に記されるのはこの時であるが、代官は義経だけでなく、親能もそうであったのである。なお、ここでも義経の実名はでていない。

この中原親能は、明法博士中原広季《ひろすえ》の子（一説に藤原光能《みつよし》の子で、その外祖父である広季の養子になったとも。また、鎌倉幕府の初代政所執事である大江広元はその兄弟とも）で、幼時は相模で育ち、伊豆に流された頼朝と親しく接したらしい。のち上洛して朝廷に出仕し、斎宮次官《さいぐうのすけ》となったが、頼朝の挙兵後は鎌倉に下って吏僚として重用された。のちに平氏追討にも従っているが、親能が義経とともに頼朝の代官となったのは、義経を監視させるためであったという説もある。

さて、十一月十日には、院への供物も近江に着き、義経もまだ近江にあった。義経が入京しないのは、義仲が渋っているためであるが、義仲も少勢での入京ならばしぶしぶではあるが認めていた。しかし、大軍での入京ならば戦う意志も示していた（『玉葉』十一月十日・十五日・十八日各条）。

いずれにしろ義経は入京せず、十一月十八日にはふたたび伊勢に入った（『吉記』十一月十八日条）。その翌日、義仲が法住寺殿を襲撃し、クーデターを起こすのである（『玉葉』・『吉記』十一月十九日条）。その報は、十二月一日になって、後白河の北面から伊勢にいた義経・親能のもとにも知らされた。ふたりはすぐに頼朝のもとに飛脚を遣わし、その帰りを待って、頼朝の命に従って入京する旨を伝えた。その時の義経の勢力は五百騎ほどで、ほかに伊勢の国人が多く従っていたという。また、平信兼《のぶかね》も合力したという（『玉葉』十二月一日条）。

この平信兼は平氏の家人で、頼朝が挙兵の手始めに襲撃した山木兼隆の父である。内乱当初は平氏のために戦ったが、都落ちには従わず、ここで義経に合力したのである。当時、信兼は和泉守であったが、元暦元年（一一八四）には、その子息達が伊賀・伊勢で謀反を起こして解官され、その京都の邸宅は没収されて、義経の沙汰となっている。

十二月四日には、義仲が郎従を遣わして、伊勢にある頼朝代官を追い落とし、そのなかの宗たるひとりを生け捕りにしたと後白河に報告しているが（『玉葉』十二月四日条）、虚偽であろう。

ここまでの義経達の動向を整理すると、義経達は遠江から東海道を上って伊勢に着き、伊勢から北上して東山道の美濃の不破関に到り、そこから近江に入ったことになる。その目的は、「十月宣旨」の執行と周知のためであり、後白河に供物を捧げるためであった。また、頼朝の代官は、義経だけではなく、中原親能とふたりであった。しかし、かれらは入京せずにふたたび伊勢に戻った。

なお、義経が伊勢滞在中に平氏家人の平信兼や多くの伊勢国人が義経にしたがったことはふれたが、以後の義経の郎従には伊勢者が多い。のちの義経の股肱の臣となった人物に伊勢義盛がいるが、かれは義経の伊勢滞在中に家人になったともいう。伊勢は伊勢平氏の発祥の地であるが、義経は伊勢滞在中に地盤固めを行っていたらしい。

関東軍の上洛

義経等の報告を受け、頼朝は範頼に軍勢を着けて上洛させた。範頼はやはり義朝の子で、頼朝の弟で義経の兄。母は遠江池田宿の遊女という。通称は蒲冠者《かばのかじゃ》。以後、義仲追討戦から壇ノ浦合戦まで、屋島合戦を除いて義経と行動をともにすることになる。

さて、範頼軍がいつ鎌倉を発ったかは史料がなく不明である。しかし、明けて元暦元年正月五日には、関東軍は尾張の墨俣に着いたという情報が兼実のもとに入った。翌六日には、墨俣から美濃に入ったといい、義仲は「大いに畏怖《いふ》を懐」いたという（『玉葉』正月五日・六日条）。八日には美濃・伊勢を越えたという（『百錬抄』正月八日条）。

しかし、十三日にもたらされた近江に遣わした義仲の郎従の報告によれば、義経の軍勢は千騎ほどであったため、小勢とみた義仲は東国下向を延期したという（『玉葉』正月十三日条）。その時には義経は近江におり、範頼軍にはまだ合流していなかったらしい。ところが、十六日には、近江に派遣されていた義仲の郎従が帰洛した。関東軍は数万に膨れ上がっており、義仲の郎従等は対抗できないとみて帰洛したのである。

これ対し、義仲は後白河を伴って瀬田に向かうという風聞があったが、それを中止し、瀬田にはただ郎従だけを遣わして、自身はいつものように院御所を警固し、さらに軍勢を割いて、義仲に対して謀反を起こした行家討伐に向かわせた。十五日夜から十六日未明にかけては、「議定変々数十回に及ぶ」という有様で、京中は大混乱となった。

そうしたなか、関東軍の先陣は瀬田に迫った（以上、『玉葉』正月十六日条）。関東軍と義仲軍の対戦、いいかえれば、義経の生涯で最初の合戦は目前に迫っていたのである。

第二章　木曽義仲追討と治承・寿永期の武具と戦闘

1　義仲追討

合戦前夜

元暦元年（一一八四）正月二十日、義仲は義経・範頼率いる関東軍に敗れ、近江の粟津で戦死する。平氏を京都から追い落とし、入京してからわずかに半年たらず、クーデターからは二カ月たらずのことであった。『玉葉』と『吾妻鏡』のともに元暦元年正月二十日条からわかる、合戦の概容をその前後の状況を含めて示すとつぎのようになる。

まず義仲の状況を示すと、その軍勢は少数であった。そのうえ、入京した義仲・行家の軍勢は、もともと各人が独自に平氏に反抗していた諸国源氏の寄せ集めであった。そのために離合集散も早く、この段階で、行家でさえ義仲に反旗を翻しており、義仲に従っていたのは、義仲・頼朝等の叔父にあたる志太義広だけであった。

話は寿永二年（一一八三）にもどるが、はじめ常陸にあった義広は、二月に鎌倉攻撃の軍を起こして敗れ、その後、上京して義仲を頼っていた。義仲は西海からの帰京後、義広を追討使として後白河に推挙したが、「脆弱《ぜいじゃく》」という理由で拒否されている（『玉葉』閏十月二十三日・二十四日条）。

一方、義仲と行家の不和は、すでに入京して法住寺殿に参った段階から、両人に対抗意識があることを兼実は見抜いていたが、その後、恩賞の不均衡などを契機に徐々に表面化していった。

閏十月二十日、帰京まもない義仲は、後白河の使者である静賢法印に対して、後白河に対する二カ条の不満（恨み言）を述べた。その際に、頼朝軍の上洛に対抗するために、義仲が後白河を伴って東国に下向するという噂についての詰問もあった。

これに対して義仲は、事実無根であると弁明している。しかし、義仲の弁明は虚偽であり、その前日、義仲宅で源氏一族が会合した際に義仲から実際に出た話であった。ところが、会合に参加した行家や源光長《みつなが》等が強く反対したために実行されず、行家はそのことを密かに後白河に奏上したという（以上、『玉葉』閏十月二十日条）。それゆえの詰問であるが、行家が後白河に取り入っていることがわかると同時に、義仲との不和が進行していることもわかるであろう。

なお、源光長は、摂津源氏出身の在京の武士（当時の名称で「京武者《きょうむしゃ》」という）で、検非違使に任官しており、義仲入京後は京中守護のひとりともなっている。源氏一族の会合のほぼ一カ月後に起きた法住寺合戦では、後白河側として義仲と対戦して討たれている。

また、閏十月二十七日には、兼実は、河内の石川源氏出身の源義兼《よしかね》から「義仲と行家すでにもって不和」の報告をうけている（『玉葉』閏十月二十七日条）。

それによれば、義仲は頼朝追討のために関東下向に行家を伴おうとしたが、行家に拒否され、日頃からの不快感がさらに増したという。また、行家は十一月一日には平氏追討のために西国に発つ予定であったが（実際には八日になる）、義仲は行家に平氏追討の功績を奪われることを懸念し、ともに下向するつもりであったという。そういう状況なので、まだそれほど表面化してはいないが、内心ではお互いに隙をうかがっている様子だと報告したのである。

その後、行家は平氏追討のために西国に向かう。しかし、播磨の室山で平氏と対戦して大敗し、和泉に逃れ、以後、義仲に反旗を翻す。また、兼実に義仲・行家不和の報告をした源義兼も河内で同じく義仲に反旗を翻す。

話を元暦元年にもどそう。義仲は、『玉葉』によれば、行家討伐のために「西方」に軍勢を派遣しており（正月十九日条）、また『吾妻鏡』からは、義兼を討つために乳兄弟《ちきょうだい》の樋口兼光《ひぐちかねみつ》を河内に派遣していたことがわかる（正月二十一日条）。さらに延慶本（巻九）では、兼光は河内の石川城で行家と合戦している。これらを総合すれば、行家と義兼は結託していた可能性が高く、兼光は両者の討伐のために派遣されていたのであろう。

こうした状況のなかで、義仲は関東軍にも対処しなければならなかった。義仲は、残っていた軍勢を二分し、一方はやはり乳兄弟（兼光の兄弟）である今井兼平《いまいかねひら》を大将として近江の瀬田に、もう一方は志太義広を大将として山城の宇治に向かわせ、自身は後白河のいる六条御所を警固したのである。

ただでさえ少ない義仲の軍勢は各地に分散した。六条御所を警固していた義仲の手勢はわずかに三、四十騎というありさまであった。

義仲が軍勢を派遣した瀬田と宇治にはともに瀬田川と宇治川という河川が流れている。この河川は琵琶湖から流れ出て巨椋池《おぐらいけ》（現在はないが、かつて宇治近辺にあった湖沼）にそそぐ大きな一本の河川で、上流が瀬田川、下流が宇治川である。関東軍は、範頼が瀬田へ、義経が伊勢・伊賀方面から宇治に向かっていた。だから、義仲もそれぞれに軍勢を派遣したのであるが、大きな河川を隔てた両地は防衛ラインとしても重要であった。かつて源頼政が、宇治川対岸の平等院に入ったのも同じ理由からであった。

義仲追討戦

関東軍の進行は早かった。正月二十日卯刻（午前六時前後）、関東軍が瀬田に着いたという報が兼実のもとに入った。相次いでこんどは宇治にも着いたという。その言葉がいまだ終わらないうちに、関東軍は六条河原を駆けていた。この関東軍は、『玉葉』の記述によると義経の軍勢のようで、宇治で義広を敗って大和大路から入京した義経軍は、時をおかず六条御所に向かったという。ここで後白河と義経ははじめて対面したはずであるが、そのことは『玉葉』には何も記されていない。なお、義経軍は六条御所に向かう際には賀茂河原を北上したらしいが、九条河原の辺は一切狼藉がなく、兼実は「もっとも冥加《みょうが》なり」と誉め称えている。義経軍の先陣は、「カチ波羅《はら》平三《へいぞう》」つまり梶原景時《かじわらかげとき》であった（『玉葉』正月二十日条）。

梶原景時は、相模の鎌倉党の武士で、石橋山合戦で敗れて山中に逃れた頼朝主従を逃がしたことで有名な人物である。以後、御家人として頼朝に仕え、義仲追討戦から壇ノ浦合戦におよぶ一連の平氏追討戦には侍大将として参加。しかし、とかく義経と対立したらしく、壇ノ浦合戦後は、景時の讒言《ざんげん》を契機に頼朝と義経の仲が悪化していく。

なお、『吾妻鏡』正月二十日条には、義経・範頼に従って六条御所に馳せ参じた、河越重頼《かわごえしげより》以下六名の御家人の名前が列挙されている。しかし、そのなかには、景時の子息の景季《かげすえ》の名前はみえるが、景時の名前はみえない。ただし、のちに景時からの合戦報告が鎌倉に届いているから（『吾妻鏡』正月二十七日条）、『吾妻鏡』からも景時が参加していたことが確認できる。

義経軍が迫るなか、義仲は後白河に御幸を促した。『玉葉』には、どこへの御幸かは記されていない。これは義仲に明確な目的地がなかったためと考えられる。つまり入京そのものがそうであるが、入京を果たしたものの義仲には政治的ビジョンは何もなかったわけである。

そこに敵軍が襲ってきた。そこで義仲は後白河を捨て慌てて対戦した。しかし、前述のように義仲の手勢は、三、四十騎ほどの少数で、義経軍に対抗することはできず、一矢も射ることができなかったという。はじめ義仲は長坂方面に向かおうとしたが、取って返して瀬田の勢に加わるために東に向かった。その途中、近江の粟津で討たれるのである。

義仲の敗死について兼実は、「天の逆賊を罰す、宜《よろ》しきかな、宜しきかな」と喜び、義仲の天下は六十日、平治の乱の藤原信頼の天下に比べればそれでも長いと記している（『玉葉』正月二十日条）。

義仲が瀬田の勢に加わろうとしたということは、瀬田方面の義仲の軍勢はまだ敗られていなかったらしい。だとすれば、電光石火で入京した義経軍に対し、範頼軍は遅れを取ったことになる。むろんそれは対戦相手にもよるが、じつは以後の平氏追討戦でも先手を取るのはいつも義経である。速攻が義経の戦法といえる。

なお、その一部が現存する三条実房《さねふさ》の『愚昧記《ぐまいき》』正月二十日条によれば、義仲を討ったのは、義経の郎従石田次郎であり、『吾妻鏡』では、瀬田に向かった義仲を追ったのは一条忠頼《ただより》の軍勢で、義仲を討ったのはやはり相模の住人石田次郎である。また、『平家物語』では石田為久《ためひさ》である。一条忠頼は、甲斐源氏である武田信義の子で、義仲追討戦に活躍するのであるが、それまでの甲斐源氏の驕慢な振る舞いと相俟って、源氏同門のなかでの対抗勢力として頼朝に危惧され、五カ月後の六月に鎌倉で謀殺されている（『吾妻鏡』六月十六日条）。一方、石田為久は相模の豪族三浦一族の芦名《あしな》氏出身という。ただし、『愚管抄』（巻五）によれば、義仲を討ったのは、義経の郎従である伊勢義盛となっている。いずれにしろ、義仲を討ったのは義経軍のようである。

ともかく二十一日には、義経は義仲の首を取ったことを後白河に報告し（『吾妻鏡』正月二十一日条）、翌日、後白河は、平氏の問題や頼朝の恩賞や上洛などの当面の諸問題とともに、義仲の首を渡すべきか否かを兼実に諮問している。兼実は、後白河の考え次第だが、理屈からすれば渡すべきだと回答している（『玉葉』正月二十二日条）。実際、義仲の首は、二十六日に今井兼平や根井行親《ねのいゆきちか》等の首とともに大路を渡され、獄門に掛けられた（『吾妻鏡』正月二十六日条）。

また二十一日、河内に派遣されていた樋口兼光が義兼を討ち逃し、帰京の途中で義仲の滅亡を聞きながらも無理に入京し、義経家人等と戦い捕らえられている（『吾妻鏡』正月二十一日条）。二十七日には、義仲滅亡の報が、安田義定・範頼・義経・一条忠頼等から個別に鎌倉に届いた。この四人（『吾妻鏡』では「三人の使者」とある）からの報告は口頭のみであったが、やや遅れて到着した梶原景時の飛脚は、「討亡《とうぼう》囚人等交名《きょうみょう》注文」という合戦で討ち取った者や捕虜の名前を記した記録を持参しており、頼朝は景時の思慮のほどをさかんに誉めたという（『吾妻鏡』正月二十七日条）。

なお、樋口兼光は、その縁者である武蔵児玉党が助命を嘆願し、義経を通して後白河に奏聞されたが許されず、二月二日、渋谷高重《しぶやたかしげ》に首を斬られた（『吾妻鏡』二月二日条）。

また、行家は、二月三日に後白河の召しにより帰京している。その勢はわずかに七、八十騎であったという。頼朝の勘気も解けたらしい（『玉葉』二月三日条）。

こうして義仲は滅亡した。しかし、『玉葉』や『吾妻鏡』には具体的な戦闘の様子は何も記されていない。また、義経のことも関東軍の大将として名前が出てくる程度である。しかし、具体的な戦闘の内容については『平家物語』に記述が豊富である。そこで、つぎに延慶本（巻九）から義仲追討戦をみていこう。同時に当時の合戦の具体像にもふれていこう。なお、吉田兼好の『徒然草』（二二六段）にも記されているように、『平家物語』は義経のことが詳しく、範頼のことはあまり記されていない。それは延慶本でも同様である。

軍勢の数と防御施設

まず宇治川合戦をみよう。十一月二十日辰刻（午前八時前後）、関東軍は軍兵六万余を二手にわけ、範頼を大将とする三万五千余騎が瀬田へ、義経を大将とする二万五千余騎が宇治に向かった。

この総勢六万という関東軍の数は誇張である。『平家物語』に限らず軍記物語の軍勢の数は誇張が多い。しかし、軍勢の数については『玉葉』などの古記録の記述も信用できるかといえば、必ずしもそうとはいえない。兼実などの古記録の記主とて報告などに基づき、実数を数えているわけではないからである。

また、軍勢というとふつうには戦闘員だけを考えがちである。しかし、軍勢は戦闘員だけで構成されているわけではない。工作員や兵粮などを運ぶ人夫をはじめ、実際に戦闘には参加しない多くの非戦闘員（兵站員《へいたんいん》）も従っていたことが、近年指摘されている。したがって、軍勢の正確な実数を把握することは難しい。類推が可能な場合もあるが、本書では、軍勢の数には、原則的にあまり注意を向けないことにする。

義仲の軍勢は分散していた。樋口兼光は行家を攻めるために五百余騎で河内に向かっており、今井兼平は、やはり五百余騎で瀬田に向かった。また、志太義広は三百余騎で宇治に向かった。京都に残る義仲の軍勢は百騎に過ぎず、火急の場合は、後白河を具して西国に向かう準備をしていた。

兼平と義広は、それぞれ瀬田川・宇治川の両方に掛かる橋の橋桁を引き、向こう岸には、乱杭《らんぐい》を打ち、大綱《おおつな》を張り、逆茂木《さかもぎ》を繋いで流し掛け、関東軍を待った。橋桁を引くとは、橋桁に渡されている板を外して、橋を通行不能にすることであり、同時に外された板は、楯としても利用された。乱杭は、川底に不規則に杭を打つことで、さらに杭には綱を張り巡らす。それが大綱であり、小綱《こつな》もある。また、逆茂木は棘のある樹木を束ねたもので、それを杭に繋いで水面に漂わせているのである。

これらは、大河を隔てた対戦では当時ふつうに行われていた防衛処置で、いずれも敵の軍勢、特に騎兵の進行を阻止するためのものであった。騎兵主体であった当時の戦闘は、陸上ではもちろんのこと、敵の騎兵の進行を阻止することが防衛のためには重要であった。

そのために、陸上戦では、楯を何枚も並べ連ねた掻楯《かいだて》や逆茂木・堀（空堀）・土塁《どるい》・柵などが設置された。近年の研究によれば、当時の城郭とは、こうした敵の騎兵の進行を阻止するための施設や設備に、敵に矢を射掛けるための櫓《やぐら》などを設置した臨時の防衛施設のことをいう。これが中世後期（南北朝期以降をいう）になると、城郭も自然の要害を利用した常設の施設となり、さらに近世（特に織田信長以降をいう）になると、天守閣のある一般にも馴染みのある城郭となっていく。

だから、治承・寿永期の城郭を近世城郭のような堅固なものと想像してはならない。騎兵主体の戦闘では堅固な常設の城郭は必要ないのである。そして、こうした臨時の防衛施設を設置するために、また攻撃側はそうした施設を破壊するために、非戦闘員である工作員などが必要となってくるのである。

なお、当時の騎兵は弓箭《ゆみや》を佩帯《はいたい》し、それを主要兵器とする騎兵である。それを筆者は「弓射騎兵《きゅうしゃきへい》」と名付ける。つまり義経をはじめとする治承・寿永期の武士は弓射騎兵なのである。ちなみに南北朝期以降になると、弓射騎兵は減少し、弓箭を佩帯せず、刀剣類（打物《うちもの》と総称する）だけを佩帯した騎兵が登場する。これを筆者は「打物騎兵《うちものきへい》」と名付けるが、打物騎兵は治承・寿永期にはまだ存在しない。その辺のところは次節でくわしくみたい。

瀬田・宇治両河川における防衛施設の描写の後、延慶本の記述は、宇治での義経軍の活躍を描写していく。なお、延慶本では、義経は、範頼とともに鎌倉から進軍してくる。そして、義仲が平等院に立てこもったという噂を聞き、範頼と分かれて伊賀方面から宇治に向かったことになっている。これは覚一本も同じである。しかし、すでにふれたように、『玉葉』では、義経は前年の十二月に伊勢で義仲のクーデターの知らせを受け、頼朝の指示を仰いでいる。だから、鎌倉から進軍したのであれば、伊勢から一旦鎌倉に戻り、再び上洛の途につかなければならない。しかし、それは期間も短く考えられない。義経は伊勢に滞在していたから伊賀を経て宇治に向かったのである。

義経軍は宇治川に臨んだ。しかし、宇治川は防衛施設が施されていただけでなく、おりしも水かさが増していた。また川端は狭く、二万五千余騎の軍勢のすべてが川に臨めなかった。そこで、義経は、「雑色(ぞうしき)」や「歩行走ノ者(かちばしり)」達を召し集め、軍勢すべてが川に臨めるように、川端にならぶ三百余家の民家を、家財を取り出させたうえで焼き払うことを命じた。この「雑色」や「歩行走ノ者」なども非戦闘員である。これにより、老人・女性・子供・病人などの逃げ遅れたり、動けない者がみな焼け死んだという。

これが史実かどうかは不明であり、史実ではない可能性が高いが、それにしても、様々な目的で戦場周辺の民家を焼き払うという行為は珍しいことではなかったらしい。治承四年（一一八〇）十二月、南都攻めにあった平重衡は、夜中の明かりを求めて周辺の民家を焼き払わせた。その火が折からの強風に煽られて興福寺や東大寺に引火し、南都焼き討ちという結果となるのである。また、史実かどうかは不明だが、覚一本（巻九）によれば、義経自身、一ノ谷合戦の前哨戦である三草山合戦では、平氏軍を夜襲する際に、重衡と同じく明かりを求めて進軍路に沿った民家を焼き払っており、「三草山の大松明」として有名である。屋島合戦でも、屋島の対岸の牟礼・高松の民家を焼き払ったことは延慶本・覚一本（ともに巻十一）にも『吾妻鏡』文治元年（一一八五）二月十九日条にもみえている。

われわれの感覚では、こうした行為は残虐・非道な行為であり、現在の戦争ならば明らかに戦争犯罪の対象となろう。しかし、当時は戦場でのそうした行為は批判の対象にはならなかった。被害を受けた民衆の感情は無視される。重衡が南都を焼き討ちしたことは大きな問題となったが、それは民家を焼き払ったことではなく、興福寺や東大寺といった宗教的権威を焼き払ったことが問題となったのである。

民家を焼き払い、川端が広々としたところで、義経は高い櫓を作らせ、そこに登って軍勢に指示を与えた。粗末な民家とはいえ三百余家を焼き払った火が短時間で鎮火したとは考えられず、また高櫓も瞬時に設置できたとは考えられない。それらが瞬時に行われたように記す延慶本の描写に現実味はないが、いずれにしろ高櫓から義経はつぎのような指示を出す。

まず軍勢のなかの「水練《すいれん》」・「河立《かはだち》」・「潜《かづき》」の上手に、「セブミ（瀬踏）」をして、川の状態を知らせることを促した。しかし、対岸には瀬踏の者を射ようと、敵四、五百騎が弓に矢を番《つが》えて待ちかまえているから、自分を剛の者（勇気ある者）と思う人々は、橋桁を引いた橋を徒歩で渡って囮《おとり》となり、瀬踏を自由にやらせよと指示したのである。

渡河戦では、攻撃側は防御施設をかいくぐって河川を渡らなければならない。そのために必要なのが瀬踏であり、河の浅瀬や水流の穏やかな箇所を探ることをいう。その河川をよく知る地元の人間がいればよいが、はじめて接する河川ではそのなかに入って探らなければならない。それを行うのが「水練」・「河立」・「潜」の上手である。つまり泳ぎや水中を歩くことや素潜りなどの上手である。現在でも泳げない人はいるが、当時は泳ぎやそれに類する行為は、海や河川に近いという生活環境や生業とも関わる特殊技能であった。

要するに、水練の者達を河川に入れて人馬が渡りやすい箇所を探らせるのである。同時にかれらは、乱杭を抜いたり、大綱を切断したり、敵の防衛施設の破壊や除去も行うのである。逆に防衛側からすれば、同類の人々がそのような施設を設置するのである。

当然、敵はそれを阻止しようとする。その場合の攻撃具は飛び道具、当時としては弓箭しかない。渡河戦の攻撃具は弓箭である。しかし、瀬踏をする者は裸で無防備である。そこで、敵の攻撃を逸らしてかれらを守り、自由な瀬踏を行わせるために、橋桁を外した橋を渡る者を募ったのである。

宇治川合戦——渡河 橋桁を外した橋を、重い甲冑を身につけて渡ることは曲芸的な勇気のいる危険な行為である。逆にそれに挑戦することは剛の者の証となる。軍勢のなかで、平山季重《すえしげ》が真っ先に馬を下り、橋桁を渡った。続いて佐々木定綱《さだつな》・渋谷重助《しげすけ》・熊谷直実《くまがいなおざね》・直家《なおいえ》親子の四人がこれに続いた。

敵はかれらに対して散々に矢を射掛けてくる。延慶本ではそれを「入江ノ葦刈《あしかり》ガアシヲタバネテツクガゴトシ」と表現している。その際、義仲側がどのように矢を射ているかも問題となる。従来はこうしたことにはほとんど注意が払われることはなかった。特に問題にしたいのは騎兵の矢の射方（弓射方法）であり、筆者は馬静止射というものを考えている。それについての詳細は次々節でふれよう。

季重等五人は橋を渡るのに精一杯で反撃はできない。しかし、かれらは甲冑で身を守り、ほどなく対岸に辿り着いた。対岸に着くと早速反撃を開始した。かれらの攻撃は歩射《ぶしゃ》である。義仲の郎等藤太《とうた》左衛門兼助《ざえもんかねすけ》が射落とされたのを皮切りに、敵が次々と射られていく。

こうして敵が橋を渡った者達を相手にしている間に、義経側の水練のうち「天下一ノ潜ノ上手」という佐々木の郎等鹿嶋与一《かしまよいち》が水中に潜り、敵の乱杭や逆茂木を取り除き、大綱・小綱を切断した。

これで渡河の準備は整った。しかし、積極的に渡河しようとする者がいない。そこに畠山重忠が進み出ると、次々と進み出る者が現れた。そうしたなかで飛び出しのは梶原景季と佐々木高綱であった。両人は鎌倉を発つ前に頼朝からそれぞれ薄墨《うすずみ》、生飡《いけずき》という名馬を賜っていた。景季も生飡を所望したが適わず、高綱に与えられたのである。その生飡で川を渡り、先陣を取ったのは高綱であった。これが有名な宇治川先陣争いである。かれらに続いて全軍が川に入った。このように騎兵が集団で渡河することを「馬筏《うまいかだ》」といった。延慶本では、馬筏で渡河する際に敵から射掛けられる矢に対する防御の方法とか、渡河中の馬の扱いなどについての心得を、先陣を行く高綱が全軍に下知している。

ところで、治承四年（一一八〇）五月の以仁王・源頼政と平氏との対戦も宇治川を戦場としている。

その時は頼政軍が防御側で、平氏軍が攻撃側である。『平家物語』では、その合戦で弱冠十七歳の足利忠綱《ただつな》が、馬筏で全軍に同様の下知をしながら宇治川を渡る。この治承四年の宇治川合戦で、平氏側の「郎等二百余騎」が馬筏で宇治川を渡ったことは、『山槐記』治承四年五月二十六日条に記されている史実である。

渡河戦では攻撃側は渡河しなければ勝負にならない。その際に馬筏を組むことは治承の例から事実であり、また渡河の心得も『平家物語』に記されている内容は納得できるものである。したがって、元暦元年の宇治川合戦でも、義経軍は馬筏で宇治川を渡ったことは予想できるし、誰であるかは不明だが、その心得が下知された可能性は高い。

また、景季と高綱の先陣争いについては、先陣を重んじる当時の風潮から考えて、こうした争いが虚構であったとは言い切れない。しかし、承久三年（一二二一）の承久の乱における佐々木信綱《のぶつな》（高綱の甥）の先陣談による潤色があるともいう。

こうして義経軍は馬筏で宇治川を渡った。義仲軍もさかんに矢を射掛けてくるが、多勢に無勢、義仲軍は崩れて京都の方へ落ちていく。それを追い、義経軍も入京する。

義経軍の入京

京都では、義仲は宿所に帰り、前関白藤原基房《もとふさ》の子女と別れを惜しんでいた。そこに越後《えちご》光家《みついえ》が義経軍の入京を知らせてきた。しかし、義仲は返事をしない。そこで、光家は義仲を諫めるために腹を切ると、義仲もすぐに出立したという。家臣が主君を諫めるために自害するという逸話は、日本では近世にはよくある。これはそうした逸話のはしりといってよかろうが、事実とは考えられない。

いずれにしろ義仲は院の御所に参って、後白河に醍醐辺への御幸を勧めたが拒否され、それを強要しているところに、敵がまぢかに迫っているという知らせを受けた。もとより特に目的があっての御幸の強要ではなかったので、義仲はそれを抛《なげう》って、急いで御所を出て東に向かい六条河原に到った。御所では義仲が出ると急ぎ門を閉じた。

六条河原に出ると、義仲軍は、郎等の根井行親等の二百余騎と出会った。かれらは宇治から逃げてきたのである。河原は義経軍で充満していた。義仲軍は、畠山重忠軍の五百余騎を皮切りに、義経軍を次々と突破していくが、突破のたびに従う郎等が討たれ、その数は減っていた。

やがて義経の三百余騎と戦うが敗れ、義仲はふたたび六条を西へ御所に向かう。しかし、門は閉ざされていた。義仲を追う義経等はさかんに矢を射掛けてくる。たまらず義仲はまた河原に向かった。義経は義仲の追跡を郎等に任せ、自身は院の御所に馳せ参った。

院の御所では、義仲が再びもどったと戦々恐々としたが、義経の言上を聞き、歓喜して門を開いた。義経は御所の中門の大床に寄って立ち、畠山重忠以下五名の武士達は、中門の外の車宿り前に立ち並んだ。

義経は、藤原業忠《なりただ》を通じて後白河より合戦の次第について諮問を受け、そのまま御所の警固を命じられる。したがって、義経は、以後の義仲追討戦に直接は参加していない。義経等が院御所六条殿に参り、そのまま後白河を警衛したことは『吾妻鏡』正月二十日条にも記されている。その日、風病で自邸に籠もっていた兼実は記していないが、後白河と義経はここではじめて接触したのである。ただし、義経はいまだ無位無官であるから、後白河との直接対面はまだなかったかも知れない。

なお、『吾妻鏡』では、院の御所に参上した武士は、義経・範頼の両人に加えて河越重頼以下の六名の武士である。延慶本との相違は、『吾妻鏡』では重頼の子息重房《しげふさ》が加わっている点と、範頼が加わっている点である。特に範頼については、延慶本では、この時点でまだ入京してないことが義経によって後白河に報告されており、『玉葉』も、この時点で瀬田での合戦がまだ決着していないように読める。いち早く院の御所に参上した義経に対し、範頼はいまだ参上していない可能性が高い。

河原にもどった義仲はふたたび関東軍を相手に奮戦する。延慶本ではその時の関東軍を数万騎と表現している。これは範頼軍を加えた関東軍六万騎に匹敵するが、範頼軍はいまだ入京していないと考えられるから、義経軍のことであろう。

義仲滅亡

義仲は、北国へ落ちるとも、また長坂から丹波に落ちるともいわれていた。しかし、今井兼平との合流を目指して瀬田に向かっていた。その途中の粟田口から逢坂関《おうさかのせき》に着く頃には主従僅かに七騎になっていた。そのなかに、義仲の妾である女武者巴《ともえ》も残っていた。

瀬田を目指した義仲は、琵琶湖の打出浜で兼平と出会う。兼平は瀬田の合戦に敗れて京都にもどる途中であった。敗走する瀬田の大将兼平がまだ入京していないのだから、それを追う範頼軍はさらに後方と考えるべきであり、ここから範頼軍はいまだ入京してないと考えられる。

義仲は兼平との再会を喜び、兼平が持っていた旗をふたたび上げると、瀬田や京都から落ちてくる軍勢が五百騎ほど集まった。当時の旗は、流れ旗とよぶ吹き流しの形式の旗であり、いわゆる源氏の白旗、平氏の赤旗はいずれも流れ旗である。旗は軍勢の目印となるものであるから、敗走の時は巻いて目立たぬようにし、攻撃の時は揚げて存在を示すのである。なお、合戦では、旗指《はたさし》というそれ専門の騎兵が旗を持って主人の側に従う。旗指は両手で旗を持ち、戦場でも武具を使うことはできないから、攻撃される危険性が高い。ここでも旗指が射殺されていたために、兼平が旗を持っていたのである。

義仲等は集まった五百余騎の軍勢で、範頼配下の一条忠頼を皮切りに再び関東の軍勢を突破しながら瀬田を目指す。その間に郎等が次々と討たれ、粟津の辺に到ると主従五騎となり、さらに進むうちに脱落者も出て、義仲と兼平の二騎だけになってしまった。

兼平は義仲に自害を勧めた。しかし、義仲は兼平とともに戦うことを主張する。そこに石田為久が追いつく。義仲が矢を射ると矢は為久の馬に当たり、為久は落馬した。さらに進む義仲。しかし、薄氷の張った深田に馬の脚を取られて身動きができなくなり、兼平を案じて振り向いたところを為久に射られて、首を取られるのである。主の最後を見届けた兼平も奮戦の後、太刀を口に含んで馬から飛び降り自害して果てるのである。

こうして義仲は滅亡した。行家討伐のために河内に向かっていた樋口兼光は行家を討ち漏らし、京都にもどる途中で義仲滅亡を聞く。なおも入京を目指し、関東軍と対戦。縁者である武蔵児玉党の説得で捕虜となり、処遇を後白河に奏聞の後、義経に預けられる。その後、義仲の首が大路を渡った後に、梟首《きょうしゅ》されている。

義経の位置

延慶本に記されている義仲追討戦の概要は以上である。総体的な流れは、『玉葉』や『吾妻鏡』の記述に概ね一致していることがわかろう。しかし、一矢も射返すことなく都を落ちたとする『玉葉』の記述とは相違し、延慶本の義仲は義経軍に対して決死の抵抗を試みている。これは史実ではなく、延慶本の創作と考えられるが、このことで義仲の武士としての名誉は守られている。背景に延慶本作者の義仲への同情をみることもできるかもしれない。

そのなかで、義経の動向をまとめると、宇治川合戦、入京、院の御所への参上と警固、ということになる。これを一日のうちにこなしているわけだから、『玉葉』の記述からもわかるように、まさに電光石火の行動といっていいであろう。しかし、実際に動いているのは鎌倉御家人達であって、義経は、頼朝の代官、関東軍の大将（指揮官）としての域を出ていない。言い換えれば、この段階での義経は、電光石火のすばやい行動にその片鱗をみせてはいるものの、いまだ戦士としての個性が発揮されているとはいいがたいのである。

2　治承・寿永期の武具と馬具

戦士の四形態

ここで、再び義経を離れることになるが、治承・寿永期の武具・馬具や戦闘法について少しまとめておくことにする。治承・寿永期の武具や戦闘法については、筆者はこれまで様々な機会に述べてきた。ここでもそのくり返しになるが、今後の義経の合戦を具体的に理解するためにも必要と思われるから、本書でも述べておくことにする。そのうち本節ではまず武具と馬具の概説をする。同時に義経奉納の伝承を持ついくつかの武具についてもふれたい。

あらためていえば、これまでに登場した義経・義仲・頼朝・行家・範頼等はいずれも武士である。武士の成立は、十世紀半ば、平将門や藤原純友による承平・天慶の乱が契機になると考えられている。その後、十二世紀には、保元・平治の乱を経て平氏政権が成立し、さらに治承・寿永の内乱を経て鎌倉幕府が成立する。以後は明治政府が成立するまで七百年にわたり武士による政権が続くことは周知のことであろう。その間、武士は様々な側面をみせ、武士というものを一概に定義することはむずかしい。しかし、すべての時代を通じて武士が戦士であったことは間違いない。

世界史的にみて、戦士には騎馬で戦闘に参加する騎兵と徒歩で参加する歩兵がいる。その攻撃兵器は、弓箭・投槍《とうそう》・火器（鉄炮など）などの飛び道具と、刀剣類や棒などの衝撃具に大別でき、それらの組み合わせで四種類の戦士ができる。日本では、すべての時代を通じて飛び道具の主体は弓箭であり、衝撃具は打物と総称されている。そこで、日本の戦士は、弓箭を主体とする弓射騎兵・弓射歩兵と、打物主体の打物騎兵・打物歩兵の四種類となる。もっとも弓射騎兵・歩兵は弓箭だけでなく、太刀などの打物も同時に佩帯しており、打物騎兵・歩兵は、打物だけで弓箭は持たない。だから、弓射騎兵・歩兵と打物騎兵・歩兵の相違は、弓箭佩帯の有無とも言い換えることができる。

日本のこの四種類の戦士は時代によって変遷している。そのうち治承・寿永期の戦士は、弓射騎兵と打物歩兵であり、弓射騎兵が武士とよばれている。義経等はいずれも弓射騎兵であり、鎌倉御家人をはじめその郎従や家人達もいずれも弓射騎兵である。一方、打物歩兵を武士とみるかどうかは研究者の間でも結論が出ていない。しかし、打物歩兵も戦士であることは間違いなく、弓射騎兵と連携して武士団という集団で活動している。

なお、弓射騎兵は、日本で騎兵が成立したと考えられる六世紀以来、律令制下を通じて存在しており、これが南北朝期以降、あらたに打物騎兵が成立して、弓射騎兵は減少していく。これは戦士としての武士の変質を示している。一方、歩兵は、律令制下までは弓射歩兵と打物歩兵が併存し、治承・寿永期は弓射歩兵は減少したと考えられる。南北朝期以降は、打物騎兵の成立に伴って、弓箭はむしろ歩兵の武具となり、弓射歩兵がふたたび増加し、同時に打物歩兵も増加するのである。

したがって、治承・寿永期の武具と戦闘とは、言い換えれば、弓射騎兵と打物歩兵の武具と戦闘ということになる。

武具

武具には防御用と攻撃用がある。現在では攻撃用を武器というが、前近代では武器という用語の使用はごく限られており（文治五年〈一一八九〉二月九日源頼朝袖判下文《そではんくだしぶみ》に「堪武器輩《ぶきにたふるやから》」がみえる（島津文書））、中世では武具または兵具《ひょうぐ》が一般的である（古代ではさらに様々な用語がある）。武具または兵具という一語で防御用・攻撃用ともに表現するのである。これは、前近代では防御兵器と攻撃兵器が表裏一体で発展したからである。これに対し、近代以降は攻撃兵器ばかりが発達し、その発達した攻撃兵器を武器と称しているのである。

さて、中世の防御用の武具には甲冑と小具足《こぐそく》がある。甲冑は甲と冑であり、甲が「よろい」、冑が「かぶと」が、漢字と和訓の正しい対応である。しかし、十世紀以降、それがしばしば逆の対応を示すこともあるが、本書では正しい対応で進める。

中世の甲には大鎧《おおよろい》・腹巻《はらまき》・腹巻鎧《はらまきよろい》・胴丸《どうまる》（筒丸とも）・腹当《はらあて》があり、冑には星冑《ほしかぶと》と筋冑《すじかぶと》がある。このうち胴丸・腹当は、鎌倉中期以降に成立した新しい様式の甲で、筋冑は鎌倉末期以降に成立した冑である。したがって、治承・寿永期の甲冑は、大鎧・腹巻・腹巻鎧と星冑である。小具足は、甲冑では防御しきれない手足や顔面の防御具で、治承・寿永期には、籠手《こて》・脛当《すねあて》・半首《はつぶり》などがあった。

攻撃用の武具は、すでにふれたように弓箭と刀剣が中心であり、これは中世に限らない。ただし、刀剣の内容は時代的な変化が一部あり、中世の刀剣は、太刀・打刀《うちがたな》・腰刀《こしがたな》・長刀《なぎなた》・鑓《やり》などであるが、鑓は南北朝期に成立したもので、治承・寿永期にはまだ成立していない。

以上の武具のうち、治承・寿永期の弓射騎兵は、大鎧・星冑・籠手・脛当・弓箭・太刀・腰刀が標準的な装備である。一方、打物歩兵は、腹巻・太刀・腰刀を基本とし、これに籠手を着けたり、長刀を持ったりした。各武具を具体的にみていこう。

札と威

まずは中世の甲冑に共通する部分をみておこう。中世の甲冑は、基本的に札《さね》と威《おどし》で形成されている。札とは、複数の小孔を開けた牛革や鉄板でできた小板である。この札をまず横に並べて韋緒《かわお》で綴じ付け、さらにその綴じ付けた板を縦につなげる。札を横につなげることを横縫《よこぬい》、横縫した札のかたまりを札板《さねいた》、札板を縦につなげることを威という。威には、絹の組紐・韋緒・布帛の畳み緒などを用いる。

大鎧などの中世の甲に共通する基本構造は、胴本体である衡胴《かぶきどう》（長側《ながかわ》とも）、衡胴の前後（胸と背中）に立ち上がった立挙《たてあげ》、衡胴の裾に垂れる複数間に分割した草摺《くさずり》であり、このすべてが札と威でできている。また、中世の冑は、地板《じいた》とよぶ台形状の鉄板を複数枚鋲留めしてできている鉢と、鉢から垂れる𩊱《しころ》からなり、𩊱が札と威でできている。

一方、各甲の構造上の相違点は、その要点をいえば、衡胴の引合《ひきあわせ》（甲を着脱するときの開閉部分）の位置と構造、草摺の分割間数、付属具の有無と種類である。また、星冑と筋冑の相違点は、地板の鋲留めの仕方の相違である。

大鎧　まずは大鎧からみていこう（図①・②）。中世では単に鎧《よろい》（甲や冑とも表記）、あるいは着背《きせ》長《なが》といい、大鎧という名称はむしろ近世以降に一般的となる。弓射騎兵の主戦法である騎射戦での防御をよく考慮した、冑と合わせた全重量が三十キロ前後になる重厚な甲である。

衡胴は、前後と左側が一続きとなった構造で、右側は大きく開いており、右側の間隙には脇楯《わいだて》とよぶ独立した付属具を用いる。大鎧の衡胴がこうした構造になっているのは、射向《いむけ》といって、腰を捻ることで弓射しようとする方向に向く左側に、相手の矢で狙われる隙間を作らないためと、重い大鎧を着やすく、また脱ぎやすくするためである。

大鎧本体と脇楯は、着用は脇楯が先であり、脱ぐ時は脇楯が後になる。小具足に脇楯だけを着用した姿を小具足姿といい、大鎧を着用する直前の姿である。

①黒糸威鎧（厳島神社蔵）

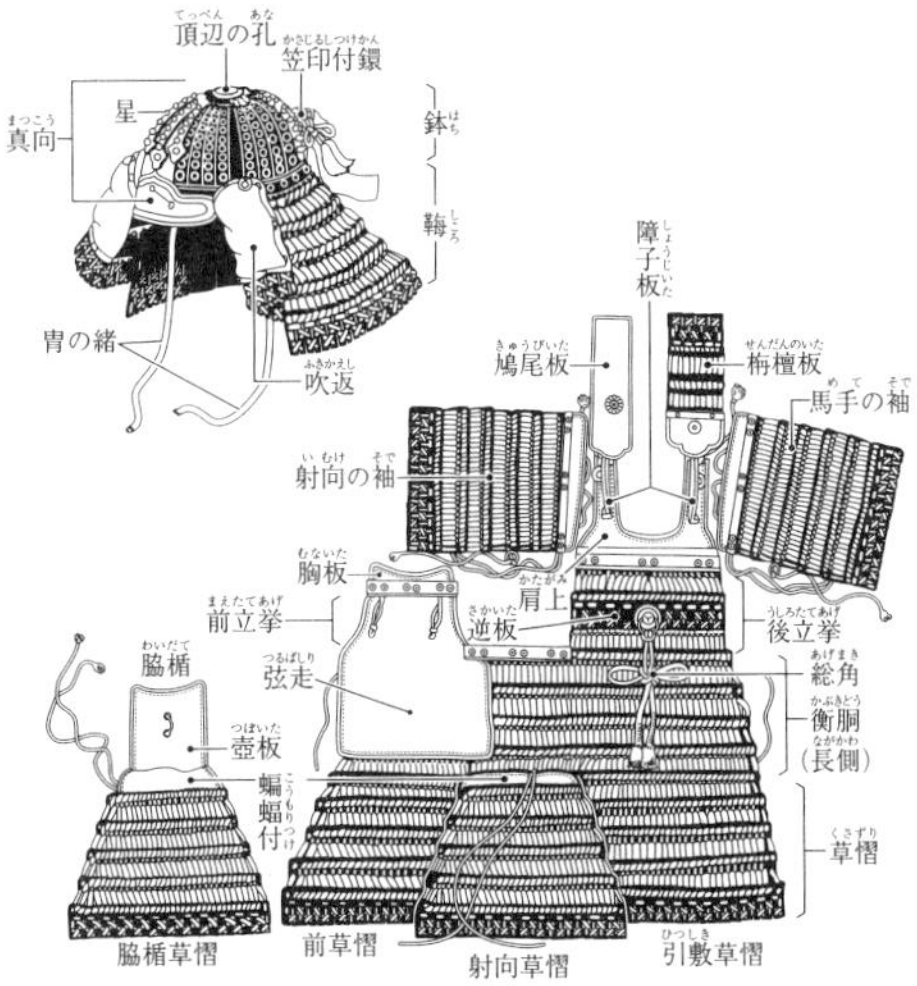

②大鎧・星冑の名称

草摺は四間である。衡胴の前後・左に一間づつの三間に、脇楯の一間である。四間の草摺は、騎馬の際に大腿部がよく防御できる。しかし、逆に腿の前に板が下がっているわけだから歩きづらく、徒歩には向かないのである。

これらを大きな特徴とし、さらに、弦走《つるばしり》といって、前立挙から衡胴正面に画革《えがわ》とよぶ染め革を一面に張る点、通常は下段の札板は上段の札板の外側になるように威していくが、後立挙の二段目と三段目は三段目が二段目の内側になるように威して、その二段目を逆板《さかいた》といい、そこに総角《あげまき》結びにした太組紐を垂らす点なども特徴である。また脇楯以外にも、両肩の袖、右胸の栴檀板《せんだんのいた》、左胸の鳩尾板《きゅうびのいた》といった付属具が多い点も特徴である。また、大鎧には星冑が必ずセットになるから、星冑も大鎧の付属具といえる。

腹巻

十キロ前後の重量の軽快な甲で、衡胴は胴体を一周し、引合は右側にあって重ね合わせの深いものとなり、草摺は走歩行しやすいように八間に分割している。付属具は、両肩に杏葉《ぎょうよう》とよぶ鉄板が取り付けられているだけで、腹巻には袖も冑も附属しないのが本来であった（図③）。

ところが、南北朝期以降、大鎧に代わって腹巻が甲の中心となり、騎兵も腹巻を着用するようになると、袖と筋冑を完備し、肩の杏葉は胸に垂れるようになる。この様式の腹巻を三物完備《みつものかんび》の腹巻とよぶが、遺品の腹巻は、鎌倉時代に遡る一領をのぞいてすべてこの様式である（図④）。

ただし、その鎌倉時代の一領は両袖を付属する。つまり肩に杏葉が付属する腹巻の遺品はなく、それが確認できるのは絵巻の描写からだけである。なお、この両袖の付いた一領は、本来から両袖が付属していたのではなく、いつの時代にか、本来は別個であった胴と袖が取り合わされた可能性が高い。

ところで、いまここで腹巻として説明している様式は、現在では胴丸とよばれている。これに対し、現在腹巻とよばれているのは、鎌倉後期以降に成立した背中引合（背割れ様式）で草摺七間の構造である（図⑤）。しかし、これが中世では胴丸である。つまり腹巻と胴丸の名称と構造の対応関係は、中世と現在では逆転している。これは戦国期の混乱のなかで逆転したと考えられているが（異説もある）、本書では正しく中世の理解で進める。

なお、奈良・吉水神社には、義経奉納と伝える色々威《いろいろおどし》胴丸（背中引合で現在では腹巻という）がある（図⑥）。しかし、これは南北朝期から室町期の様式で、義経の時代とはまったく合わない遺品である。したがって、義経奉納というのはあくまでも伝承にすぎない。

腹巻鎧

重ね合わせの深い右引合で草摺八間という腹巻の本体に、袖・鳩尾板・栴檀板・弦走・逆板などの大鎧の特徴をすべて備えた折衷型の甲である。文献では、『平家物語』の異本である南都本・長門本・『源平闘諍録』などに一例ずつ名称がみえ、絵画では管見で『平治物語絵巻』に六例、『蒙古襲来絵巻』に一例、『後三年合戦絵巻』に二例のあわせて九例が描かれている。遺品は、愛媛・大山祇神社に伝世した赤糸威の一領だけである（図⑦）。

この遺品は、現在国宝に指定されており、指定名称は赤糸威鎧となっているが、腹巻と胴丸の名称と構造の逆転から、近世以来胴丸鎧《どうまるよろい》とよばれてきた。しかし、胴丸鎧という名称は近世以前には存

④黒韋威腹巻（春日大社蔵）

③肩に杏葉のある腹巻 『蒙古襲来絵巻』（宮内庁三の丸尚蔵館蔵）

⑥色々威胴丸（吉水神社蔵）

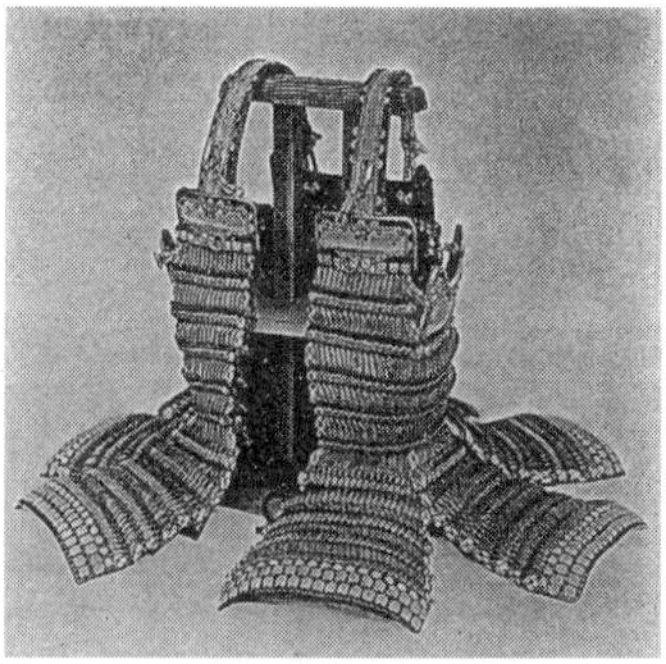

⑤萌葱糸威胴丸

在しない名称である。

この腹巻鎧は、その構造から徒歩での弓射に適した甲であるとか、海戦用の甲であるとかいわれてきた。しかし、文献と絵画の例を分析するかぎり、南都本・『源平闘諍録』・『蒙古襲来絵巻』の三例が騎兵の使用である以外、その他の例はいずれも歩兵の使用であり、また、すべての例で星冑が付属したことが明記されていたり、あるいは推測できる。

また、攻撃武具は、南都本と『源平闘諍録』の例が騎兵として弓箭を身につけている以外は、他はいずれも太刀や長刀といった打物だけである。つまり、腹巻鎧が徒歩での弓射に適した甲という解釈は、文献や絵画からは導き出せない。徒歩での弓射に適した甲ならば、腹巻鎧に弓箭を身につけた歩兵の例が多くなければならないからである。まして海戦用の甲という解釈は根拠がない。文献・絵画の例はいずれも陸戦だけだからである。

ところで、図⑦つまり大山祇神社の遺品は、義経奉納の伝承がある。通説では遺品の年代を平安時代（平安末期）としており、そうであれば、時代的には義経と合致する。しかし、この遺品を、平安末期の大鎧の遺品と比較すると特殊な様式を含んでおり、

⑦赤糸威腹巻鎧（大山祇神社蔵）

その様式からすると、年代は南北朝期まで下げることも可能となってくる。また、文献や絵画では概ね歩兵が腹巻鎧を着用していたように、義経クラスの武将が着用する甲とは考えられないし、またそうした例もない。そもそも義経奉納の根拠は薄弱である。したがって、図⑦についても、義経奉納伝承はあくまでも伝承として考えるべきであろう。

星　冑　地板を留める鋲の頭を星とよび、その星が鉢の表面に露わな冑が星冑である（図①・②）。その鉢の頂辺《てっぺん》には大きな孔が開き、その孔を頂辺の孔とよぶ。

律令制以来、男子は元服に際して、貴賤の別なく、幼少期より伸ばしてきた髪を束ねて髻《もとどり》を作るようになった。髻は髷《まげ》とは異なり、束ねた髪が立っている。

この髻は成人男子の象徴であり、その保護のために頭に被り物をするようになった。被り物は平安時代以降は冠と烏帽子《えぼし》であり、そのどちらを使用するかは着用する装束に対応して決まっているが、冠は参内（朝廷への出仕）の際には必ずかぶらなければならないなど、いわば公的被り物に対し、日常での私的被り物が烏帽子である。そして、冠や烏帽子をかぶっていない髻が剝き出しの状態を露頂《ろちょう》といい、露頂は失礼・恥辱の観念が生まれた。

武士の軍陣でも髻に烏帽子をかぶり、冑はそのうえからかぶった。そのために、冑で髻が圧迫されないように逃げ道が必要であり、それが頂辺の孔なのである。なお、鎌倉中期以降は、烏帽子に鉢巻をするようになるが、治承・寿永期にはまだ鉢巻は使用されていない。

時代が下るにしたがって、冑の鉢が大型化していく一方で、頂辺の孔は小さく形骸化していくが、治承・寿永期では大きく（遺品で径五センチほどある）、本来の役目を果たしている。そのために、冑を前に傾けすぎた場合には、この孔を矢で狙われることもあるし、また、背後から孔に指を入れられて冑ごと引き寄せられ、腰刀で首を掻《か》かれることもあった。

鞠は、後頭部から顔の側面を矢から防御するものである。その両端はゆるやかに折り返して、そこを吹返《ふきかえし》というが、これは矢に対する側面の防御を強化するためのものである。ただし、冑では顔面そのものは防御できない。冑をかぶった際の顔面を内冑《うちかぶと》というが、そこは致命傷を負いやすい箇所であり、同時に騎射戦でも打物戦でももっとも狙われやすい箇所である。

小具足　籠手は腕の防御具で、筒状の布帛（家地《いえじ》という）に、鉄板や革板からなる座盤《ざばん》を取り付けたものである。弓射の際には、左手で弓を持ち（だから左手を弓手《ゆんで》という）、右手で右腰（背中ではない）に佩帯した容器から矢を取り出して番《つが》える。だから、右手に籠手をすると右手の動きが阻害されて矢を素早く番えにくくなる。そのために、弓射騎兵や弓射歩兵では、左手だけに籠手をする片籠手《かたごて》がふつうで、逆に打物騎兵・歩兵は、防御のために両手に籠手をした諸籠手《もろごて》となる。つまり治承・寿永期では、騎兵は片籠手、歩兵は諸籠手となるが、歩兵は籠手などの小具足を着けない場合も多い。

脛当は脛の防御具である。南北朝期以降は騎兵・歩兵ともに着けることがふつうになるが、治承・寿永期では、もっぱら騎兵だけが着けた。また、治承・寿永期の脛当は、筒脛当《つつすねあて》といい、脛の正面と左右を防御するもので、膝の防御はなかったが、南北朝期以降は、膝をも防御できる立挙《たてあげ》の付いた脛

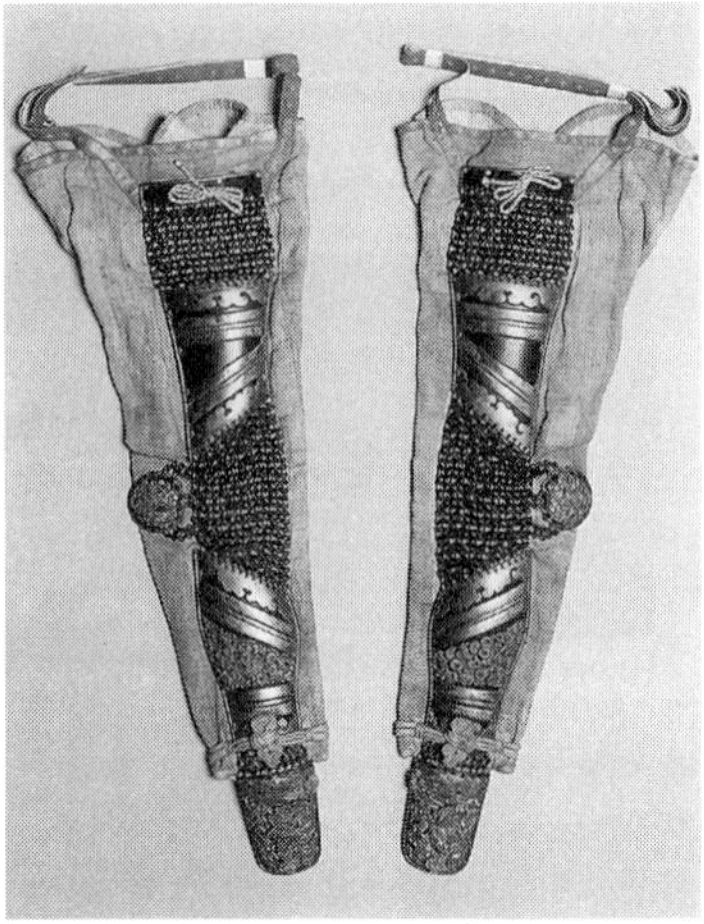

⑧籠手（春日大社蔵）

当となる。

半首は、額から頬を覆う面具で、顎は防御しない。南北朝期以降に成立する顎から両頬を覆う頬《ほう》当《あて》という面具とは、防御箇所が対称的である。治承・寿永期では、原則的に冑をかぶらない腹巻着用の歩兵が使用し、また冑をかぶる騎兵も内冑の防御に使用した。

ところで、奈良・春日大社には、義経奉納と伝える籠手が伝世している（図⑧）。これは革板の座盤に金銅による枝菊の意匠を施した豪華な諸籠手の遺品であり、近世以来、「義経籠手」と通称されており、現在国宝である。しかし、指定では鎌倉時代の遺品となっており、義経の時代とは合わない。これも義経奉納は伝承にすぎない。

その豪華な意匠からは、軍陣の小具足というよりも、春日大社の祭礼である若宮御祭《わかみやおんまつり》などに供奉する随兵《ずいびょう》（祭礼の警固と行列の装飾を兼ねる兵士）が使用したものと考えられる。

弓箭

つぎに攻撃用の武具に移ろう。まずは弓箭からである。弓射騎兵である治承・寿永期の武士にとって、弓箭はその存在の象徴である。南北朝期以降、打物騎兵が成立し、弓射騎兵は衰退して、弓箭は騎兵よりもむしろ歩兵（弓射歩兵）の武具となることはふれたが、攻撃具としての重要性はかわらないし（むしろ増加したともいえる）、また理念的には中世を通じて弓箭は武士を象徴する武具であり続けた。これは鉄炮伝来以後も同様であった。

こうした弓箭は、弓と矢、そして矢を収納して携帯するための容器からなる。矢の容器はふつうはあまり意識されないが、刀剣でいえば、鞘に匹敵する弓箭の重要な要素である。

弓

木製弓と、木に苦竹《まだけ》という竹を張り合わせた伏竹弓《ふせたけゆみ》がある。木製弓は古代以来の弓で、中世以降は伏竹弓が主流となるが、中世でも木製弓もそのまま使用され続けた。

ところで、伏竹弓には、木と竹の合わせ方で、外竹弓《とだけゆみ》・三枚打弓《さんまいうちゆみ》・四方竹弓《しほうちくゆみ》・弓胎弓《ひごゆみ》などの種類と時代的な変遷がある。伏竹弓で最初に成立したのは外竹弓で、これは弓の背側（弓の弦とは逆側を背という、弦を掛ける側を腹という）に竹を張り合わせた弓である。その成立は十二世紀初頭頃と考えられる。つまり治承・寿永期には成立していたらしい。やがて、腹側にも竹を張り合わせて木を竹で挟んだ三枚打弓が成立する。三枚打弓がいつ成立したかは不明で、治承・寿永期に成立していたかどうかも不明だが、遺品や発掘品によると、中世でももっとも一般的であった伏竹弓は三枚打弓のようである。四方竹弓は中世後期に成立した木の四方に竹を張り合わせた特殊な弓、弓胎弓は中世末期に成立し、現在の弓道でも使用されている木と竹を複合的に組み合わせた弓である。

こうした日本の弓に共通する特徴は、七尺以上の長寸である点（中世では七尺五寸が定寸）と、弓把《ゆつか》（弓射の際に握る部分）が真ん中よりも下端（本弭《もとはず》という）寄りにある点である。これらの特徴はいずれも木製弓に由来している。

木製弓は、梓・槻・檀《まゆみ》など（現在の名称とは必ずしも一致しない）の強靱な木質を持つ樹木を材料とするが、これらの材質は撓《しな》らず、無理に引くと折れてしまう。弓と弦の距離が長いほど、弓の威力は強くなるのが道理だが、弓が撓らない木製弓では、この距離を少ない撓りで確保するために、弓が長寸となったのである。

また、木は、幹側を本、梢側を末といい、木製弓は、本を下端、末を上端として使用し、そのために、弓の下端の弦を掛ける部分を本弭、上端の弦を掛ける部分を末弭《うらはず》という。しかし、若い梢側（末）は幹側（本）よりもよく撓る。そこで、弓把を弓の真ん中に置くと、弓の撓りがいびつになるため、弓把を本弭側に置いて撓りが均等になるように調整しているのである。また、木製弓では、弓の腹側（弦を掛ける側）の半分から本弭に掛けて細い溝（樋《ひ》とよぶ）を入れている。これも本末の弾力を均等にするための処置である。以上の樋をのぞく木製弓の特徴が、伏竹弓にも継承されたのである。

伏竹弓が竹を張り合わせるのは、弓をより撓らせるためである。したがって、同じ寸法ならば、伏竹弓のほうが威力もあり、矢の飛距離も出るはずである。しかも、木製弓は弦を外した状態では湾曲していないが、伏竹弓は弦を外しても湾曲している。しかし、弓道経験者ならばわかるように、伏竹弓の弦を外した状態での反りを裏反りといい、この湾曲のままに弦を掛けるのではなく、弓を押し撓《たわ》めて逆の湾曲を作って弦を掛ける。だからよけいに強い弓となるのである。

軍記物語では、弓に対して「何人張り」という表現を用いるが、これは弦を張るために弓を押し撓めるのに必要な人数で、伏竹弓の強度を示しているのである。また、伏竹弓は、木と竹の分離防止と装飾を兼ねて籐を巻き、その巻き方で重籐《しげとう》などの種類がある。

なお、日本の弓は長寸だから、扱いにくい（特に馬上では）という意見もある。しかし、弓把から下は短寸であり、長寸なのは上である。だから、長寸だから扱いにくいという意見は当たらないし、本当に扱いにくかったならば、日本の弓が時代を問わずに長寸であるはずがない。そもそもこうした問題は訓練次第でどうにでもなる問題であろう。筆者にいわせれば、扱いにくいという意見は、弓の構造をよく理解していない、しかも現在感覚に基づく机上の空論に等しい。

矢

弓箭は様々な目的で用い、使用目的によって矢の種類が異なる。軍陣用を征矢《そや》、狩猟用を狩矢《かりや》（野矢《のや》とも）、歩射《ぶしゃ》の競技用を的矢《まとや》といい、笠懸《かさがけ》や犬追物《いぬおうもの》で用いる引目矢《ひきめや》などもある。それぞれ鏃《やじり》や鏃相当部分の形状に特徴があり、それにあわせて矢羽の矧《は》ぎ方（枚数）が異なる。

鏃の形状は多彩であるが、それを機能で大別すれば、「射通す」・「射切る」・「射当てる」・「射砕く」の四種類となる。征矢は細長い「射通す」機能をもった鏃、狩矢は扁平な「射切る」機能をもった鏃をそれぞれ用いる（図⑨）。また的矢は鏃ではなく、平題《いたつき》を用いる（図⑩）。平題は、木や鹿角などでできており、円柱状で先端が扁平となっている。だから、的矢は的に刺さるのではなく、当たるだけ、つまり「射当てる」ものである。この的矢の機能を軍陣に応用したのが、楯などを「射砕く」機能をもった征矢で、その鏃に鉄製の金神頭《かなじとう》などがある。その先端もむろん扁平である

狩矢には鏑《かぶら》を入れる。鏑は、中が空洞で先端に複数の小孔が開いた球形のもので、矢を射ると小孔から空気が入って音響を発し、その音響効果で逃げる獲物を射竦《すく》めるのである。狩矢の鏃のうち二

股の形状で股の内側に刃のついた狩俣《かりまた》という鏃があるが、この狩俣に鏑を加えた狩矢を特に鏑矢《かぶらや》とよび（図⑪）、狩矢の範疇を超えて神聖な矢と理解され、軍陣でも征矢の表差《うわざし》（後述）として一、二隻携帯し、嚆矢《こうし》といって、矢合わせ（戦闘開始）で最初に射る矢となり、また、神事である流鏑馬《やぶさめ》でも用いた。

なお、表差とは、容器に収納した主目的となる矢（これを中差《なかざし》という）に一、二隻加えられた別種の矢のことをいう。つまり軍陣や狩猟ではそれぞれ征矢や狩矢が中差となるが、征矢が中差の場合は、狩矢である鏑矢、あるいは的矢が表差となり、中差が狩矢の場合は、征矢が表差になるのである。

鏃を加えずに大型の鏑（これを引目《ひきめ》〈響目とも〉という）だけを取り付けた矢が引目矢である（図⑪）。笠懸の的や犬追物の標的である犬を傷つけないために、これも「射当てる」ための矢である。つまり、一般的には矢は標的に刺さるものと考えるのがふつうであるが、標的に刺さる矢というのは征矢だけなのである。

矢羽は小鳥以外の尾羽や翼の羽（保呂羽《ほろば》という）を、羽茎《はぐき》から半裁して矢に取りつけた。鳥は、中世では鷲・鷹・鴇《とき》（朱鷺）を最上とし、他は雑羽《ぞうのは》として一括された。

矢羽の矧ぎ方には三立羽《みたてば》と四立羽《よたてば》がある。三立羽は、羽三枚を半裁し、羽の表裏を揃えて鼎状に矧いだ。これは矢を旋回して飛ばすための処置である。これに右旋回と左旋回があり、前者を甲矢《はや》、後者を乙矢《おとや》といい（図⑫）、この二隻は必ずワンセットとなった。だから、征矢と的矢は携帯する矢数が必ず偶数になる。四立羽は、垂直方向に幅の広い大羽《おおば》二枚を加え、水平方向に幅の狭い小羽《こば》二枚を

⑩水牛角平題　漆葛胡禄29号付属箭（右）・鹿角平題　白葛胡禄33号付属箭（正倉院〈中倉〉蔵）

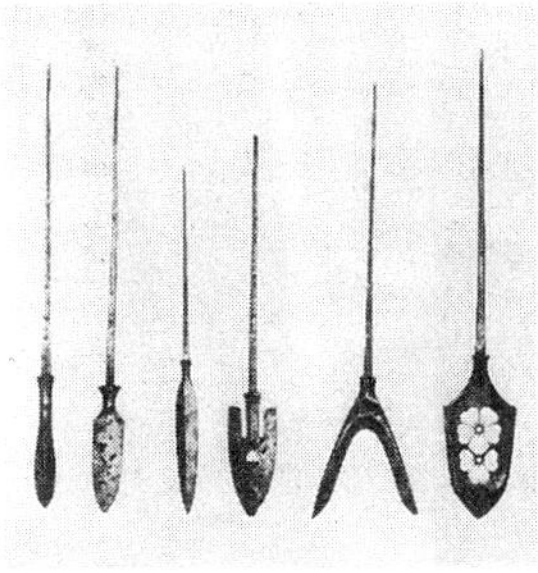

⑨鏃各種
左から鳥の舌・柳葉・槙葉（以上，征矢尻）
腹抉の尖根・狩俣・平根（以上，狩矢尻）
（國學院高等学校蔵）

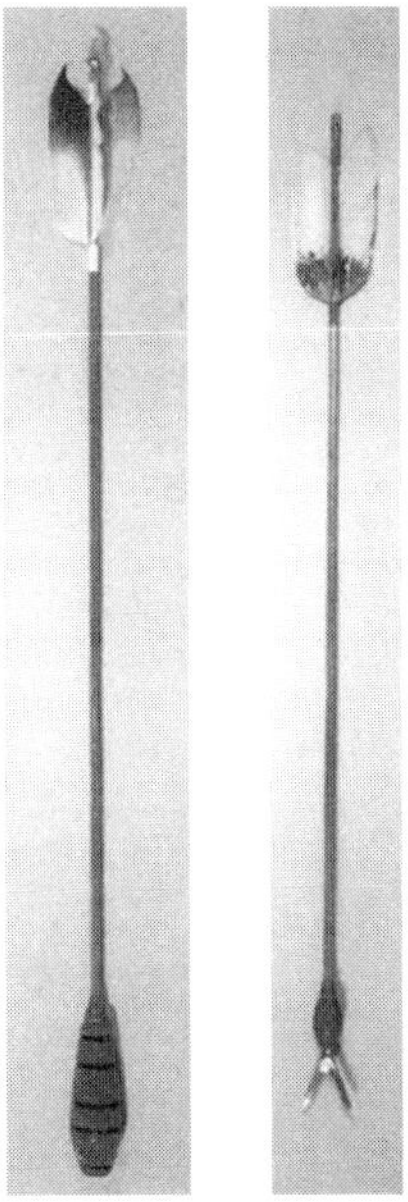

⑪鏑矢（右）・引目矢
（國學院高等学校蔵）

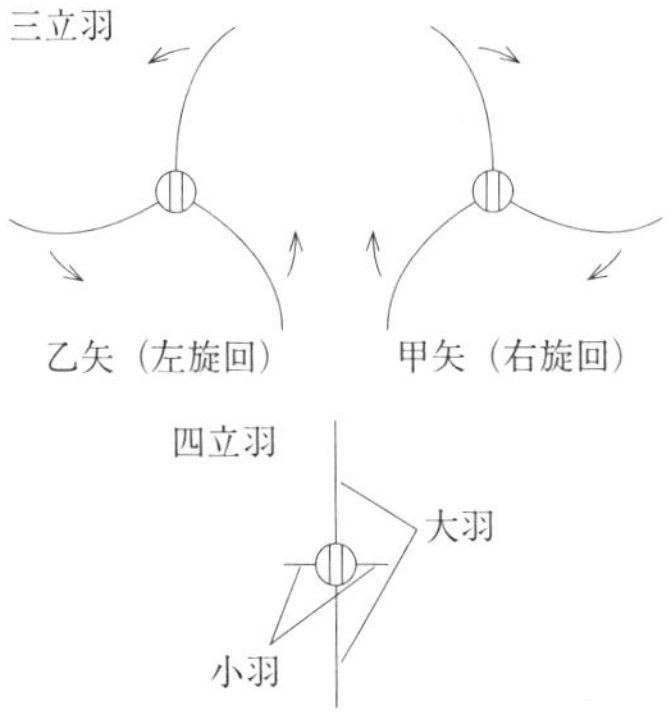

⑫三立羽・四立羽図

加えたもので（図⑫）、大羽と小羽が飛行機の垂直尾翼と水平尾翼と同じ働きをし、矢が旋回せずに飛ぶのである。

三立羽は征矢・的矢・引目矢に用い、狩矢は四立羽である。これは鏃と鏃相当部分の形状に対応している。征矢では、細長い「射通す」ための鏃を旋回の力によってより深く抉り込ませるために三立羽なのであり、的矢や引目矢は平題や引目が円柱状だからである。狩矢では、矢が旋回して飛んでは射切る機能が発揮されない。そこで、矢が旋回しないように四立羽とするのである。

なお、矢の長さ（矢束《やつか》）は、手量《たばか》りといって、握り拳の数で表現する。一握り（指四本）を一束《いっそく》とし、半端は指一本を一伏《ひとぶせ》として数え、中世では十二束が標準という。

容器　中世では、箙《えびら》と空穂《うつぼ》があり、治承・寿永期では、空穂はもっぱら狩猟用で、軍陣では主に箙を用いた（図⑬）。箙は、方立《ほうだて》とよぶ箱の部分と、その背後に立ち上がった端手《はたて》とよぶ枠組からなり、方立には筬《おさ》とよぶ竹の簀の子を入れ、そこに鏃を差し込み、端手に取り付けた前緒《まえお》や矢把《やたば》ね緒で矢を束ねる。箙全体を猪の面の毛皮で張り包んだ逆頬箙《さかつらえびら》が中世ではもっとも愛好された。

なお、さきにもふれたように、箙などの容器は背中に背負うと誤解されることが多い。しかし、背中では矢を引き出せない。いずれの容器も、右腰に負うのが正しいのである。

刀剣　刀剣は刀身と外装からなり、外装は柄と鞘といくつかの金物からなる。

太刀は、鞘に取り付けられた足金物《あしがなもの》・帯執《おびとり》・佩緒《はきお》という装置で、刀身の刃側（鐺などをのぞき、中世以降の日本の刀剣は片刃が基本である）を下に向けて左腰に佩《は》く（吊り下げる）外装様式の刀剣をいう。刀身は鎬造《しのぎづくり》という造り込みで、湾刀《わんとう》（彎刀）といって反りがあるのを特徴とする（図⑭）。機能は打撃や斬撃である。この太刀は打物騎兵・歩兵にとっては主要武具であるが、弓射騎兵・歩兵にとっては、矢を射尽くした後に使用する補助的・二次的な武具である。

腰刀は、中世では単に刀ともいい、また鞘巻《さやまき》などともいう。栗型《くりがた》・返角《かえりづの》・下緒《さげお》という装置で刃側を上に向けて左腰に差す外装様式で、刀身は平造《ひらづくり》を主とする短寸・無反りの短刀である（図⑮）。主機能は刺突であり、また相手の首を掻いたり、自害でも使用する。特に治承・寿永期には組討戦という相手の生首を取り合う格闘戦が盛んになったが、それは腰刀で行う戦闘である。

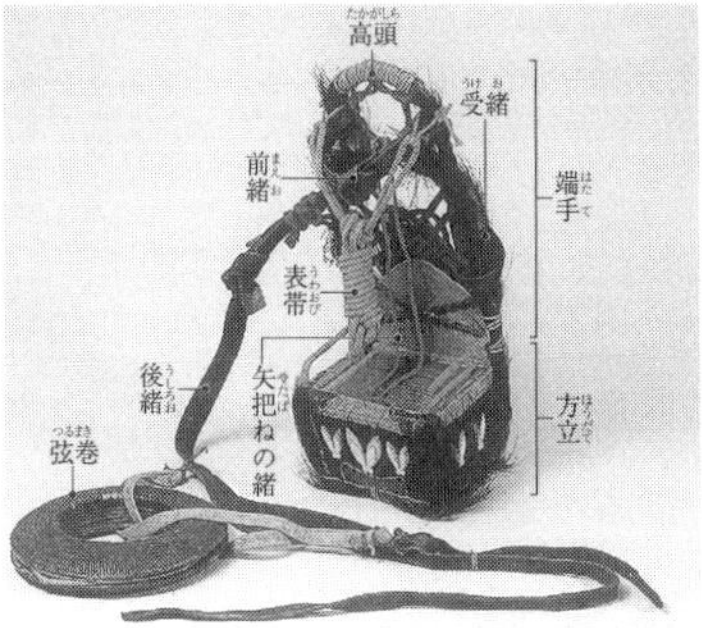

⑬逆頬箙（復元）（國學院高等学校蔵）

打刀は、外装は刀様式で、刀身は湾刀、刀身の造り込みは、当初は平造であったが、中世後期には鎬造がふつうとなる（図⑯）。機能は太刀と同じく打撃・斬撃である。

治承・寿永期では、打刀は、検非違使の下部《しもべ》や、悪僧など僧籍にある者、または武士の従者のなかでも童などの低い身分のものが使用し、武士とよばれる身分ではあまり使用されていなかった。これが、中世後期には、打刀が刀剣の中心となり、やがてその長短（大小）二本差しが流行し、豊臣秀吉の刀狩令《かたながりれい》を経て、近世武士身分の象徴となっていく。

なお、近世以降は大小二本差しの大を刀といい、小を脇差《わきざし》

（これも脇差しの刀の略称）という。つまり刀の理解は、中世と近世では異なっている。中世では腰刀（短刀）、近世では打刀なのである

長刀は、現在では薙刀と表記するのがふつうであるが、これは近世以降にもっぱらとなる表記で、中世では長刀の表記がふつうである。長い柄に薙刀造《なぎなたづくり》という独特の形状の刀身からなり（図⑰）、遠心力を利用して振り回して使用する武具である。治承・寿永期では、主に歩兵や悪僧が使用し、馬上使用はみられなかった。しかし、中世後期からは、打物騎兵の成立に対応して馬上使用（つまり騎兵使用）もされるようになる。現在では女子の武具と認識されているが、そのように認識されるのは近世からである。なお、鑓とともに柄が長いので長柄《ながえ》と総称し、狭い意味で打物といえば、長刀を指す。

馬具

馬具の使用は軍陣に限定できない。しかし、軍陣にとって重要な具であることは変わりはない。馬具とは、広い意味では、騎乗具である鞍具《あんぐ》を中心として、飼育具や調教具などの馬に関わるすべての道具が馬具である。しかし、ここでは鞍具だけを取り上げる。その内容は、銜・手綱・鐙《あぶみ》・鞍橋《くらぼね》・韉《したぐら》・鞦《しりがい》などであり、また鞭なども含まれる。これらの装具すべて揃ったのが皆具《かいぐ》の鞍具であり、十世紀以降の皆具の鞍具には唐鞍《からくら》・移鞍《うつしぐら》・大和鞍《やまとぐら》・水干鞍《すいかんぐら》などの様式がある。このうち中世の軍陣で用いられた鞍具は、大和鞍と水干鞍であり、そのうち後者はもっぱら中世後期から軍陣では使用され、治承・寿永期の軍陣で使用されていたのは大和鞍である。そこで、以下は大和鞍の各具の解説となる。

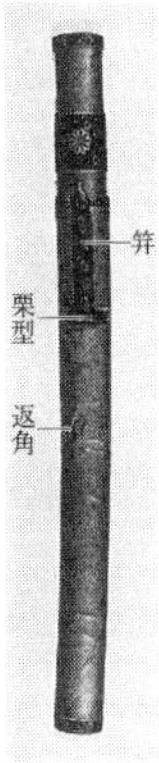

⑮短刀吉光（号　平野藤四郎）（宮内庁）
菊造腰刀（毛利博物館蔵）

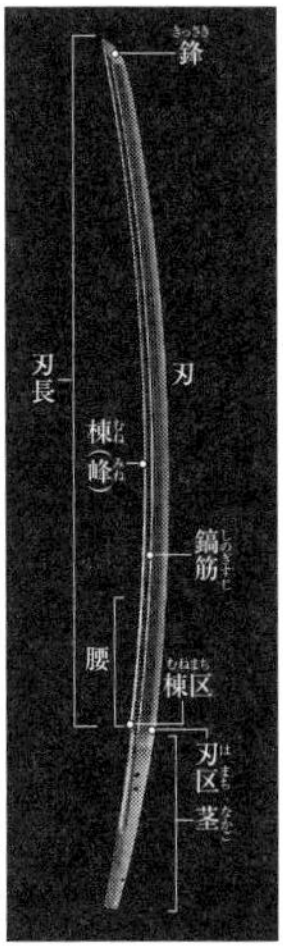

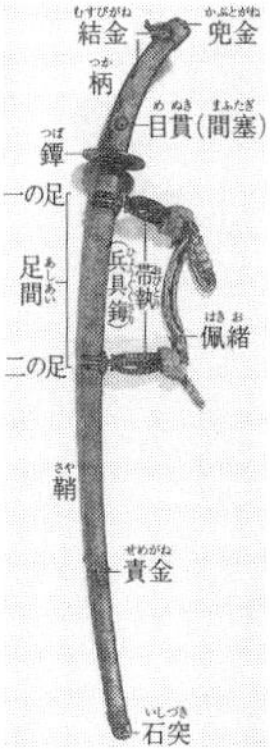

⑭太刀 来国光（東京国立博物館蔵）
沃懸地酢漿文兵具鎖太刀（春日大社蔵）

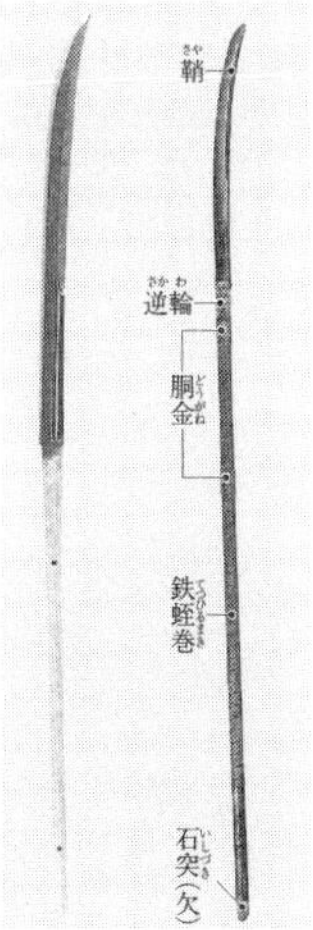

⑰鉄蛭巻長刀・刀身
（誉田八幡宮蔵）

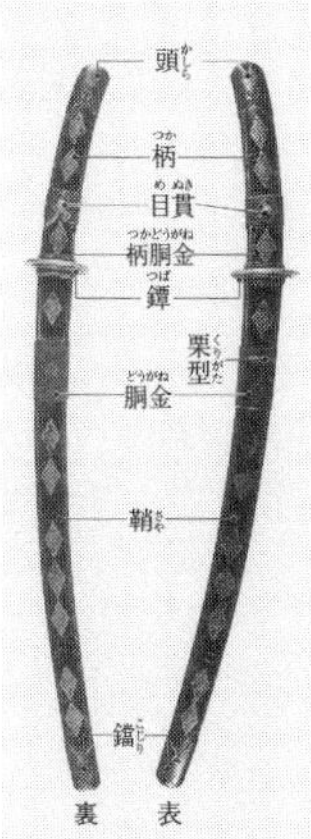

⑯菱作打刀
（春日大社蔵）

銜・手綱　馬に騎乗者の意思を伝える、鞍具のうちでもっとも重要な具である。鉄製で、馬の口に銜えさせる啣《はみ》とその両端の鏡板《かがみいた》からなり、鏡板には手綱を取り付ける水付《みずつき》（引手《ひきて》とも）と面懸《おもがい》を取り付ける立聞《たちぎき》が付く（図⑱）。銜は面懸で馬に取り付けられるのである。手綱は、麻布などを三重に折り畳んで用いる。手綱といっても綱ではない。

なお、馬は前歯と臼歯の間に、歯槽間縁《しそうかんえん》といって歯のない部分があり、啣はそこには銜えさせるのである。

鐙　馬に騎乗する足掛りであると同時に、騎乗時に足を乗せる。大和鞍や水干鞍の鐙は、袋鐙《ふくろあぶみ》（武蔵鐙《むさしあぶみ》とも）という日本独特の形状で、足裏全体を乗せることのできる長い舌を特徴とし、軍陣用は舌がさらに長く扁平な舌長鐙《したながあぶみ》となった（図⑲）。こうした形状の鐙は、踵に重心を置き、足を踏ん張り、鞍壺《くらつぼ》から立ち上がることを容易にした。

鞍橋　馬の背に置く騎乗具で、世界史的にみれば、銜よりもその成立ははるかに遅れるが、のちには鞍具の中心となった。単に鞍ともいう。構造は前輪《まえわ》・後輪《しづわ》と両者をつなぐ居木《いぎ》からなり、木製で螺鈿・蒔絵などの漆工装飾が施されるのがふつうである（図⑲）。居木には、馬膚《うまはだ》と鞍橋の間の緩衝となる韉（膚付《はだつけ》と切付《きつつけ》の二枚からなる）と障泥《あおり》（膚付と切付の間に入れる泥除け。軍陣では取り外すという）、鐙を吊す力革《ちからがわ》が取り付けられ、その表面には鞍褥《くらしき》が置かれ、その腰を下ろす部分を鞍壺という。

鞍橋の固定には腹帯《はるび》を用いるが、腹帯の結び方に居木で結ぶ居木搦《いぎがらみ》と前輪で結ぶ前輪搦《まえわがらみ》があり、軍

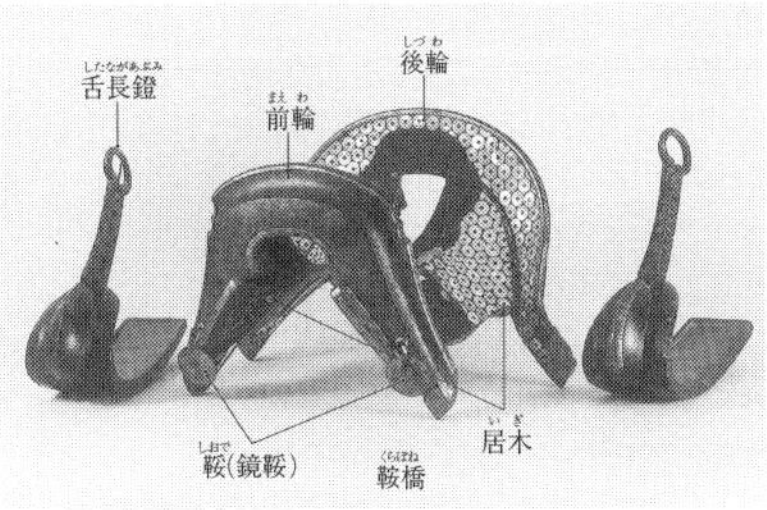

⑲鞍橋・舌長鐙

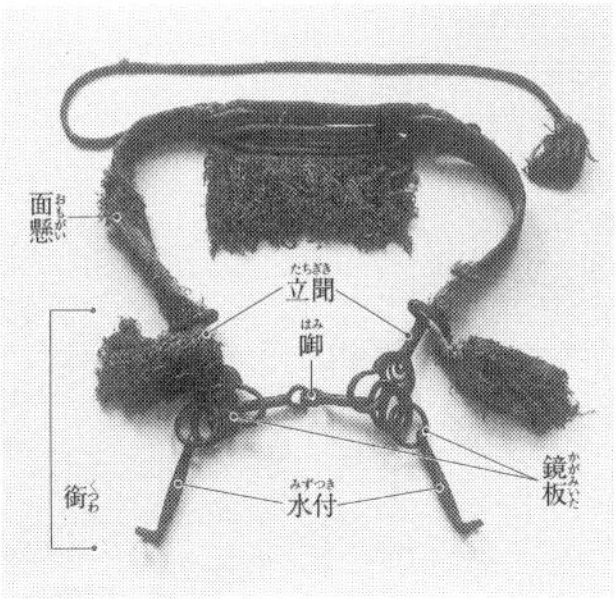

⑱衘・面懸

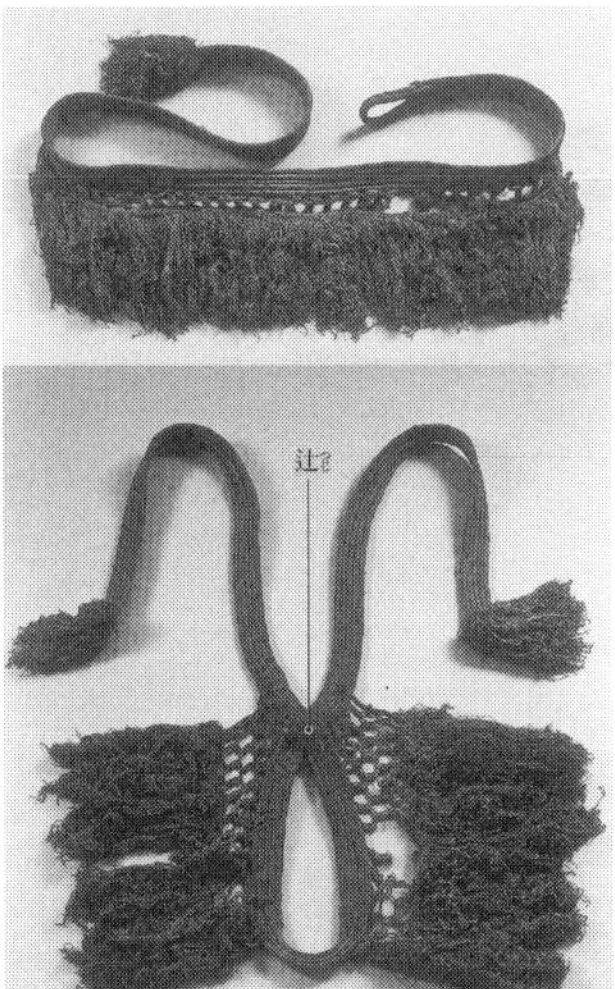

⑳胸懸（上）・尻懸　　（⑱～⑳武蔵御嶽神社蔵）

陣では後者である。前輪・後輪には、鞖《しおで》という韋緒丸絎《かわおまるぐけ》の羂《わな》がふたつずつ付くが、ここには、鞍橋の固定と装飾を兼ねた胸懸《むながい》と尻懸《しりがい》を取り付ける（図⑳）。

鞦

面懸・胸懸・尻懸からなる。銜や鞍橋の固定の他に馬の装飾も兼ね、紅の組紐製が多く、また装飾として総を垂らすことも多い。軍陣では総が長くて密な厚総《あつぶさ》を多く用いる。

馬

鞍具にふれたならば、馬についもふれなければならない。馬の体高は、前脚の蹄から首の根元の鬐甲骨《きこうこつ》という部分までの高さで測る。日本の馬は体高四尺（約一二〇センチ）を基準とし、これを小馬《こうま》といい、それより一寸（約三センチ）ごとに表記し（寸は「き」と読む）、五寸《いっき》（四尺五寸）を中馬《ちゅううま》、五尺以上を大馬《おおうま》という。前節でふれた、佐々木高綱が、宇治川先陣争いで乗った生飡という名馬は覚一本（巻九）には「八寸《やき》」とあり、『平家物語』では最大である。しかし、それでも一四五センチ程で、小さくても体高一六〇センチはあるサラブレッドに比べればかなり小さい。

この点は、鎌倉材木座で多量に出土した、鎌倉時代の馬の骨や、現在残る木曽馬などの在来種からもわかる。そこで、日本の在来馬は小さいといわれ、西洋馬の基準でポニーに相当するなどといわれる。確かに体高はポニーに相当するのかもしれない。しかし、この比較は在来馬に対して弱々しいイメージを植え付けやすい。体高は同じ様であっても、能力までがポニーと同じではない。

また、この日本の在来馬の体高は、現在の競馬で使用されているサラブレッドやアラブ種などの大型馬に比べれば確かに小さい。しかし、馬という種《しゅ》全体（特にアジアの草原馬）からみれば標準的な大きさであり、日本の馬だけがことさらに小さいわけではない。競馬用に改良されたサラブレッドやアラブ種の大きさが特殊なのである。馬は群をなすのが本能だが、サラブレッドは逆に他の馬が近付いてくるのを嫌うという。そうした点で、サラブレッドは馬とはいえないという意見もある。

こうした日本の在来馬の能力は、『平家物語』に「太く逞しい」・「早走りの逸物《いつもの》」・「曲進退《きょくしんたい》」などと表現される。しかし、実際のところは不明で、現在の在来種からの類推も避けるべきである。馬とて何百年の時間を経ているからである。

ただし、大鎧以下の武具を着装した騎兵は体重ともに一〇〇キロは超えようから、力強かったことは確かで、気性の荒い駻馬《かんば》であったあろう。なお、明治以前の日本に、蹄鉄《ていてつ》や去勢《きょせい》の技術はない。また、諸外国では左側から馬に乗るが、日本では右側から乗った。

3　治承・寿永期の戦闘

弓射騎兵の戦闘と『前九年合戦絵巻』

前節でふれたように、治承・寿永期の戦士は弓射騎兵と打物歩兵であり、その佩帯する攻撃用の武具は、弓射騎兵が弓箭・太刀・腰刀、打物歩兵が太刀や長刀に腰刀であった。かれらの戦闘には、そうした佩帯する武具に応じた戦闘法と流れがある。特に弓射騎兵の戦闘は、騎射戦、太刀による打物戦、腰刀による組討戦となる。こうした弓射騎兵の戦闘は『平家物語』に記されているが、その戦闘の様相をもっとも忠実に描いている絵巻が、『前九年合戦絵巻』なのである。

この絵巻は現在二本が伝世している。国立歴史民俗博物館蔵本（一断簡は五島美術館蔵―あわせて歴博本）と東京国立博物館蔵本（東博本）である。ともに完存本ではなく、一部分だけが残っている残欠本（零本《れいほん》という）であり、歴博本のほうが残存部分が多いが、両本は構図的に共通部分がある。これは、どちらかが原本で、どちらかが模本というよりも、ともに共通の祖本（元本）から模写されたもののようで、模写の時代は、東博本がやや遅れるものの、ともに十三世紀末頃と考えられている。

ところで、『吾妻鏡』承元四年（一二一〇）十一月二十三日条によれば、源実朝が京都から『奥州十二年合戦絵』を取り寄せ、鑑賞したという。確証はないが、この絵巻こそ現存本の祖本の可能性が高いと考えられる。事実、現存本の武装描写を詳細に分析すると、稚拙な描写ながら、十三世紀初頭以前に遡りうる古様な様式が多くみられ、祖本がその頃に制作されたことをうかがわせる。

とすると、現存本の戦闘描写も祖本からの継承の可能性が高くなる。しかもそれが『平家物語』の戦闘描写によく合致するということは、最古態と考えられている延慶本でさえ、その成立は治承・寿永期よりも百年近く後であるが、その戦闘描写は、治承・寿永期の戦闘の面影を伝えていると考えてよいことになろう。そこで、『前九年合戦絵巻』と合わせて考えることで、『平家物語』の戦闘描写は、中世前期の戦闘を考察するためのより生きた史料となると考えられるのである。

以下では、『平家物語』と『前九年合戦絵巻』によりながら、治承・寿永期の戦闘をみていく。なお、『前九年合戦絵巻』は『平家物語』の記述により合致する歴博本を使用する。

騎射戦

弓射騎兵の戦闘の中心はやはり騎射戦である。飛び道具である弓箭と、衝撃具である打物を比べた場合、やはり飛び道具をまず使用し、ついで衝撃具に移るのが自然の流れであろう。まして弓射騎兵のように、弓箭と太刀を同時に身につけていると、太刀などを先に使用することはなかなか難しく、まず弓箭を使用し、ついで太刀などに移行することになろう。

ところで、騎射というと、現在のわれわれは、どうしても神社などで盛んに行われている流鏑馬を思い浮かべるであろう。しかし、現在の流鏑馬は、けっして中世から繋がっているものではない。中世の流鏑馬は室町時代には衰退してしまい、現在の流鏑馬は徳川吉宗《よしむね》が再興した様式の継承にすぎない。したがって、そうした流鏑馬で中世の騎射戦を考えること自体に問題が残るわけだが、それはともかく、現在の流鏑馬は、馬の進行方向に対して左横の的を射る。また、左横の的を射るという点では弓道でも同じである。そこで現在のわれわれは、騎射というと、どうしても疾走する馬上からの左横への弓射（これを弓手射《ゆんでしゃ》とよんでおく）を考えがちになる。しかし、中世（あるいは前近代）では、それは騎射のひとつの方法にすぎない。

騎射と一口にいってもその内容はじつは多様である。騎射という用語のそのものが、本書で使用しているような馬上からの弓射全般をいう場合と、宮中の年中行事として五月に行われていた流鏑馬に似た競技をいう場合があり、後者は「うまゆみ」と訓読する。

また、馳射という用語もある。これは広い意味では「はせゆみ」と訓読し、馬を馳せる騎射のことである。ところが、十世紀に源　順《みなもとのしたごう》が編纂した『和名類聚抄《わみょうるいじゅうしょう》』（『和名抄』）という当時の漢和辞典というべき文献では、馳射を「於无毛乃以流《おむものいる》」と訓読している。これは追物射《おものい》のことである。つまり『和名抄』の理解では、馳射＝追物射なのであり、馳射がより限定された意味で理解されている。そこからは、馳射（馬を馳せる騎射）の本質が追物射という理解も導き出せよう。

このように、同じく馬上からの弓射でも、すでに騎射・馳射・追物射という三つの理解がでてきたわけだが、広い意味での馳射には、前方射・押し捩り《もじ》（後方射）・馬手射《めてしゃ》などもあり、馳射に対して馬静止射もある。『前九年合戦絵巻』には、このうち追物射・押し捩り・馬静止射などが描かれ、また、騎射戦での大鎧の射向の袖（左側の袖）による防御体勢も描かれている。それぞれを見ていこう。

追物射

追物射は狩猟の騎射術（馳射術）の基本で、騎馬で獲物を追い掛けながら、前方または前方下方に矢を射る。その際に重要なのは弓射姿勢で、鐙を踏ん張り、鞍壺から立ち上がり、左腰を前に捻った前傾姿勢を取る。この様が、図㉑の源義家である。義家が左手に持つ弓は義家側に反っているが、弓は矢を放った瞬間に外側に返るのであり、義家が弓射の直後であることを明瞭に示した描写となっている。落馬する敵は首を射られているが、これはその敵が、つぎでふれる押し捩りで義家に対抗していたからであろう。

こうした追物射の体勢は前方射にもそのまま応用できる。同様の弓射姿勢で、相手を追えば追物射、向かってくる相手を射れば前方射になるのである。

追物射のように、鞍壺から立ち上がった姿勢を立鞍《たちぐら》という。これに対し、鞍壺に腰を下ろした姿勢を居鞍《いぐら》という。舌の長い袋鐙や舌長鐙は立鞍に向くわけだが、立鞍で重要な点は、馬が疾走する振動を体に伝えにくくする点と、腰を捻ることができるという点である。特に立鞍で腰を捻るから追物射や前方射、さらに馬手射つまり馬の首の右側に弓を構えて射ること（これも前方射になる）も可能になる（表紙カバー参照）。ところが、現在の流鏑馬は立鞍ではなく居鞍である。居鞍では、弓手射や押捩りは可能だが、前方射や、ましてや馬手射はしづらい。立鞍で腰を捻る、これこそ中世の騎射戦での弓射を考える際に、今まで見過ごされてきた重要な点である。

追物射や前方射、ましてや馬手射に対しては、懐疑的な研究者が多い。しかし、それは現在の流鏑馬や弓道のイメージから抜け出せないからであって、同時に立鞍で腰を捻るという弓射姿勢をまったく考慮に入れてないからである。

㉑追物射

常歩理論

ところで、「立鞍で腰を捻る」という点については、もう少し体育学の立場からの説明が必要である。つまり「捻る」といっても、それは文字通りに背骨を軸に腰を旋回させることではない。それでは腰への負担が大きくなる。「捻る」といっても、それは体の左右に平行する二本の軸を想定し、その二本の軸を前後にスライドさせる感覚である。

近年、日本のスポーツ界では、古武術的身体運用法というのが注目されてきている。これは明治以降の近代化の過

㉒左右の手足が同時に出る走行

程で失われていった動きの復権であり、古武術的といっても、なにも武士や武術家だけが実践していた動きではなく、江戸時代までの日本人がふつうに行っていた動きを含んでいる。その基礎が「ナンバ」といわれる走歩行である。

現在の走歩行は左右の手足が交互に出るのがふつうである。しかし、江戸時代までは左右の手足が同時に出ていた。これをナンバというのである（語源は諸説ある）。これは、絵巻物などの絵画史料をみれば明らかであり、管見の限りでは例外なくそうなっている（図㉒）。また、このナンバ的動きというのは、相撲のすり足、空手の蹴りと突き、能・狂言・歌舞伎・日本舞踊などの伝統芸能の所作などにそれが今も残っている。しかもこれは日本人だけでなく、古代ギリシャ人もそうであったことが、確認できる遺物（壺絵）もある。

このナンバについてはこれまでも注目する人がいたし、ご存じの読者も多いであろうが、左右の手足を同時に出すということばかりが強調され、誤解される面が多かった。それが近年、科学的（体育学的）に解明されてきた。それを「常歩《なみあし》」理論という。常歩とは、馬の歩き方からの命名である。

それはおおよそ次のような理屈である。つまり現在ふつうの走歩行は、身体の中心に一本の軸をおき、その軸を中心に骨盤を捻る走歩行である。そのためには爪先で地面を蹴り、左右の手足は交互に出ることになる。逆にいうと地面を爪先で蹴って足を前に出しているのである。

これに対して、常歩は身体に左右二本の軸をおき、二本軸への重心の移動による走歩行である。その際の足はいわゆるガニ股で、爪先ではけっして地面を蹴らず、爪先と踵で地面をつかむ感じで走行することになる。ガニ股となるのは外旋位《がいせんい》といって人間の股関節の外に開こうとする自然の動き（力の出しやすい動き）を利用し、それと骨盤の動きで足を前に出すからである。

㉓股関節の外旋位を活かした立ち方

つまり常歩では、片方の足を出した時には、すでに逆側の骨盤が前に出ており、骨盤が前に出るとそれと同じ側の肩胛骨《けんこうこつ》も自然と前に出る。肩胛骨が前に出ると、その側の腕も自ずと前にでるから、以上の動作のくり返しのなかで、左右の手足が同時に出るという理屈になる。また、スムーズな重心移動のために膝はやや曲げて腰を落としぎみにし、肩胛骨の柔軟性を保つために顎は挙げぎみにするのである。

こうした常歩の動きは立ち方にも密接に関わり、ガニ股で、膝はやや曲げて腰を落としぎみにし、腕は自然に垂らし、顎を挙げた立ち方となる。立ち方は走歩行の始点であり、こうした立ち方でないと常歩にはならないのであるが、絵巻物などの絵画史料にみえる立ち方は、こうした立ち方に当てはまる（図㉓）。しかもそれはナンバとともに、身分（階層）や年齢を問わずに確認できる。つまり絵画史料にみえる走歩行や立ち方は、いずれも常歩理論で説明できる。前近代の日本人にとって、常歩は当たり前のことだったのである。

才能と訓練

したがって、騎射術や打物術などの戦闘技術はもちろん、前近代の動きはすべて二軸感覚で考える必要がある。常歩つまり二軸感覚は、現在のわれわれでは修得するものだが、それが常態であった時代の人々にとっては、それを利用したより高度な訓練にはじめから進める。特に、常歩が馬の歩き方からの命名であることからもわかるように、四つ足動物は常歩である。つまり騎兵にとって、騎乗者も常歩が常態ならば、人馬一体の動きができるわけである。騎射術などの馬上での戦闘技術はそうしたところから生まれるのであり、現在のわれわれでは信じがたいこともできてしまうであろう。だからこそ、戦闘論のような問題では現在感覚は排すべきなのである。

それにしても、強調したいのは訓練・鍛錬の必要性である。武士という存在は、騎射などの武芸を家職（家業）として代々継承している点に、他の家と区別される重要な特徴がある。だから、武士の家に生まれた者が、幼い頃から武芸の訓練をしないはずがない。逆にいえば、いくら才能があっても訓練しなければそれを伸ばせない。まして戦闘技術などは幼い頃からの訓練によって、まさに体で覚えてこそ実戦で活かせるのである。

このことは現在のスポーツに通底する。しかし、スポーツはスポーツである。これに対して、戦闘は殺し合い、生きるか死ぬかである。はるかに厳しい訓練が必要となってこよう。戦闘論を説く場合には、こうした視点をたえず持つことが必要であると筆者は考える。

なお、騎射（弓射術と馬術）の訓練としては狩猟が一番である。これまでは騎射の訓練といえば、流鏑馬・笠懸・犬追物などが考えられてきた。しかし、流鏑馬や笠懸のように不動の的を射る訓練では、戦闘訓練としては限界は目に見えている。特に流鏑馬は神事であって、日常の訓練のためのものではない。やはり実戦的な訓練は標的が臨機応変に動く必要がある。その点では、犬追物は標的（犬）が動く。しかし、犬追物が競技として整備されるのは鎌倉時代以降であるし、犬や馬場などの特別な準備もいる。だから、普遍的な日常の騎射の訓練は狩猟が一番なのである。ただし、狩猟でも甲冑による防御の訓練はできない。防御の訓練は実戦よりないのであろう。

押し捩り

さて、また騎射の諸相にもどろう。馬上で腰を大きく捻り、後方に射ることを押し捩りという。追物射に対抗する射法でもある。紀元前三世紀～三世紀、メソポタミヤを支配した古代帝国パルティア（アルサケス朝ペルシャ、中国名は安息国《あんそくこく》）の弓射騎兵が得意とした射法で、退却するとみせかけて追ってくる敵をこれで射たという。そこでこの射法をパルティアンショット（安息式射法）という。鞍橋も鐙もまだ成立していない時代の話である。また、この射法は正倉院に伝世する獅子《しし》狩文錦《かりもんきん》などにも図案化されている。

延慶本（巻九）に「木曽射残タル矢ノ一アルヲ取テツガヒテ、ヲシモヂリテ、馬ノ三ツシノ上ヨリ兵ドイル」とあるのが典型例で、「馬ノ三ツシ」とは馬の三頭《そうづ》で（「シ」は衍字《えんじ》〈必要ない字〉と考えられ

㉔押し捩り・射向の袖による防御・組討戦

る）、尻尾の根元の上の部分をいう。押し捩ってその三頭の上から射たというのだから、後方射であることは明白であろう。『前九年合戦絵巻』では、図㉔の安倍則任《あべののりとう》の射法が押し捩りである。

射向の袖

楯越しに矢を射合う戦闘を楯突戦《たてつくいくさ》という。この場合、防御は楯に頼ればよい。これに対し、楯を出て馬を馳せ合う戦闘を馳組戦《はせくむいくさ》という。この場合は、防御は大鎧などの甲冑で行わなければならない。その際に重要な役目を果たすのが大鎧の左肩に垂れている射向の袖である（図①・②）。大鎧の左右の袖は肩上《わたがみ》や総角に結びつけるが、騎射戦では、射向の袖は、弓射方向が前方・左横・後方のどの方向であれ、弓を構えている時は、弓射方向からの矢の防御にはならない。前方ならば、左横に垂れているだけだし、左横や後方では左手で袖を払いのけるかたちになるからである。

防御になるのは弓を構えていない時である。特に注

目されるのは、やはり延慶本（巻九）などにみえる「射向ノ袖ヲ甲《かぶと》ノマコウニアテヨ」という表現である。これは射向の袖を冑の真向《まっこう》（正面）に当て、前方から射られる矢から内冑を防御することを促す言葉である。

射向の袖で内冑を防御するためには、やはり腰を捻らなければ（二軸をずらさなければ）ならない。逆に腰を捻れば大鎧の左肩に垂れている射向の袖でも前方の防御ができるのである。腰を捻ることで射向は左横ではなく、まさに弓射の方向つまり射向となる。騎射戦では攻撃とともに防御でも馬上での腰の捻りが重要なのである。『前九年合戦絵巻』では、図㉔の金為行《こんためゆき》の体勢が、射向の袖で前方からの矢を防御している体勢である。為行は弓に矢を番えているところで、弓を構えていない。

馬静止射

馬を疾走させる弓射だけが騎射ではない。馬を留めての馬上からの弓射つまり馬静止射もある。『平家物語』にみえる屋島合戦での那須

㉕馬静止射

与一の「扇の的」の逸話は有名であるが、海の中に馬を乗り入れて行った与一の射芸は、馬静止射で行われている。また覚一本（巻十一）では、壇ノ浦合戦で和田義盛が、「馬にうち乗ッてなぎさにひかへ、（中略）鐙のはなふみそらし、よッぴいて射ければ」とあり、陸上から平氏の軍船に矢を射掛けている。これも馬静止射である。

さらに宇治川合戦のような大河を隔てた渡河戦や、また治承・寿永期の通行遮断施設を利用した城郭戦などでは、大河や通行遮断施設で一時的に騎兵の進行が止められるわけだから、攻撃側の騎射は馬静止射にならざるをえない。しかもこうした馬静止射もやはり腰を捻った前方射になるであろう。図㉕は『前九年合戦絵巻』に描かれている馬静止射である。表紙カバーも、馬静止の前方射、しかも馬手射である。

なお、『太平記』では、弓射騎兵が弓射の際に下馬する描写が多くなる。これを筆者は「下馬射《げばしゃ》」とよん

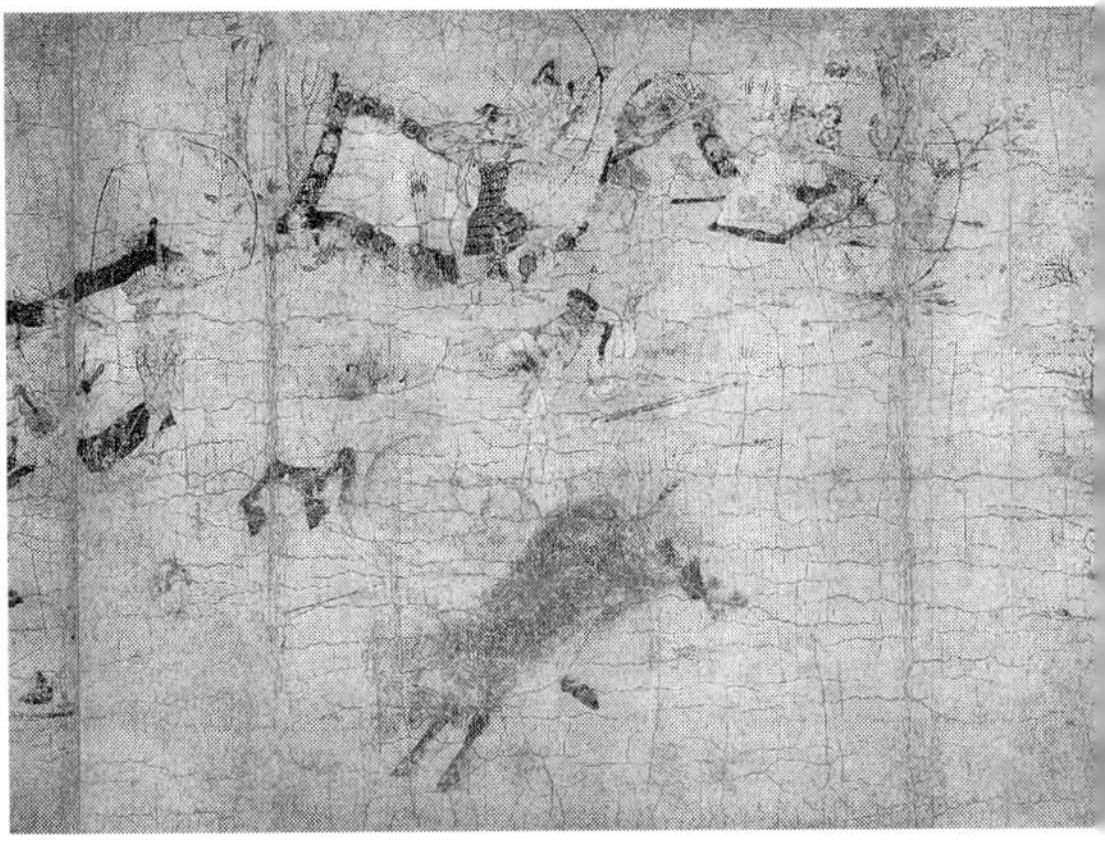

でいる。これは打物騎兵が成立し、弓箭がむしろ歩兵の武具となっていく過程で生じた弓射騎兵の変質を示す事例であり、『平家物語』ではいまだみられない。

打物戦

治承・寿永期の打物といえば太刀と長刀である。太刀は騎兵・歩兵ともに使用し、長刀は主に悪僧や歩兵が使用する。使用法は、歩兵は、打物を徒歩でしか使用しないのだからわかりやすいが、騎兵の打物使用は馬上と徒歩がある。この点、太刀の馬上使用は治承・寿永期に増加したらしい。『平家物語』では今井兼平の最後の戦闘がその一例だが、騎射の後に太刀に移行している。弓射騎兵にとって、太刀が二次的な武具であることを示している。

また、『平家物語』では、馬を射られるなどの理由で落馬してはじめて太刀を抜く記述も多い。これを筆者は「落馬《らくば》打物《うちもの》」とよぶ。落馬打物は太刀の徒歩使用を前提とした行為といえる。一方、長刀の馬上使用は『平家物語』にはみえない。長刀の馬上使用は、延慶二年（一三〇九）の目録が付属する『春日権現験記絵巻』に一例みえるのが管見での初見であり、『太平記』で多くみられるようになる。

『前九年合戦絵巻』では、図㉔の画面下方の騎兵は、馬上で太刀を抜き、背後から腰刀で首を掻こうする藤原景通《かげみち》に対抗している。また、画面上方、大鎧姿で太刀を持った徒歩の武士が描かれている。この武士は、冑も烏帽子もかぶらない露頂で、弓を持たず、箙には射遺した矢が二隻ほど描かれており、かなり奮戦した後の状態であることが推定される。そこで、本来は騎兵であり、落馬した後に太刀を抜く落馬打物の状態を描いたものと考えられる。

組討戦

取っ組み合い、互いの生首を腰刀で取り合う戦闘が組討戦である。これは主に騎兵同士の一騎討で始まる。一騎討というと騎射戦を考えるが、じつは『平家物語』で一騎討が顕著なのは、むしろ組討戦である。一騎討で決着がつく場合もあるが、組み合っている間に敵・味方の騎兵・歩兵がともに集まり、重層的になる場合が多い。

腰刀による戦闘は組討戦にならざるをえないが、相手の首を取る組討戦は治承・寿永期に大幅に増加した。『平家物語』の一ノ谷合戦でも、平忠度・敦盛《あつもり》・知章《ともあきら》等平氏の武将の多くが組討戦で首を取られている。これは首が恩賞と結び付くようになったからである。なお、負ければ死に直結する組討戦は、弓射騎兵にとって騎射戦や打物戦後の最終的な戦闘となり、はじめから組討戦となることはほとんどない。

『前九年合戦絵巻』では、図㉔で藤原道利《みちとし》はひとりの首を掻きながら、もうひとりの髻をつかんでいる。そこに画面左からは、さきほどの落馬打物とおぼしき武士が近づき、右からは腹巻姿で長刀を持った打物歩兵が近づいてくる。こうして組討戦は重層化していくのである。

一騎討

最後に一騎討についてふれよう。右でもふれたように、一騎討というとわれわれは騎射戦を考えるであろう。しかし、騎射戦イコール一騎討では決してないし、また、一騎討は騎射戦だけで行われるものでもない。騎兵に限らず、一対一で戦われる戦闘が一騎討であり、打物戦でも、またすでにふれたように組討戦にも一騎討は存在する。

しかし、一対一で戦える状態は戦場ではなかなか作りにくい。その意味で、一騎討は特殊な戦闘といえる。一騎討ではじまった組討戦が重層的になっていくのはそのよい例である。逆に一対一で戦える条件が整えば、一騎討はいつの時代もありえる戦闘である。

そこで、騎射戦イコール一騎討という誤解から、一騎討が治承・寿永期の戦闘の特徴のように説かれることがよくあるが、それは間違いである。一騎討そのものが時代の特徴なのではなく、一騎討で戦われる内容が時代の特徴となるのである。つまり治承・寿永期の組討戦などがそれに相当する。一騎討は特殊な戦闘であるために、それで戦われる内容が、時代の象徴として誇張されるという理解である。

以上のような治承・寿永期の武具や戦闘法は、本書を読み進むうえで直接は関係ないかも知れない。しかし、こうしたことを念頭に置いて、これからみていく一ノ谷合戦から壇ノ浦合戦に到る義経の戦闘を読み進めていけば、合戦の具体的なイメージもふくらみやすいであろう。特に才能と訓練の問題は、終章でまたふれることになろう。

第三章　一ノ谷合戦

1　合戦前夜

義仲追討の後、わずか十日ほどで義経・範頼は平氏追討に向かう。一ノ谷合戦である。この合戦は一ノ谷だけではなく、生田の森をはじめ現在の神戸市域の広い範囲で行われた合戦であるが、本書では通称に従い、一ノ谷合戦とよんでおく。これは義経にとって平氏と戦う最初の合戦である。そこで、具体的な合戦の考察に移る前に、『玉葉』・『吉記』・『平家物語』などにより、寿永二年（一一八三）七月の都落ちから、一ノ谷合戦がおこる翌元暦元年二月頃までの平氏の動向をまとめておく。

都落ち後の平氏

都落ち後、平氏は摂津の福原に立ち寄る。そこは清盛の故地であり、いわゆる「福原遷都」がなされた場所である。近年は、この「福原遷都」については否定的な見解が多く、遷都というよりも、簡単に言えば、後白河法皇・高倉上皇・安徳天皇が清盛の主導で行幸・御幸し、一時的（数カ月）に滞在したに過ぎないという見解が有力である。それにしても、御所や平氏一門をはじめとする貴族の邸宅があったわけで、平氏はそこを焼き払い、海路を九州を目指す。

瀬戸内海沿岸から九州に掛けての西国（西海）は、清盛の祖父の正盛《まさもり》、父の忠盛《ただもり》の代から平氏が勢力を扶植していた地域であり、それを清盛がさらに強化したのである。東国が頼朝や義仲に押さえられていたために、そこに落ちていくことはできなかったにしても、平氏が西国に落ちたのは勢力範囲であったからである。もっとも、内乱の深化のなかで、平氏の西国支配も盤石ではなく、都落ち直前には、九州で反乱がおこり、平氏の有力家人である平貞能が手こずりながらも平定している。

福原を発ってからの平氏は、一旦備前の小島に立ち寄り、八月二十六日に九州に入った。しかし、貞能に平定されたはずの肥後の菊地氏や豊後の臼杵《うすき》・緒方氏などが帰服せず（『玉葉』十月十四日条）、十月二十日には九州を追われ、その後は讃岐の屋島に入った（『吉記』十一月四日条）。平氏を屋島に受け入れたのは、古くからの平氏の家人である阿波の豪族阿波重能《あわしげよし》（田口重能）であった。

平氏が九州を追われ、四国に入ったという情報は、閏十月二日にはすでに兼実のもとに入っていた。その前日には、平氏追討のために西国に向かっていた義仲と平氏が備中水嶋で対戦し、平氏が大勝している。九州を追われた時には弱小であったという平氏の勢力は、屋島に落ち着いたことで盛り返したのであろう。それがさらに義仲に勝利したことで勢いづいたらしく、その勢力は「はなはだ強盛」になったという（『玉葉』閏十月二十日条）。

閏十月二十一日には、平氏はすでに備前に到り、美作以西はみな平氏になびくという状態で、ほとんど播磨にも及ぶというその強盛ぶりを示す知らせが、兼実のもとにも届いている（『玉葉』閏十月二十一日条）。

もっとも、屋島にはもとより安徳の行宮《あんぐう》とすべき適当な御所などはなく、新たに建設しなければならなかった。そこで、それが完成するまでは、安徳はそのまま船にあったようで、兼実も、安徳が三種の神器とともに女房の船で伊予にあるという噂を伝えている（『玉葉』閏十月十三日条）。

十一月八日には、平氏追討のために行家が京都を発った。しかし、十二日には、平氏の勢力は数万におよび、追討はかなわないという噂もたっている（『玉葉』十一月八日・十二日条）。はたして行家は、二十九日、播磨の室津にまで進出した平氏と対戦して大敗している（『玉葉』十二月二日条）。

平氏と義仲

一方、義仲は、十一月十九日に後白河の御所である法住寺殿を攻めてクーデターをおこすが、それ以後、平氏との連携を画策している。平氏と義仲の与同の噂はすでに閏十月二十一日には立っていた（『玉葉』閏十月二十一日条）。十二月二日には、義仲は、当時室津にいた平氏に使者を送ったというが、それは「和親か」という（『玉葉』十二月二日条）。また、同じく五日には、平氏はなお室津にあり、南海・山陽の両道は、概ね平氏に同意しているという有様で、平氏と頼朝が同意し、平氏はそれを密かに後白河に奏上しているという噂がたつ一方で、義仲は平氏に使を送って同意を促したが、平氏に断られたともいう（『玉葉』十二月五日条）。

その後、年内は、平氏入京の噂や、平氏と義仲の和平の噂が様々立っている。また、義仲が平氏追討のために後白河を奉じて西海に向かうともいわれ、それを留めるために、義仲に平氏との和平を勧める動きなどもあったらしい。

明けて元暦元年（一一八四）正月、引き続き平氏入京の噂や義仲と平氏の和平の動きは様々にあったが、ともに実現しないまま、正月二十日に義仲は滅亡するのである。

平氏追討か和平か

義仲滅亡後、平氏の追討は義経・範頼が行うことになった。しかし、二月七日の一ノ谷合戦までの間、朝廷では、平氏追討か、和平によって安徳と三種の神器を無事に帰還させるか、で意見が分かれていた。正月二十二日には、後白河から兼実に五カ条にわたる諮問があり、その第一条がその問題であった。具体的には、すぐに平氏を追討すべきだが、三種の神器は平氏の手中にある。どう対処すべきか。追討使に朝廷の使者を添えて遣わしてはどうかというものであった。朝廷の使者とは、神器返還を求める使者である。

兼実の回答は、神器の無事の返還を求めるならば、平氏を追討すべきではなく、別使をもって説得すべきであり、頼朝のもとにも使者を遣わしてそのことを言い含めるべきである。追討使に返還の使者を添えるのはよろしくないというものであった。追討使と返還を求める使者は矛盾するものであるから、兼実の意見はもっともである。

実際、諮問の前日に行われた公卿による議定でも、概ね兼実と同意見であったという。ただし、左大臣藤原経宗《つねむね》や内大臣徳大寺《とくだいじ》実定《さねさだ》は、神器はさておき追討すべき意見であり、それは後白河の意向におもねったものという。兼実はそれを強く非難している（以上、『玉葉』正月二十二日条）。

翌二十三日には、平氏を追討すべきことが後白河より仰せ下されたという（『玉葉』正月二十三日条）。しかし、その一方で、二十六日には、追討を止め、静賢法印を御使として平氏のもとに遣わす案が出された。それに対し、兼実は、それは兼実自身が強く望んでいることだが、平氏に心を寄せているからではなく、神器の安全を思ってのことだと強調している（『玉葉』正月二十六日条）。

しかし、二十七日には、御使の派遣をやめて平氏追討となった。兼実は、これは院の近臣による「和讒《わざん》か」とし、藤原朝方《ともかた》等の具体的な名前をあげ、「小人君に近づき、国家を擾《みだ》す、誠かなこの言」と嘆いている（『玉葉』正月二十七日条）。つまり兼実は和平派で、後白河は追討派なのであり、公卿の大半は神器の無事の帰還を望む和平派のようなのだが、一部の近臣が後白河におもねって、追討を焚き付けているようなのである。

そして、二十九日、ついに義経・範頼を追討使とする追討軍が出京した。同時に、御使として静賢の派遣も命じられた。しかし、静賢は辞退した。平和裡に神器を返還させるのが御使の役目であるのに、それと相反する追討使と同時に派遣されるのは道理にあわず、また御使の役目も果たすことができないという理由である（『玉葉』正月二十九日条）。兼実も記しているように、理にかなった意見である。こうして、和平よりも追討が優先されたのである。

義経と範頼の失策

ところで、追討使として出京前後に、義経・範頼両人に失策あるいは失策の発覚があった。義経からみていくと、人違いによる失策である。それは『玉葉』正月二十八日条に記されている。

その日早朝、大夫史《たいふのし》小槻隆職《おづきたかとき》より、義経の郎等のために、家が追捕を受け、恥辱に及んだので、どうすべきかという連絡が兼実のもとに入った。そこで兼実は、義経のもとに使者を遣わし、また、中原親能に書状を出し、事情説明を求めた。兼実によれば、頼朝の代官として義経につけて上洛している親能は「万事奉行たるの者」だからである。つまり親能は義経の補佐として上洛していることになる。

義経の回答は、平氏からの書状を持つ使者を捕らえたところ、そのなかに、「史大夫《しのたいふ》」という者があり、それを捕らえるように後白河から命じられた。そこで、義経は「大夫史」の家に行き狼藉に及んだが、それをすぐに止めるというものであった。また、親能からの返事は、一切事情を知らないというものであり、さらに後白河も関知していないということであった。これだけでは事情がわかりにくいが、ともかく義経は「史大夫」と「大夫史」を間違えて、狼藉に及んだのであった。

大夫史とは、五位の左右大史《だいし》のことである。史とは、律令官僚機構の根幹をなす太政官《だじょうかん》に属する左右弁官局という組織の四等官のことで、その上席が左右大史であり、本来は六位相当の左右大史のうち、特別に五位の位階を持つ者が大夫史である。左右の大夫史のうちでも、左の大夫史がより上席となるが、それを官務《かんむ》ともいい、十一世紀以来、官務は小槻氏の世襲となった。その職掌は、公文書の作成や保管に関わり、小槻家には多くの公文書が保管された。これに対し、史大夫とは、史を務めて、その功績で五位に昇進し、史を去った者をいう。

つまり、大夫史は最上席の史をいい、史大夫は元の史（史を前職とする五位）である。これを義経は取り違え、大夫史の小槻氏に対して狼藉に及んだのである。単純な聞き間違いの可能性もあろう。しかし、義経が京都の公家社会の事情に精通していれば、起こらない失策であり、義経が公家社会の実情に無知であったを示す事例として捉えることもできるのではなかろうか。

さきにふれたように小槻家には多くの公文書が保管されていた。隆職の報告によれば、文書の一部は「片山里」に移していたが、重要な文書は家で保管していた。しかし、義経の郎等によって文庫の戸が破られて、それらが持ち去られたという。それは朝廷にとって由々しきことであり、兼実は「わが朝の滅亡」、「天下の運滅尽の期」と嘆いている。ただし、そのことで、義経が非難されたり、譴責を受けた形跡はない。

一方、範頼の方は、『吾妻鏡』二月一日条によれば、義仲討伐のために上洛の途中、尾張の墨俣で、先陣を争って御家人と乱闘を起こし、それが発覚して頼朝の不興を買っている。大将にあるまじき行為ということである。じつは義経も覚一本（巻十一）によれば、壇ノ浦合戦の際に梶原景時と先陣争いをしたという。

以上のことは、これまでは見過ごされてきた。たしかに何気ないことかもしれない。しかし、筆者には、義経や範頼のことを考える際には、重要な事柄のように思われる。事実、このことが原因で、範頼は頼朝より勘気を蒙り、一ノ谷合戦後、鎌倉に召還されている。

対戦前夜

追討軍は出京した。しかし、その動きは緩慢であった。二月二日には、兼実のもとに、追討軍はいまだ大江山の辺で逗留しているという報告が入った。しかも平氏の勢力はけっして弱小ではなく、下向した武士達も合戦を望んでいなかった。頼朝の代官である土肥実平や中原親能でさえ、和平の使者を派遣することに賛成していたらしい（『玉葉』二月二日条）。

この追討軍とは、大江山が、現在では大枝山（京都市西京区）と書く、山城と丹波の国境にある（つまり丹波路の起点にある）老の坂付近の山のことと考えられる点と、また、実平と親能が義経軍に属していた点から（『吾妻鏡』二月五日条）、義経軍のことと考えられる。つまり義経軍の動きは緩慢であり、その士気は低かったようなのである。

これは、追討か和平かという朝廷側のジレンマが反映していると考えられる一方で、追討軍が遠く鎌倉から京都に遠征し、義仲追討戦から十日もしないうちにまた遠征であることを考えると、追討軍の消耗も考えられるのではなかろうか。さらに、追討軍の中心をなす関東の武士達にとって、頼朝の命とはいえ、平氏追討がこの時点で特に旨味のある敵とは考えられていなかったという視点も考えられよう。

なお、土肥実平は相模の武士で、頼朝の挙兵以来の腹心的存在であり、義経・範頼が追討使となってからは、親能とともに京都における頼朝の代官となっている。

そのような状況にも関わらず、追討に決まったことについて兼実は、平氏追討が「法皇の御素懐《ごそかい》」であり、それを藤原朝方等の近臣が焚き付けたからであるとし、しかも左大臣藤原経宗までが追討に賛成したと、それ以前（『玉葉』正月二十二日・二十七日条）にも記したことをくりかえしている。兼実は、かれらの理屈も認めたうえで、やはり神器の安否を気遣っている（『玉葉』二月二日条）。

一方、追討軍を迎え撃つ平氏は、摂津と播磨の国境にある一ノ谷に城郭を構えていた（『吾妻鏡』二月四日条）。これに対して追討軍は、七日卯の刻（午前六時前後）を矢合わせ（戦闘開始）の時刻と定めたうえで、軍勢を二手に分け、範頼軍が山陽道から海岸沿いに大手を目指し、義経軍は北の丹波路から山中を迂回して搦手《からめて》を目指した。

両軍は五日に摂津に到着したらしいが、先月の二十九日に出京したことを考えると、義経軍だけでなく、範頼軍の進行も緩慢であったことがわかる。覚一本（巻九）には、範頼軍の動きが緩慢なために、逆にそれを待ちかまえる平氏は、じれて落ち着かなかったと記されている。

両軍の勢力は、『吾妻鏡』には、範頼軍五万六千余騎、義経軍二万余とあり（二月五日条）、延慶本（巻九）では、範頼軍五万六千余騎（覚一本〈巻九〉は五万余騎）、義経軍一万余騎とある（覚一本同じ）。しかし、『玉葉』によれば、追討軍は二手に分かれたので、一方の軍勢はわずかに一、二千騎に過ぎなかったという（二月四日条）。やはり義仲追討戦直後の消耗を考えると、こちらが真実であろう。

一方の平氏は、少なくとも正月中には安徳を伴い福原に到着していたと考えられ、二月四日には、福原で清盛の三回忌の法要を営むまでになっていた。ただし、法会は船上で営まれたらしく、安徳や宗盛は福原に上陸してはおらず、船で「和田海辺」（大輪田泊《おおわだとまり》付近）にいたらしい（『吾妻鏡』二月二十日条）。同時にその軍勢は数万に及んだという。これに対する追討軍は右記のように少数である。軍勢のうえでは、平氏の方が優勢であったようで、兼実は、この状況を伝えた源定房《さだふさ》が「天下の大事、大略分明」と、追討使の敗北を予想して諦観を漏らしたことを伝えている（『玉葉』二月四日条）。

2 一ノ谷合戦

一ノ谷合戦の史料

二月七日、源平両軍は激突する。それ以前、五日深夜（六日未明）には、その前哨戦として、丹波と摂津の国境にある三草山で、義経軍と平氏軍の対戦は始まっていた。なお、三草山の推定地は、現在の兵庫県加東郡社町《かとうぐんやしろちょう》と大阪府豊能郡能勢町《とよのぐんのせちょう》（兵庫県川辺《かわべ》郡猪名川町《いながわちょう》との境）の二箇所がある。

これらの合戦については、『玉葉』二月八日条や『吾妻鏡』二月五日・七日条に記されている。さらに『平家物語』に詳しい。『平家物語』の一ノ谷合戦譚は、合戦の全体的な流れとしては諸本間で大きな異同はないようであり、『吾妻鏡』と比べても『平家物語』のほうが内容が詳しいが、搦手の義経軍の動向としては骨格は同様といってよい。だから、『吾妻鏡』の一ノ谷合戦譚は、『平家物語』を原史料にしているという指摘もある。むろん『平家物語』には『吾妻鏡』には記されていないことも多い（大手の範頼軍の動向や三草山合戦から「坂落とし」に到るまでの義経軍の動向など）。しかし、合戦の全体的な流れは『吾妻鏡』からでもつかめる。しかも『平家物語』の一ノ谷合戦譚は、特に地名の面で不整合さや記述の矛盾があり、延慶本では話の構成自体にさえ不整合さが認められ、すべての地形を一ノ谷の近隣に集約してしまうような作為があることさえ指摘されている。

そこで、ここでは前章のように『平家物語』で合戦全体の流れを追うことはしない。合戦の考察は

『玉葉』と『吾妻鏡』を主体とし、『平家物語』は補助的に用いることにしたい。また、ここでの考察のポイントは、『吾妻鏡』や『平家物語』にみえる、義経によるいわゆる「坂落とし」(「逆落とし」とも)の問題に絞りたい。具体的には義経により「坂落とし」が実際に行われたのかどうか、また、行われたとすれば、どこで行われたかの問題である。これは、戦士としての義経を考えるためには、避けては通れない重要な問題である。

『玉葉』にみる一ノ谷合戦

まず『玉葉』からみていこう。七日夜半に梶原景時によってもたらされた平氏敗北の報は、八日未明には兼実のもとにも伝わった。さらにその日の午刻(午後十二時前後)には、藤原定能《さだよし》が兼実のもとを訪れ、合戦の詳細を伝えた。それによると、一番に九郎(義経)のもとから報告が来て、搦手としてまず「丹波城」、ついで「一谷」(一ノ谷)を落としたという。ついで加羽冠者《かばのかじゃ》(範頼)からの報告があり、大手として「浜地」(海岸)から「福原」に寄せたという。合戦の時刻は辰刻から巳刻(午前八時前後から午前十時前後)までであり、一時(二時間)も掛からずにすぐに攻め落としたという。また、多田行綱が「山方」から寄せ、「最前」(最初)に「山手」を落としたという。

平氏は「籠城中の者、ひとりも残らず」という有様であった。また、上陸せずに船にいた人々もあり、四、五十艘の船が「島辺」(経が島付近)にあったが、船をめぐらすことができずに、火を放ち焼死したという。それは平宗盛達であったかという。しかし、いまだ合戦で討ち取った人々の交名は届いておらず、また、神器の安否も不明であった。

以上が『玉葉』二月八日条にみえる一ノ谷合戦の概容である。一ノ谷合戦は、この『玉葉』の記事を基本において考察すべきだと考えるが、その内容をまとめると、平氏は、丹波城・一ノ谷（搦手）・浜地・福原（大手）・山手・島辺（経が島）に布陣しており、義経が搦手としてまず丹波城、ついで一ノ谷、範頼が大手として浜地から福原、行綱が山手を攻略したことになる。このうち丹波城とは三草山のことであり、山手（山の手）に平氏が布陣していたことは、『平家物語』にもみえるが、そこを行綱が攻略したことは、『玉葉』の独自記事である。

多田行綱は、摂津源氏出身で摂津多田荘を本拠地として京都で活動している京武者であり、摂津源氏は源頼光《よりみつ》を祖とし、多田荘はその父源満仲《みつなか》が開発した荘園である。本来はこの摂津源氏が清和源氏の嫡流であったが、頼光の弟の頼信《よりのぶ》から始まる河内源氏の系統が、前九年合戦や後三年合戦などの大きな合戦に関わって嫡流のように考えられ、その系統から義経・頼朝・義仲・行家等が生まれるのである。

行綱は、治承元年（一一七七）、藤原成親《なりちか》らが平氏転覆を策した鹿ヶ谷の密議に参加していたが、それを清盛に密告したことで有名である。その後は、平氏・義仲・義経と時の権力者を次々と渡り歩き、日和見主義の典型とまで言われている人物である。

『吾妻鏡』にみる一ノ谷合戦

次に『吾妻鏡』をみよう。まずは二月五日条。追討軍が摂津に着いたその日、平氏も平資盛等の軍勢七千余騎を派遣し、三草山の西に布陣していた。一方、源氏（義経軍）は、同山の東に陣取った。両者の距離は三里程であった。義経は、配下の田代信綱《たしろのぶつな》や土肥実平等と相談のうえ、夜明けを待たずに平氏軍を夜襲し、潰走させた。これが三草山合戦、『玉葉』にみえる丹波城攻略である。ところで、夜襲（夜討ち）はいわば夜中に行う奇襲攻撃である。義経が奇襲で平氏を破っている点に注目しておきたい。

この三草山での義経軍の勝利は重要な意味を持つ。そこは搦手や山手に出るための重要な拠点であり、平氏がこの地で源氏を阻止できれば、搦手や山手から攻撃される憂いがなくなり、平氏の防衛も大手だけに集中できたからである。だから平氏も軍勢を派遣したのである。

ついで七日条。その日は雪とある。寅刻（午前四時前後）、義経は、軍勢のなかから勇士七十余騎を選び、「一谷の後山〈鵯越と号す〉」、つまり一ノ谷の背後にそびえる「鵯越《ひよどりごえ》」という山に着いた。この七十余騎は義経軍のなかでも特に選りすぐりの勇士である。一方、義経軍に属していた熊谷直実と平山季重は、卯刻（午前六時前後）、密かに軍勢を離れ、一ノ谷の前路を迂回して、海岸沿いに一ノ谷に迫った。そして、源氏の先陣であることをその姓名とともに声高に名乗ったのである。

抜け駆けと名乗り

直実や季重のように、本隊を抜け、本隊よりも先に単独で攻撃を仕掛けることを、「抜け駆け」という。抜け駆けをするのは先陣を目指すためである。先陣争いといえば、本書でも、宇治川合戦での佐々木高綱と梶原景季の例や、範頼が御家人と先陣を争って頼朝の不興を買った例をみた。先陣を争うのは、先陣が非常に名誉なことであり、軍功として評価が高く、恩賞も厚いからである。

抜け駆けは、そうした先陣を得るための手っ取り早い方法である。しかし、軍勢の規律を乱す行為でもある。治承・寿永期では許容されていたようだが、それは当時の戦闘が弓射騎兵による個人戦主体だったからである。これが南北朝期以降、弓射・打物両方の歩兵の増加に伴い、戦闘が集団戦化し、さらに戦国期になって集団戦が組織戦へと移行すると、抜け駆けは、軍紀を乱す禁止行為として処罰の対象となっていく。

また、直実達は一ノ谷に迫ると、その姓名を声高に名乗った。これを「名乗り」（名謁《なえつ》）という。名乗りは、戦闘の直前や最中または敵を討ち取った後に、自身の姓名や素性を大声で叫ぶことをいう。これは当時の個人戦主体の戦場ではやはり絶えず行われていたことで、素性の正しさを伝えるために著名な先祖の功績を加える場合も多い。この名乗りで敵は相手を知り、自分に相応しい敵かどうかを判断し、逆に味方に対しては軍功を誇示することになる。直実等が先陣を誇示するために、名乗りをあげるのは当然といえよう。

義経の「坂落とし」　直実等の名乗りに対し、平氏側からは、飛驒景綱《ひだかげつな》・越中盛嗣《えっちゅうもりつぐ》・上総忠光《かずさただみつ》・同景清《かげきよ》等二十三騎が木戸口を開け、合戦となった。かれらはこれまで様々な合戦に参加している平氏譜代の家人達である。つまり一ノ谷合戦は、直実と季重の抜け駆けによって一ノ谷からはじまったのである。この対戦で、直実の子息直家が負傷し、季重の郎従が戦死した。

その後、範頼と足利・秩父・三浦・鎌倉の武士達も加わり、源平入り交じった大乱戦となり、一進一退で容易に決着の付かない状態となった。しかも平氏が一ノ谷に構えた城郭は、岩石が高くそびえて馬が通えず、谷川が深く人も通えない要害の地にあったという。つまり源氏は一ノ谷城郭を攻め倦《あぐ》んだのである。

当時の城郭が、もっぱら弓射騎兵の進行を止めることを目的とした、掻楯・逆茂木・堀・土塁・柵などの交通遮断施設に囲まれ、櫓などを設けた臨時の防衛施設であることは前章でもふれた。『吾妻鏡』に記されている一ノ谷城郭の様子は、中世後期のような自然の要害に設置された常設の防衛施設の可能性を思わせるものもある。しかし、要害の地に設けられているとはいえ、やはり臨時の防衛施設なのであろう。

この状況をおそらく鵯越の山上からながめていたであろう義経は、三浦義連《よしつら》以下の勇士とともに、猪・鹿・兎・狐以外は通わないという「険阻《けんそ》」（峻険）の鵯越から攻撃に出た。『吾妻鏡』には直接記されていないが、険阻からの攻撃ということであるから、これが「坂落とし」をいっていることは間違いないであろう。これに平氏は一気に崩れた。馬で城郭から逃げ出す者、船で四国を目指す者と様々であった。この合戦で平重衡は捕虜となり、平通盛・忠度・経俊《つねとし》・知章・敦盛・業盛《なりもり》・越中盛俊《もりとし》等七人が義経軍と範頼軍に、平経正《つねまさ》・教経《のりつね》・師盛《もろもり》等の三人が甲斐源氏の安田義定軍に討ち取られた。なお、安田義定は義経軍に属していた。

合戦記録

合戦後に、義経・範頼が頼朝に提出した「合戦記録」によれば、通盛から経俊までを範頼軍が討ち、知章から盛俊までは義経軍が討ったらしい（『吾妻鏡』二月十五日条）。こうした合戦記録は、合戦ごとに提出されていたものと考えられ、こうした記録をもとに『吾妻鏡』や『平家物語』の合戦譚は記されているという。『吾妻鏡』の一ノ谷合戦譚は、『平家物語』を原史料としているという指摘があることを紹介したが、『吾妻鏡』と『平家物語』の一ノ谷合戦譚の骨格が同じであるのは、この合戦記録のような共通の原史料があったからとも考えられよう。

また、『吾妻鏡』では、平教経（能登守教経）は義定軍に討ち取られており、以後の合戦には出てこない。しかし、『平家物語』では、教経が屋島や壇ノ浦の合戦で義経とも対戦し、大きな活躍をした後に入水することはよく知られている。教経が一ノ谷合戦で討ち死にしたのならば、『平家物語』での教経の活躍はまったくの虚構ということになる。しかし、それは考えづらい。

そもそも教経の生存は、平氏の首が都大路を渡されるなか、「渡さるるの首のなか、教経においては一定現存と云々」と『玉葉』に記されている（二月十九日条）。この「現存」は教経の首が確かにあったという意味にも取れるが、やはり教経の生存を確認したという意味であろう。生存が確認されたということは、死亡説もあったことの裏返しである。合戦記録には討ち取られた者のなかに教経の名もあがっていたのかもしれないが、ともかくも教経が一ノ谷合戦で討たれたとするのは『吾妻鏡』の誤報とみなしてよさそうである。

宗盛の返書

ところで、一ノ谷合戦後、屋島の宗盛のもとに捕虜となった重衡から勅定（朝廷の意志）を伝える書状が届く。内容は安徳と神器の返還を促すものであった。それに対する宗盛の返書が『吾妻鏡』二月二十日条に載っており、その日に京都に届いたという。しかし、返書の冒頭に、重衡の書状が二月十五日付けであり、それが宗盛のもとには二十一日に到着したとあり、また返書の日付そのものが二十三日であるから、二十日条に載せているのは『吾妻鏡』の誤りである。

捕虜となった重衡が宗盛の許に書状を送ったことは『玉葉』にも記されている（二月十日・二十九日条）。そのうち二十九日条に重衡の使者が「この両三日、帰り参る」とあり、重衡の使者は二十九日の二、三日前、つまり二十六、七日頃に帰京したらしい。とすれば、『吾妻鏡』も二十六日または二十七日条が正しいのであろう。なお、『玉葉』二十九日条には返書の内容も記されているが、これについては次章でみよう。

日付はともかく、返書のなかで宗盛は、平氏を「官軍」と位置付けており、後白河に対して謀反の意志がないことを強調している。それどころか、還幸《かんこう》（安徳の帰京）しようとするたびに、軍勢を送ってそれを妨げている後白河をかえって非難している。還幸を妨げている軍勢とは義仲であり、今回の義経・範頼である。ただし、宗盛は、義仲のことは、和平交渉もしたわけだから当然のこととして、「源義仲」と実名を出して認知しているのがわかるが、義経・範頼のことは、「関東武士等」とあって、実名は出しておらず、認知していなかったと考えられる。平氏にとって、義経の知名度はまだまだ低いものであったらしい。

考えてみれば、清盛がクーデターを起こして後白河を幽閉して院政を停止したのは事実である。しかし、その後の内乱の過程のなかで、平氏は謀反といえることは何もしていない。官軍として内乱の鎮圧に務めていたわけである。それが義仲に追われるかたちで都落ちすると、手のひらを返すようにたちまち賊軍とされてしまったのである。こう考えると、宗盛の主張にも一理あると筆者は考える。官軍か賊軍かはすべて朝廷（後白河）の思惑で変わるのである。

それと関連して、返書には一ノ谷合戦の裏事情も記されている。それによれば、後白河から一ノ谷合戦前日（六日）に宗盛のもとに書状が届いた。それは、八日に「御使」（和平の使者であろう）を送るから、その御使が帰京するまでは合戦を起こさないようにという内容であり、そのことは関東武士等にも伝えてあるという。そこで、平氏はそのことを守り、またもとより戦闘の意志もなかったので、御使の下向を待っていた。ところが、七日になって関東武士等が急に襲撃してきて合戦となり、官軍（平氏軍）の多くが討ち死にしたというのである。

宗盛は、関東武士等に院宣の内容が伝わっていないのか、伝わっていても武士等がそれを無視したのか、それとも後白河の策謀か、詳細を承りたいと強く抗議している。

追討か和平かで朝廷側にジレンマがあったことはすでにふれた。追討使とともに静賢を和平の使として派遣しようともした。だから、『玉葉』には何も記されていないが、そうしたジレンマのなかで静賢には断られたものの、本当に和平の使を送ろうとしたのかもしれない。あるいは、平氏を油断させるための後白河の策謀かもしれない。その一方で、合戦前に平氏はすでに一ノ谷に城郭を構えているし、また五日には三草山に軍勢を送っているわけだから、もとより戦闘の意志がなかったという宗盛の主張も必ずしも信用できない。結局、真偽は不明なのだが、ともかくも『吾妻鏡』によれば、一ノ谷合戦には、平氏と後白河の間で、このような裏事情があったらしいのである。

『吾妻鏡』のまとめ

以上、『吾妻鏡』から三草山合戦と一ノ谷合戦関連の記事をみた。これを一ノ谷合戦（二月七日条）を中心としてまとめるとつぎのようになる。

まず『吾妻鏡』からは大手の範頼軍の動向は不明である。一方、搦手の義経軍は、三草山合戦の後、軍勢が三分割されたと考えられる。つまり義経が勇士七十余騎を率いて一ノ谷の後山鵯越に向かい、そのなかから熊谷・平山が抜け駆けして一ノ谷城郭の、おそらく正面（地理的には西側）に向かった。そして、これは類推だが、義経が抜けた残りの本隊を安田義定が指揮して、やはり一ノ谷城郭の正面に向かったのではなかろうか。軍功者として、義経・範頼とともに義定の名があるのが、その証拠であろう。

鉢伏山山頂より望む神戸市街
（この山麓辺りが一ノ谷城郭の推定地）

一方、一ノ谷城郭は、摂津と播磨の境にあった（二月四日条）。とすれば、その位置は、現在の神戸市須磨区、昭和五年（一九三〇）に一ノ谷町と命名された地域以外には考えられない。しかもこの位置に城郭を構えることは、神戸市の地形から戦略的に考えても納得がいく。

というのも、神戸市は、北側には六甲山系が連なり、南側は海という、海山に挟まれた東西に長い地形である。そこを防衛する場合、やはり東西の海山に挟まれて地形がもっとも狭くなった場所に防衛施設を設置するのがもっとも有効であろう。あとは北の山側の谷筋にいくつかの防衛施設を設置すれば、陸路からの攻撃は防げたはずである。海上からの攻撃

現在の生田の森入口

もできるが、当時の源氏軍にはまだ水軍はないし、平氏は陸上だけではなく、海上にも船を浮かべていた。

そこで神戸市の地図をみると、鉢伏山《はちぶせやま》が北に張りだして海に迫った須磨浦公園付近が、神戸市の西側ではもっとも地形が狭い地点となっている。したがって、その背後の一ノ谷は防衛施設を設置するのに最適の場所といえる。

そして、一ノ谷城郭が須磨区にあったとすれば、その後山とは、現在の鉢伏山や鉄拐山《てっかいさん》ということになる。そこは断崖で谷川が深いという記述にも合致することになる。しかも『吾妻鏡』では、そこを鵯越といっているのであり、『吾妻鏡』でいう鵯越とは、現在の鉢伏山や鉄拐山ということになる。そこは猪・鹿・兎・狐以外は通らない（つまり獣道《けものみち》しかない）険阻であり、そこから義経は「坂落とし」という奇襲で一ノ谷城郭を攻撃し、合戦に決着をつけたことになる。

『玉葉』と『吾妻鏡』の総合的解釈

では、つぎに『玉葉』と『吾妻鏡』を、前節でふれたことも含めて総合的に解釈してみよう。

まず、両軍の軍勢は、平氏は数万、一方の官軍（源氏）は、『吾妻鏡』では七万六千余騎であったが、『玉葉』では一方で一、二千騎であり、『玉葉』の方が真実で、平氏が優勢であったと考えられる。

平氏は、丹波城・一ノ谷（搦手）・浜地・福原（大手）・山手・島辺（経が島）に布陣していた。一方、官軍は、『玉葉』によれば、大手の範頼軍が浜地から福原（神戸市兵庫区）を攻めたというが、『平家物語』によれば、範頼が攻めたのは生田の森である。

現在、神戸市中央区の生田神社の背後の雑木林を生田の森と称しているが、それがかつての森の名残であることは間違いないであろう。しかもこの地は、現在では埋め立てによって、当時よりも陸地が広くなっているが、それでも海は近く、神戸市の東側ではもっとも陸地が狭い場所といえるし、しかも現在の生田の森の東側には、明治初年まで生田川が流れていた。その下流に外国人居留地ができ、洪水被害を防ぐために、現在の生田川の位置に改変されたのである。

また、生田の森は現在では平地にあるように感じられるが、かつては一段高い所にあったらしい。つまり背後の山の尾根の延長にあったらしい。ということは、一ノ谷と同じく、防衛施設を設置するのに最適の場所といえる。さらに生田の森の背後には、福原が控えており、『玉葉』とも一致する。

これに対し、搦手の義経軍は、丹波城（三草山）夜襲の後に、一ノ谷攻撃へ向かう。その際に軍勢が三分割される。まず義経が勇士七十余騎を率いて、鵯越と号する一ノ谷の後山に向かい、そこで「坂落とし」を行う。一方、熊谷と平山が抜け駆けして一ノ谷の正面（西）に向かい、残りの本隊は安田義定の指揮の下にやはり一ノ谷の正面に向かった。つまり、義経軍は、一ノ谷城郭を背後の山と正面からの二方向から攻撃したと考えられる。

そして、一ノ谷の後山を鵯越とする解釈は、『平家物語』とも共通する解釈であるが、一ノ谷が摂津と播磨の境にある以上、そこは現在の神戸市須磨区以外には考えられず、とすれば、鵯越は現在の鉢伏山や鉄拐山ということになる。これは、延慶本（巻九）で、「坂落とし」をするために義経が登った場所が「一ノ谷ノ上、鉢伏、蟻ノ戸」とあるのと付合する。とすれば、『吾妻鏡』にみえる鵯越は、現在、鵯越（神戸市長田区・兵庫区・北区にまたがる）と称している位置とは相違することになる。

また、『玉葉』によれば、行綱軍が山方から寄せて山手を攻略したという。この山手というのは、神戸市北方の山側であることは間違いなかろうが、具体的にどこをいうのかは、『玉葉』からはわからない。また、行綱がどのような行程で山手に向かったかも不明である。しかし、搦手に向かう義経軍と途中まで一緒であったのではなかろうか。摂津源氏で現地の地理に詳しい行綱が、はじめての不案内な土地で、山中を搦手に向かわなければならない義経軍の道案内をしたと考えることは十分に可能であろう。とすれば、義経軍は行綱軍を加えて、三草山合戦の後に四分割したことになろう。

以上のように整理すると、特に義経軍は背後の山と正面の二方向から一ノ谷城郭を攻撃したと解釈すると、義経の行動において、『玉葉』と『吾妻鏡』の記事には何ら矛盾が生じないことになろう。つまり義経は、鉢伏山・鉄拐山から一ノ谷城郭に「坂落とし」を行ったことになる。

「坂落とし」は虚構か

しかし、最近は義経の「坂落とし」についての否定的な見解が多い。つまりは『吾妻鏡』や『平家物語』の記述を虚構とみなすわけである。

虚構説の根底にあるのが、「坂落とし」という行為、つまり騎馬で断崖絶壁を降りることに対する疑念である。言い換えれば、騎馬で断崖絶壁を降りるのは無理だというのである。特に現在地の鵯越ならばともかく、鉢伏山・鉄拐山では険しすぎて無理だという。

そこで、その点を検証してみよう。まず注目したいのは、三浦義連である。『吾妻鏡』では、「坂落とし」を決行した勇士七十余騎のなかで特に三浦義連の名前が挙がっていた。義連は相模の豪族三浦氏の出身で、三浦郡佐原《さわら》を拠点とし、そこから佐原義連ともいう。『平家物語』でも義経とならぶ「坂落とし」の主役は義連であり、諸本で多少の異同はあるものの、鵯越を率先して落としている。

その際、義連は、覚一本（巻九）では「三浦の方の馬場や」と言って落とす。また、延慶本（巻九）では、まず畠山重忠が「我レガ秩父ニテ」は、鳥一羽、狐一匹を取るときでも「カホドノ岩石ヲバ馬場トコソ思候へ」と言い放って馬を担いで徒歩で降り、ついで義連が「三浦ニテ朝夕狩スルニ、是ヨリ険シキ所ヲ落セバコソ落スラメ」と言い、三浦一族とともに落とす。つまり義連や重忠は、鵯越のような峻険な場所で日常の狩猟を行っていた、言い換えれば、「坂落とし」のようなことは日常的なことというのである。なお、狩猟が、弓射騎兵の日常的な騎射の訓練として最適なことは前章でふれた。

むろん義連や重忠が実際にこうした言葉を口にしたかどうかは不明である。また、その言葉は「坂落とし」にのぞむ全軍を鼓舞する意味もあろうから、虚勢や誇張も含まれよう。しかし、義連の言葉は、三浦氏の本拠地であった現在の神奈川県横須賀市やその周辺の地形を考えれば納得がいく。横須賀市は平地が少なく、山（急傾斜地）ばかりであり、山すぐ海の地形が多い。ＪＲでも京浜急行でも電車で横須賀に入るとトンネルばかりになる。

じつは筆者は横須賀生まれで、五十年近く暮らしている。自宅も山に囲まれているし、三浦氏の居館があったという衣笠城址《きぬがさじょうし》は近い。現在でも城址に登っていく途中には、馬力の弱い車ではエンストしてしまいそうな急坂がある。鵯越のような場所で日常の狩猟を行っていたという義連の言葉は、筆者には実感として納得できるのである。これは重忠の言葉でも同様で、重忠の拠点である秩父の地形を知っている人ならば納得がいくであろう。そもそも日本全国で鵯越のような場所での狩猟は、珍しいことではなかったのではなかろうか。

なお、重忠が馬を担いで「坂落とし」を決行したというのは『平家物語』共通の逸話だが、こちらは虚構と考えられる。当時の馬の体重は三百キロ前後と考えられるが、解剖学的に人間が三百キロを担いで前に歩くのは至難であるからである。どんなに怪力でも、三百キロを担いでしゃがんで立ち上がることはできても、前に歩くことは至難の業である（このことは筆者の実体験からもいえる）。

さらに、騎馬で断崖絶壁を降りることの可否を問うための決定的な証拠写真がある。図㉖〜㉘である。これは、戦争において騎兵の役割がいまだ重要であった十九世紀末から二十世紀初頭におけるスペインのミリタリースクールでの騎兵訓練の一齣である。まさに騎馬で断崖絶壁を降りている。特に図㉘の体勢は驚異的である。解説によれば、ミリタリースクールでは、クロスカントリー乗馬として、こうした断崖絶壁をはじめとする様々な障害物が立ちはだかる難コースをめぐる乗馬訓練を毎日行っていたという。

これは現在の西洋の例であるが、これらの写真だけで、騎馬で断崖絶壁を降りることができるでき

㉗断崖絶壁を降りる騎馬訓練(2)

㉘断崖絶壁を降りる騎馬訓練(3)

㉖断崖絶壁を降りる騎馬訓練(1)

Monique and Hans D. Dossenbach
"THE NOBEL HORSE" BARNES & NOBLE BOOKS NEWYORK USA, 1997.

ないという議論そのものが無意味となることがわかるであろう。洋の東西や時代、蹄鉄のあるなしなどに関わらず、訓練（調教）次第で馬は何でもできるのである。

まして「坂落とし」は、陸上の交通手段を馬に頼っていた時代の話であり、それに前章でもふれたように、武士の家に生まれた者が、幼い頃から武芸や騎馬の訓練をしないはずがない。当時の武士の乗馬技術は現在人の想像をはるかに超えて巧みだったはずである。その点でも義連や重忠の言葉は納得できよう。

以上から、騎馬で断崖絶壁を降りることは充分に可能であると考えられ、そのことへの疑念から「坂落とし」を虚構とみなす説には、筆者は強く異義を唱えたい。「坂落とし」は可能なのである。

『吾妻鏡』の史料性

一方、「坂落とし」を考えるためには、『吾妻鏡』一ノ谷合戦譚の史料性の問題もある。『吾妻鏡』の一ノ谷合戦譚が『平家物語』を原史料としているという指摘があることはすでに紹介した。そのためもあって、『吾妻鏡』は一ノ谷合戦の史料として軽視されることもある。しかし、義経が勇士七十余騎を率いて「坂落とし」をしたことや、また安田義定が出てくることは『平家物語』とは相違し、しかもそれは『平家物語』よりも現実味がある。

というのも、『平家物語』によれば、義経軍は一万余騎であるが、そのうち「坂落とし」は、延慶本（巻九）では七千余騎、覚一本（巻九）では三千余騎で行ったことになっている。しかし、この軍勢は、「坂落とし」という奇襲作戦を行う軍勢としてはいくらなんでも多すぎる。これに対し、『吾妻鏡』の七十余騎は、はるかに現実的である。また、鉢伏山・鉄拐山に何千騎もの軍勢が通る道がないことも、「坂落とし」を否定する根拠のひとつとなっている。『吾妻鏡』でも鵯越には獣道しかないことになるが、七十騎程度ならば、そうした道でも通れることになろう。

さらに、『平家物語』では、義経が抜けた本隊は土肥実平や田代信綱が指揮する。これに対し、『吾妻鏡』では、安田義定が指揮したことが予想できた。実平や信綱は、義経に付けられた頼朝の代官であるが、あくまで御家人である。それに対して、義定は甲斐源氏、つまり源氏一族である。しかも富士川合戦で大きな働きをし、また義仲入京の際には、同じく入京するなど、頼朝からの独立性も強く、一軍の指揮を執る資格は充分にある。したがって、義経が抜けた本隊を指揮したのは、御家人である実平等よりも、源氏一族である義定と考える方が説得力があろう。

また、義経・範頼等は、合戦後に鎌倉に「合戦記録」なるものを提出しており、それに基づいて『吾妻鏡』や『平家物語』の一ノ谷合戦譚が記述されている可能性を指摘した。

しかも、すでに指摘した『玉葉』の記事と矛盾しない点や、断崖絶壁を騎馬で降りることが可能である点などから、筆者には、『吾妻鏡』の一ノ谷合戦譚を虚構とみなすのは躊躇される。

覚一本の位置

しかし、ここで問題となるのが覚一本（巻九）である。それは『玉葉』からは不明とした山手がどこかの問題とも関わってくる。

つまり覚一本によれば、三草山合戦敗北の報を受けた宗盛は、越中盛俊・平通盛・平教経等を「山の手」（山手）に派遣する。延慶本（巻九）では、盛俊はすでに山手に布陣していて、新たに教経等が派遣される流れであり、やや相違するが、三草山合戦後に教経が派遣された場所が山手であることは

『平家物語』でほぼ共通する。

ところが、覚一本には、そこで「山の手と申は鵯越のふもとなり」という独自記事がみえる。これによれば、鵯越とは、現在地と同じである可能性が高くなる。もっとも、現在の鵯越といわれる地域はかなり広範囲にわたっている。だから鵯越と一口にいっても場所の問題がある。そのうちもっとも可能性があるのが、現在、ひよどり展望公園となっている高台（神戸市兵庫区）で、そのすぐ山下は旧福原京域であるから、そこが山手ということになろう。しかも覚一本によれば、義経が「坂落とし」をした麓には、「山の手の侍大将」盛俊が陣取っているのである。

だから覚一本によれば、現在地の鵯越で義経が「坂落とし」をし、山手つまり福原を攻撃したことになる。しかし、『玉葉』では、義経は一ノ谷を攻略し、山手を攻略したのは行綱である。これを覚一本と総合すると、義経の行動には矛盾が生じてくる。一方、行綱は、現在地の鵯越から福原を攻撃したことになる。だとすれば、「坂落とし」は実際は行綱が行った可能性も出てくる。「山方」から寄せたというのがそのことになろう。それが義経の行為として置き換えられたことになろう。

ところが、覚一本は厄介で、「一谷のうしろ鵯越」という、他の『平家物語』や『吾妻鏡』と共通する表現もみえる。これによれば、覚一本では山の手と一ノ谷は同じ場所となってしまう。しかし、それでは『玉葉』の記事とは矛盾が生じてくる。

以上の考察をまとめてみると、『玉葉』によれば、義経は一ノ谷を攻略し、「坂落とし」については不明である。しかし、『吾妻鏡』によれば、義経軍は二方向から一ノ谷を攻め、その一方が「坂落とし」であったと考えられる。その場所は現在の鉢伏山・鉄拐山からで、現在地の鵯越とは別の場所である。しかもこの解釈は『玉葉』の記事と矛盾しない。

一方、覚一本によれば、義経が「坂落とし」をしたのは現在地の鵯越からである。ところが、それは『玉葉』の記事とは矛盾し、『玉葉』と合わせて考えると、行綱が現在地の鵯越から「坂落とし」をした可能性も生じてくる。しかし、覚一本の鵯越の解釈は矛盾を含むものであった。

こうした解釈に基づけば、義経が現在地の鵯越から「坂落とし」をした可能性はきわめて低くなろう。また、行綱が行った可能性は、記述が矛盾する覚一本が否定されればなくなってしまう。これに対し、義経が「坂落とし」をしたとすれば、それは鉢伏山や鉄拐山からということになる。

むろん『玉葉』だけを信頼すれば、「坂落とし」そのものがなかった可能性も高い。というよりも、『玉葉』には「坂落とし」のことは出てこないわけだから、「坂落とし」そのものが議論の対象にならなくなる。しかし、『玉葉』の記事とは矛盾しない『吾妻鏡』一ノ谷合戦譚の史料性を重視し、また、断崖絶壁を騎馬で下りるという行為が可能である以上、筆者には、義経の「坂落とし」を虚構と決めつけてしまうのは躊躇される。

そこで、ほかにも考えるべき問題は多いが、ひとまずは、義経が一ノ谷城郭を「坂落とし」で奇襲して、官軍（源氏）が、一ノ谷合戦に勝利したという解釈を、筆者の見解としておきたい。

平氏の首渡し

こうして源氏は平氏に勝利した。その戦勝の報告は、すでにみたように、八日未明には京都に届いた。翌九日には、義経は、軍勢を現地に残し、わずかな手勢だけを連れて入京した。それは、討ち取った平氏一族の首を都大路を渡すことをいち早く奏聞するためであった（『吾妻鏡』二月九日条）。なお、その時、捕虜となった平重衡を伴っており、重衡は土肥実平の館に禁固された（『玉葉』二月九日条）。

しかし、朝廷では、はじめ平氏一族の首を都大路を渡すことを拒んだ。二月十日夜、兼実のもとに後白河から諮問があった。その内容は、後白河は平氏一族の首は大路を渡すべきではないと考えているが、義経と範頼が、義仲の首は渡したのに、平氏の首を渡さないのは、理屈に合わない。なぜ平氏を優遇するのかと、強く不満を述べている。どうすべきかというものであった。

兼実の回答は、平氏の罪科は義仲と同等ではない。平氏は天皇の外戚であるうえに、公卿・殿上人に昇進し、院の近臣にもなっている。そのような人々を、討伐されたとはいえ、その首を渡すことは「不義」というものである。しかも、神器はいまだ平氏の手中にあり、それを返還させることが一番大事なことである。もし首を渡せば、平氏はますます「怨心」を抱くであろう。だから渡すべきではない。義経達は、一時の気持ちを述べただけであって、詳しく説明すれば納得するであろう。頼朝は、おそらくこのことに関わっていないであろう。だから、後白河が決めればよいというものであった。

これ対し、後白河の使者であった藤原定長がいうには、左大臣藤原経宗・内大臣徳大寺実定・中山忠親等に問い合わせた結果も、渡すべきではないということで同様であったという（以上、『玉葉』二月十日条）。つまり朝廷としては、平氏一族の首を大路を渡すことには反対だったわけである。

同趣旨のことは『吾妻鏡』にもみえるが、それによれば、義経等が「私の宿意を果たさんがために」、首の大路渡しを申請したという（二月十一日条）。つまり首を渡すことにこだわる義経達の理由が明確に示されている。その理由とは、「私の宿意」つまり平氏に対する恨みであろう。

結果は、こうした義経等の不満に後白河が折れてしまい、平氏一族の首は大路を渡ることになった。その日は十三日であり、当日、平氏一族の首は六条室町の義経の宿所に集められ、八条河原で検非違使藤原仲頼《なかより》に引き渡された。首は「長鎗刀《なぎなた》」（長刀）に取り付け、姓名を記した「赤簡《あかふだ》」を付して、大路を渡され、獄門の木に掛けられたという。

その首は、平通盛・忠度・経正・教経・師盛・知章・経俊・業盛の平氏一族と譜代の家人越中盛俊の首である。そのうち唯一の公卿である通盛の首だけは、せめて渡すべきではないという朝廷の意向であったが、「武士」（義経等のことであろう）が強く不満を示したので、渡すことになった。これに対し、兼実は「弾指《だんし》すべきの世」であると非難している（以上、『玉葉』・『吾妻鏡』二月十三日条）。なお、大路を渡された平氏一族の首のうち、教経については現存しており、一ノ谷合戦で討たれたとする『吾妻鏡』の記述が誤りと考えられることはすでにふれた。

ところで、朝廷の反対にも関わらず、義経等が首渡しを強要した背景に、「私の宿意」つまり平氏に対する個人的な恨みがあったとすれば、それは父義朝が平治の乱で敗れて殺されたこと以外にないであろう。義朝の首は、尾張で謀殺された後、都に送られ、大路を渡されている。そうであれば、義経等が平氏と戦ったのも、その背景には平氏への恨みがあったことになろう。

最後に、一ノ谷合戦での義経を総括してみよう。改めていえば、一ノ谷合戦で義経は、その前哨戦である三草山合戦と、本戦である一ノ谷合戦の両方で勝利している。その勝因は、三草山合戦では夜襲であり、一ノ谷合戦では「坂落とし」であり、どちらも奇襲による勝利であった。

義経の評価

前章でふれたように、義経の初陣にあたる義仲追討戦では、戦士としての義経の個性は、電光石火の速攻にその片鱗をみせているものの、いまだ発揮されているとはいえなかった。それに対し、一ノ谷合戦では義経の個性、つまり戦士の能力が大いに発揮された。

しかし、戦士の能力には、前章でのべたような弓射騎兵としての個人技の能力、つまり騎射戦や打物戦や組討戦の能力、一言でいえば戦術的能力と、合戦全体を指揮・遂行するための、作戦・用兵・陣形などに関する能力、言い換えれば戦略的能力のふたつがある。

ところが、義経については、そのふたつの能力のうち戦術的な能力、つまり弓射騎兵としての騎射戦や打物戦の能力は、『平家物語』にも『吾妻鏡』にも出てこない。むろん一軍の、しかも東国武士を率いる大将（指揮官）であるから、そのためのカリスマ性を軍勢に与えるためには、戦術的能力も優秀でなければならなかったであろう。また、「坂落とし」を実行したり、また、義仲追討戦では宇治川の渡河を実行している。こうした戦闘を行うためには、その前提に騎馬という戦術的な能力が当然必要となる。だから、騎馬術に長けていたことはわかる。また、壇ノ浦合戦で、平教経に遭遇した義経が咄嗟に別の船に飛び移ったという、著名な「八艘《はっそう》飛び」の逸話などは、これが事実かどうかはともかく、義経の身体能力（運動神経）の高さを示唆する逸話といえる。

しかし、弓射騎兵に必要な個人技の能力、つまり騎射戦や打物戦の能力に関しては、『平家物語』にも『吾妻鏡』にも、義経はなんら具体的な逸話は残していない。「八艘飛び」にしても、結局は教経との戦いを避けて逃げているわけである。しかも、屋島合戦で、戦闘の最中に弓を海に落とし、弱弓であることを敵に悟られて侮られないように、生命の危険をも顧みずに必死に回収したという、「弓流し」の逸話などは、これまた事実かどうかはともかく、むしろ義経の戦術的な能力を疑わしめる逸話である。

これに対し、『平家物語』や『吾妻鏡』に出てくる義経の戦士としての能力は、戦略的能力であり、その象徴というべきなのが「坂落とし」なのである。つまり、まず「坂落とし」のような行為を発想し、それを実行に移す能力、そして、そのために全軍をまとめ、指揮する能力。それこそ戦士としての義経の能力ではなかったか。これは事新しいことではないかもしれないが、改めて強調しておきたい。

第四章　屋島合戦から壇ノ浦合戦へ

1　京都での義経

一ノ谷合戦から屋島合戦までは丸一年の期間がある。この間、義経は在京し、平氏追討の準備を進める一方で、頼朝の代官として畿内近国や西国に関わる諸事に当たった。義経がいわば行政官として活動した期間である。したがって、『玉葉』などの古記録や『吾妻鏡』に義経に関するいわば「生」の史料が頻出し、同時に義経の自筆文書も残っており、義経の生涯でもっともはっきりとしたことがわかる時期である。

頼朝の権限の拡大

一ノ谷合戦直後の二月、十三日には平氏の首渡しも終わり、十五日には、義経・範頼からの合戦記録が鎌倉に到着した。十六日には、源雅頼《まさより》が兼実のもとに来て、四月には頼朝も上洛するだろうと伝えた。それは頼朝の代官として在京していた中原親能を後白河の使者として東国に派遣したことからの予想であるが、親能に対して後白河は、もし頼朝の上洛が適わないならば、自らが東国に赴くことを伝えたという。この報に接した兼実は、「この事ほとんど物狂い、おおよそ左右能《とこうあた》はず」とあきれ果てている（『玉葉』二月十六日条）。それほど頼朝の上洛が望まれていたのである。兼実にしても、義仲追討直後の後白河からの諮問に、早く頼朝に上洛するよう命じるべきだと回答していた（『玉葉』正月二十二日条）。

十八日、頼朝は、使者を京都に派遣し、京都警固以下のことを命じ、また、梶原景時と土肥実平に専使を派遣させ、播磨・美作・備前・備中・備後の山陽道五カ国を守護させた（『吾妻鏡』二月十八日条）。頼朝が京都に派遣した使者とは、つまりは義経への使者であり、義経に京都警固以下のことを命じたのである。それは義経の在京（京都駐屯）を意味した。また、景時と実平は義経を補佐するやはり頼朝の代官であり、山陽の五カ国は、一ノ谷合戦で敗れるまでは平氏が占領していた諸国で、平氏の敗戦により朝廷が奪還し、頼朝の沙汰が及ぶことになったのである。このことはつまり、頼朝の権限が義経をはじめとする代官を通じて、畿内近国や西国にまで及んだことを示すものである。

四通の宣旨類

この頼朝の権限と密接に関連して、一ノ谷合戦前後に、頼朝の全国的な軍事権や検《けん》断権《だんけん》を認める三通の宣旨と、兵粮米に関する一通の弁官下文《べんかんくだしぶみ》が作成され、二十三日には、その四通が小槻隆職から兼実のもとに送られてきた。三通の宣旨は頼朝宛てで、弁官下文は諸国国司宛てである。これらをまとめて四通の「宣旨類」とするが、その内容は次のようである

（『玉葉』二月二十三日条）。

①正月二十六日付で、宗盛以下党類（平氏）の追討を命じた宣旨。

②正月二十九日付で、諸国に逃れた義仲の余党（残党）の追討を命じた宣旨。

③二月十九日付で、諸国武士による、神社・仏寺・院宮・諸司・人領等への狼藉停止を命じた宣旨。

④二月二十二日付で、公田（国衙領）・荘園への兵粮米徴収を禁じた弁官下文。

である。

①・②では頼朝の全国的軍事権の行使を認めており、①により義経・範頼等が平氏追討に向かった。③は、標記のような行為の実態を頼朝に調査させ、違法があれば処断する権限、つまり諸国検断権を頼朝に与えたのである。この宣旨は、『吾妻鏡』によれば、頼朝の申請に応じて出されたものらしく、三月九日に鎌倉に到着している（『吾妻鏡』三月九日条。なお、『吾妻鏡』での宣旨の日付は二月十八日である）。この①〜③は、さきに「十月宣旨」で東海・東山に限られた頼朝の権限を全国に及ぼしたものといえる。

④は、国衙領・荘園を問わない一国平均役としての兵粮米徴収は、治承年間に平氏がはじめたものであり、義仲もそれをそのまま継承した。しかし、兵粮米の徴収は人民の負担であるから、義仲が滅亡し、平氏が敗れたいま、兵粮米の徴収は必要ないものとして、その停止を諸国の国司に命じたのである。

この④は①〜③とは性格が異なるもので、特に①とは対立する内容である。というのも、「腹は減っては戦はできぬ」という言葉に象徴されているように、追討軍の遠征には兵粮米（つまり食糧）の確保が何よりも必要であったからである。ところが、④は、治承年間に平氏によってはじめられ、その後に義仲にも継承された一国平均役による諸国への兵粮米催促を停止するものである。つまり④に従えば、追討軍は、自由に兵粮米を徴収する権利を失うわけであり、独自に兵粮米を確保する必要が生じてくるのである。

いずれにしろ、この四通の宣旨類の内容は、平和の回復を求める朝廷の当面の課題を提示したものであり、その実現のために、朝廷が頼朝に頼り切っている状況がうかがえるのである。

頼朝からの言上　一方、この直後の二十五日、後白河の近臣である高階泰経《たかしなやすつね》を通じて、頼朝から朝廷（後白河）に言上があった。A朝務事、B平家追討事、C諸社事、D仏寺間事の四カ条である（『吾妻鏡』二月二十五日条）。

Aは、諸国の受領に徳政を施すことを求め、同時に戦乱のために人民が土地を離れてしまった東国・北国の諸国に対し、今春よりもとの土地へ人民を帰住させ、秋頃より国務を再開することを申請したものである。

Bは、畿内近国の源氏や平氏を称し、弓箭に携わる輩や住民に対し、義経の下知のもとに平氏追討に赴くことを命じることを申請したものである。また、今後の平氏との対戦は海戦となり、たやすくはないが、それを義経に命じてあること。また、義経の勲功賞については、後日頼朝の計らいで申請することも記されている。

Cは、諸社に対し、倒壊した社殿の修理を促し、神事を懈怠《けたい》なく務めさせることを申請したものである。

Dは、寺院の武力を禁止し、僧等の武具は、頼朝の沙汰として、追討の軍勢に与えることを申請したものである。

こうした頼朝の朝務への口出しは、京都の人々に必ずしも歓迎されたわけではなかったようで、『玉葉』には「人もって可となさず」とあり、頼朝にもし「賢哲之性《けんてつのさが》」があったならば、「天下の滅亡いや増すか」と危惧が記されている（『玉葉』二月二十七日条）。「賢哲之性」とは「ずる賢さ」とでも訳すべきか。

とはいえ、この四カ条のうち重要なのはBである。宣旨類①と密接に関わり、また、これにより義経が引き続き平氏追討使であることが確認されるとともに、今後の平氏との対戦が海戦となることが認識されており、また、義経の勲功賞は頼朝の計らいによることが確認できるからである。

駆り武者

このBで申請されているのは、義経が追討軍に参加する兵士を動員する権利である。軍勢には、戦闘員だけでなく、工作員や人夫などの非戦闘員（兵站員）も多数参加していることは第二章でふれたが、戦闘員にもふたつのタイプがあった。それは、ひとつは、源氏や平氏の一族やそれと私的な主従関係によって結ばれている家人・郎等クラスであり、いわば主人の命により自主的に従軍している武士達とその郎等や従者である。もうひとつは、特に追討軍などで、宣旨や院宣によって国衙機構などの公的機関を通じて強制的に集められた武士に限らない武勇の人々であり、これらの人々は文書ではおおむね「兵士」と表現され、また『平家物語』などでは「駆り武者」とよばれている。Bで申請されているのは、この兵士＝駆り武者である。

追討軍では、駆り武者の徴発は、畿内近国や、また遠征する路次の諸国で兵粮米の徴収と同時に行われることが多く、同時に非戦闘員の徴発も行われたのである。

義経の文書

①〜④の宣旨類は、それを載せる『玉葉』に「施行更にもつて叶ふべからざる事か、法有りて行はず、法なきにしかず」とあり、それらが必ずしも施行されなかったようにも解釈できる。しかし、①の平氏追討は実際に一ノ谷合戦で実行されたのである。③・④については、③は頼朝の申請によって出されたものであり、また、それらが実際に下ったことが、『玉葉』から確かめられ、そこに「武士実に申し行ふと云々」とある（二月二十二日条）。この「武士」とは直接的には義経、間接的にはその背後にある頼朝をいうと考えられるが、かれらが宣旨類の内容を実行していることを示唆するものである。事実、義経関係の文書には、③・④の内容に沿うものが多い。

平安時代の古文書を網羅的に集成した『平安遺文《へいあんいぶん》』という史料集には、義経が差し出したり、書き付けを加えた文書が、元暦元年（一一八四）分だけで十通収められている（ほかに文治元年分として二通みえる）。そのうちの一通は年次不記載で内容も疑わしいものであるため、その一通を除く九通の内容を分類すると次のようになる。

①二月二十二日、春日社領摂津国垂水牧《たるみのまき》（正確には垂水東西牧）への兵粮米徴収停止を承諾した請文《うけぶみ》。
②二月日、河内国有福名水走開発田《ありふくみょうみずはやかいほつでん》への狼藉停止と安堵を求める源康忠《やすただ》解《げ》に対し、その主張を認める書き付け。
③三月日、三件の狼藉停止を求める感神院《かんしんいん》（祇園社）所司等解に対し、その主張を認める書き付け。
④三月日、寂楽寺《じゃくらくじ》による高野山領紀伊国阿弖河荘《あてがわのしょう》への侵略を訴える金剛峰寺衆徒解に対し、その主張を認める書き付け。
⑤五月二日、文書④の書き付けを補強する添状《そえじょう》。
⑥五月二十四日、高野山伝法院《でんぽういん》領紀伊国七箇荘（七カ所の荘園）に対する兵士・兵粮米催促停止を命じる下文。
⑦五月日、石見国の御家人に対し、押領使《おうりょうし》藤原兼高《かねたか》の下知に従い、平氏を追討すべきことを命じる下文。
⑧九月日、領主による狼藉停止を求める春日社領摂津国垂水西牧萱野郷百姓等解に対し、その主張を認める書き付け。
⑨九月二十日、文書⑧の書き付けを補強する添状。

いずれも畿内近国や西国に関わる問題であり、頼朝の代官として義経がその地方に権限を持っていたことがわかる。なお、このうち文書①・②・⑥〜⑨はいずれも案文《あんもん》（文書の控え）である。

以上のうち武士や寺社の所領に対する狼藉や争いに関わる解に対する書き付けが四通ある（文書

②・③・④・⑧)。解とは上申文書のことで、本来は朝廷の公文書であったが、平安時代には朝廷に関わらず広く上申文書一般の名称となった。これも提出されているのは義経に対してであり、義経が解の提出者の主張を認め、直接命令を下したり、頼朝に上申することを約束した書き付け、つまり義経の裁断が文書の巻頭(袖《そで》という)に加えられている。そうした書き付けを、さらに確約したのが文書⑤・⑨のような添状である。

義経の書き付けが記された解は、添状とともに提出者に返され、提出者は自身の主張が認められた証拠とするのである。解に対する裁断は、本来ならば下文や下知状《げちじょう》などの下達文書として出されるのが正式であるが、義経は、書き付けと添状でそれを簡略化している。

義経のこうした行為は、宣旨類③で認められた頼朝の検断権に基づくものである。頼朝の検断権は本来は武士(御家人)にのみ及ぶもので、文書③・④・⑧などのような寺社関係の裁断は、本来ならば朝廷が下すものであり、頼朝や義経の権限の及ぶところではない。しかし、武士が関わらない問題も、こうして義経のもとに提出されてきているのである。

もっとも義経の裁断は、紛争する両者の言い分をよく検討したり、証拠を詳しく調べて下したものではなく、解提出者の主張を一方的に認めてしまうものだったようである。そのため、文書④の問題などは、七月に改めて頼朝の下文が出されるが(『吾妻鏡』七月二日条)、義経没落後の再調査で、寂楽寺側の主張が認められるという逆転がおこっている。

兵粮米問題

残りの文書①・⑥・⑦は、文書⑦が宣旨類①の平氏追討に対応するものであり、文書①・⑥は、宣旨類④に対応するものである。文書①は請文という義経の承諾書であり、文書⑥・⑦は義経の命令を直接伝える下文である。下文を出すことができるのは、義経の権限が直接及ぶ問題だからで、その点は、御家人に対して出された文書⑦に明瞭であろう。文書⑥は、兵士や兵粮米の催促をしているのが義経配下の武士（御家人）だから下文なのであり、文書①も同様の理由で請文なのである。

ところで、文書①は、今後の平氏追討に密接に関わる兵粮米の問題を考えるために重要な意味を持つ文書である。さきに『玉葉』二月二十二日条が宣旨類③・④の内容の実施を示唆していることにふれたが、宣旨類④が実施されたことを具体的に示す例が、宣旨類④と同日（二月二十二日）に提出された文書①なのである。

しかもそれが請文であるのは、二月十八日には、当該の垂水東西牧に対する「西海道追討使」兵士と兵粮米の催促や狼藉の停止を、牧が存在する摂津国の在庁官人《ざいちょうかんじん》等に命じた後白河の院庁下文《いんのちょうくだしぶみ》が出されており、それに添えるかたちで、二十一日には同じことを垂水東西牧の牧司《まきのつかさ》等に命じた勧学《かんがく》院政所下文《いんまんどころくだしぶみ》が出されているからである。

院庁下文とは、院庁という上皇の家政機関から出された上皇の命令を伝える文書であり、勧学院政所下文とは、摂関家の家長である藤原氏の「氏《うじ》の長者」の命令を伝える文書である。院庁下文が摂津の在庁官人に出されているのは、当時おそらく摂津が後白河の知行国であったからであろう。また、勧学院とは、藤原氏の子弟を教育する大学別曹《べっそう》であるが、藤原氏の家政や、その氏寺・氏神である興福寺や春日社に関わる事務も取り扱う機関であり、春日社の所領に関わる問題であるため、勧学院政所下文が出されているのである。

ともかくも義経は、院庁下文などで命じられた、垂水東西牧に対する兵士・兵粮米の催促停止の実行を文書①で承諾したのである。それは、兵士と兵粮米の催促の放棄であり、宣旨類④の内容を了承したことを意味する。『玉葉』二十二日条で「武士実に申し行ふ」と記されているのがそのことを言ったものと考えられる。

こうした事情は文書⑥でも同様であったと考えられる。事例は二例にすぎないが、一カ所でも例外が認められれば、他でも抵抗があるのは必至である。このことにより、今後の追討軍は、畿内近国や遠征途中の諸国から兵粮米や兵士を自由に確保することが難しくなったと考えられる。その意味で、文書①は重要な意味を持つ文書なのである。

追討の中止

その点で注目したいのは、二月二十九日になって、三月一日に予定されていた平氏追討のための義経の西国下向が中止になったことである。その理由は不明であったが、『玉葉』にはつぎのような伝聞を載せている。

屋島の宗盛のもとに派遣されていた重衡の使者が携えた宗盛の返書によれば、神器・安徳天皇・建礼門院・平時子については、後白河の仰せに従って上洛させ、宗盛自身は上洛せず、現在拠点としている讃岐だけを賜い、天皇等の帰洛には子息の清宗をともに付けることを申し出たという。それで、追討のことが猶予になったのではないかという（二月二十九日条）。

『吾妻鏡』記載の宗盛返書の内容は前章で紹介したが、そこには右に記したような内容はなかった。『玉葉』にしても「ある人云ふ」とあって出所は曖昧であり、伝聞の信憑性のほどは疑わしくもある。しかし、『玉葉』には「この事」は「実」とあり、また、平氏が「和親」を望んでいるのは事実のようである（『玉葉』二月三十日・三月一日条）。さらに朝廷には、一ノ谷合戦直前まで神器返還か平氏追討かでジレンマがあったわけで、やはり神器と天皇が無事に返還されれば、朝廷側としてはそれ以上のことはなく、追討の猶予も納得できる面がある。

同時に、宗盛は平氏が讃岐一国の一地方勢力に成り下がることで延命を求めている。いったい宗盛という人物は、清盛の後を継いだ平氏の総帥であるが、木曽義仲と一戦も交えずに都を後にしたり、また、本章の次節でみるように、屋島合戦でも一戦も交えず屋島を放棄している。壇ノ浦合戦でも入水したものの捕虜となり、鎌倉に送られてからも延命をはかっている（『吾妻鏡』文治元年六月七日条）。よくいえば平和主義者であり、一概に武士的ではないと批判することは避けたいが、やはり気概をもった総帥の器とはいいがたい。それが『玉葉』が伝える返書の内容にも現れていよう。

他面、一ノ谷合戦での敗北が、それだけ平氏に打撃を与えたことの現れとみることもできる。実際には平氏は、瀬戸内海の東西に位置する讃岐の屋島と長門の彦島《ひこじま》を拠点に、瀬戸内海の制海権をいまだ抑えていたものと考えられ、滅亡するのはこれからほぼ一年後である。しかし、一ノ谷合戦敗北直後のこの時点では、宗盛のなかでは平氏の命運は大筋ではほぼついたという認識があったのかもしれない。

いずれにしろ、三月一日に義経が平氏追討のために西海に向かおうとしていたことは事実であったらしい。ただし、すでに頼朝の言上Bにもあったように、平氏が讃岐の屋島を拠点としている以上、そこに渡るためには船つまり水軍が必要となる。しかし、源氏には水軍はなく、そのための特別の準備が必要である。今回の追討が延引となったのも、そうした申請が義経（あるいは頼朝）などからなされたことが、真の原因であるかもしれないし、また、これにさきにふれた兵粮米の徴収や兵士の徴発の問題が絡んでくるのかもしれない。

伊賀・伊勢での反乱

さて、義経が在京していた元暦元年（一一八四）は、『玉葉』と『吾妻鏡』のほかに、古記録では『吉記』や『山槐記』などもその一部が残っている。そのうち『玉葉』や『山槐記』などの古記録に記されている義経に直接関わる問題としては、義経の畿内近国での追捕活動を示す伊賀・伊勢での平氏残党反乱の追討と、のちの義経の運命とも関わる任官問題である。まずは伊勢・伊賀での反乱についてみていこう。

七月七日、平氏の有力家人である平田家継（平田入道）は、伊賀の守護源惟義《これよし》（大内冠者）の郎従達を討ち取り、同時に伊勢では平信兼の子息等が鈴鹿山を切り塞ぎ、謀反を起こした（『玉葉』・『山槐記』七月八日条）。この伊賀・伊勢の反乱軍は、同十九日に源惟義率いる官軍と近江大厚荘（『山槐記』によるが、大原荘の誤記か）で戦って敗れ、平家継は討たれ、官軍も佐々木秀能《ひでよし》をはじめとする多くの死傷者を出し、平信兼の子息等は逃亡した（『玉葉』七月二十日・二十一日条・『山槐記』七月十九日条・

『吾妻鏡』七月十八日・八月二日条)。

その報告を受けた頼朝は、義経に兼信子息等の捜索と追討を命じ、義経は、京都に潜伏していた兼信の子息三人(兼衡《かねひら》・信衡《のぶひら》・兼時《かねとき》)を捕らえて自邸で尋問したところ、あるいは自害し、あるいは斬殺された。さらに義経は信兼追討のために伊勢に向かった(『山槐記』八月十日・十二日条・『吾妻鏡』八月二十六日条)。この平信兼は、第一章でもふれたように、義経が入京以前に伊勢に滞在したときに義経に従った、平氏の元家人であった。

その結果は不明であるが、それ以前、当時出羽守であった信兼は解官され、頼朝は、信兼が京内に所有していた所領(宅地)を、平氏没官領として義経の沙汰としたのである(『吾妻鏡』九月九日条)。

一ノ谷合戦の後、一時義仲に渡っていた平氏没官領は頼朝の沙汰となったが、京内の家地(宅地)については後白河の沙汰するところで、頼朝の沙汰の及ばないものであった。ところが、そのうちの一カ所とはいえ、平信兼の宅地が義経に与えられたのである。

なお、義経の自邸で信兼の子息が自害や殺害されたために、その死穢《しえ》が京内に広がり、後白河の日吉御幸が中止になり、また折から準備されていた後鳥羽天皇の大嘗会《だいじょうえ》に先立つ御禊《ごけい》の中止が議論されたほどである。しかし、結果は問題ないとされ、十月二十五日に大嘗会御禊は挙行され、義経は「大夫判官《たいふほうがん》」として供奉している(『吾妻鏡』十一月二十六日条)。

義経の任官

つぎは義経の任官問題である。義経は、追討使として一ノ谷合戦を戦ったが、朝廷の官職としては無位無冠であった。それが、『吾妻鏡』八月十七日条によれば、八月六日に、左衛門少尉《さえもんのしょうじょう》に任官し、検非違使の宣旨を蒙った（『玉葉』八月六日条によれば、「明日除書あるべし、九郎任官すべし」とあり、七日の除目で任官したらしい）。頼朝への義経の任官報告によれば、義経自身が所望した任官ではなく、後白河が義経の度々の勲功に報いるために「自然の朝恩」として与えたもので、義経は固辞できなかったという。ところがこれが「頗《すこぶ》る（頼朝の）御気色《みけしき》に違い」、義経は平氏追討使の任をしばらく「猶予」されてしまったのである（『吾妻鏡』八月十七日条）。

頼朝は、一族や御家人が自由に朝廷の官職に就くこと（自由任官）に厳しく、さきにみた頼朝の言上Bでも、平氏追討の勲功賞は、後日に頼朝が「計らい申し上ぐ」（推挙す）べきことが記されていた。これは一族や御家人達が自由任官によって朝廷（後白河）に取り込まれることを防ぐ目的があったと考えられている。これにより、六月には、頼朝の推挙によって、源氏一族の範頼・源広綱《ひろつな》・大内義信がそれぞれ三河守・駿河守・武蔵守に任官している。しかし、義経の任官については頼朝はなかなか許容しなかった。そのなかで、範頼は自分が先に任官したことをおおいに喜んだという（『吾妻鏡』六月二十一日条）。一方、頼朝は、義経に平氏追討のために西海に赴かしめることを後白河に申し入れていた（『吾妻鏡』七月三日条）。

なお、範頼は、一ノ谷合戦後は、合戦直前に発覚した御家人との乱闘事件により頼朝の勘気を蒙って、鎌倉に召還されていたが、三月にはそれが免許されていた。

なぜ頼朝が義経の任官を許容しなかったのかはわからない。『吾妻鏡』によれば、頼朝に「内々の儀」（思うところ）があったという（八月十七日条）。それは、義経が頼朝の代官として畿内近国の沙汰を任せられているために、もっとも朝廷に取り込まれやすい立場にあったことが原因であったかもしれない。また、頼朝は、任官という「ニンジン」を前に吊して、義経を利用しようとしたのかもしれない。

いずれにしろ義経は頼朝の許可を得ずに任官した。しかも頼朝への報告のなかで後白河の意向を固辞できなかったと弁解しているように、義経も頼朝の意向は理解していたと考えられる。それは「頗る（頼朝の）御気色に違う」ことであり、また、義経が頼朝の「御意《ぎょい》」（意向）に背くことは今回に限らなかったという。そこで、頼朝は義経が平氏追討使となることをしばらく「猶予」したのであった（『吾妻鏡』八月十七日条）。

義経の立場

通説では、この義経の自由任官に頼朝が激怒し、追討使を解任し、さらにこのことが、壇ノ浦合戦後に義経と頼朝が不和となる引き金となったと考えられている。『吾妻鏡』の「頗る御気色に違う」という文言を頼朝の激怒と解し、また「猶予」を解任と理解するわけである。しかし、こうした解釈は疑問であり、また「御気色」に違うというのも、単純に自由任官そのもののことをいったのではないと考えられる。

というのも、「頗る御気色に違う」の「頗る」とは、現在でも使われているように、ふつうは程度が甚だしいことと解釈される。しかし、「頗る」にはそれとは逆に「程度がそれほどでもない」ことを意味する場合もある。つまり「頗る」は「些《いささ》か」や「僅かに」と同義ともとれる。また、『吾妻鏡』では頼朝の怒りをかった場合は概ね「御気色を蒙る」と表現される。これに対し、「御気色に違う」には別のニュアンスがある。このように考えると、「頗る御気色に違う」を頼朝の激怒と解釈することは躊躇される。

これは単に文言の解釈にすぎないが、『吾妻鏡』にみえる、その後の義経の役割を考慮しても頼朝が激怒したとは考えられない。まず、九月九日には、さきにもみたように、頼朝は、それまで武士の沙汰ではなかった京内の平氏没官領のうち平信兼の所領を義経の沙汰としている。十一月十四日には、宇都宮朝綱《ともつな》や小野成綱《しげつな》などの西国に所領を与えられた御家人達へ、所領をきちんと引き渡すことが、頼朝より義経に命じられている（そのことに関する義経の請文が十二月二十日に鎌倉に届いている）。十二月一日、頼朝は園城寺に平氏没官領から所領を寄進したが、園城寺は北条時政が帰依している寺院のため、時政は、所領の寄進を間違いなく行い、衆徒の要望を粗略に扱わないように、義経によくよく頼み込んでいる。

これらの事例からは、畿内近国や西国については、義経が頼朝の代官として引き続き権限を持っていたことがわかる。また、九月十四日には、かねてからの「約諾」とはいえ、頼朝の計らいで、河越重頼の息女が義経との婚姻のために上洛している。彼女は義経の正妻であり、のちに衣川で義経とともに自害するのはこの女性である。

こうした点を考慮すると、頼朝が義経の自由任官に激怒したとは考えにくい。「頗る御気色に違う」とは、頼朝の機嫌を損ねた程度の意味ではなかろうか。しかも機嫌を損ねた理由は、単純に自由任官そのものからではなく、検非違使左衛門尉という官職の内容が問題とされたのであろう。

つまりこの官職は、天皇に直属し、京内の治安維持を司る官職である。だから、この官職に任命されたということは、朝廷（後白河）に完全に取り込まれたことを意味する。同時に、職掌の遂行のためには、近国ならばともかく京都を遠く離れることはできなくなる。つまり京都を遠く離れる可能性のある追討使のような役職とは相容れない官職なのである。だから、頼朝は義経が追討使であることを「猶予」したのである。単に怒りにまかせた処置ではなかったと考えられる。

平氏追討使　すでにふれたが、通説では、「猶予」は義経の追討使解任を意味し、代わりに範頼が追討使となったという。しかし、これも問題である。確かに範頼は八月中に鎌倉を発ち、八月二十七日に入京し、二十九日に朝廷から追討使の官符を賜い、九月一日には西海に向けて出京している（『吾妻鏡』九月十二日条）。しかし、範頼が鎌倉を発ったのは八月八日で（『吾妻鏡』八月八日条）、義経からの任官の報告が鎌倉に届く以前であり、この時点では義経も追討使である。つまり範頼は義経に代わって追討使となったのではない。

しかも、のちの義経が自害した日の『吾妻鏡』には、義経の経歴が記されており、それによれば、義経も範頼に先立つ八月二十六日に平氏追討使の官符を賜っている（文治五年〈一一八九〉閏四月三十日条）。これに対し、頼朝が私的処置として義経の追討使を解任したが、朝廷（後白河）が任命したという解釈もある。しかし、さきの宣旨類①で、平氏追討のための軍事権を頼朝に認めた朝廷が、頼朝が解任した追討使を独自に追討使に任命するか疑問が残る。

むしろそれこそ、義経が追討使を「猶予」されたという表現が生きてくるのではなかろうか。つまり「猶予」とは解任ではなく、しばらく保留にされたと解釈すべきであろう。追討使の活動とは相容れない検非違使左衛門尉に任官したことで、義経は追討使を一時保留にされた。保留にされたのは、検非違使左衛門尉のままで追討使になることが可能かどうか、頼朝が朝廷や幕府側の大江広元などに確認するためではなかったか。それが問題ないと結論された結果、八月二十六日に追討使の官符が義経に下ったのではなかろうか。憶測に過ぎない解釈であるが、話の辻褄は合うであろう。

義経の自由任官に頼朝がどういう感情を抱いたかは、のちの義経の運命を考えるためには重要なことである。しかし、この時点では頼朝は義経に対してそれほどの悪感情を抱いていなかったのではなかろうか。これを筆者の見解としておきたい。

叙留と昇殿

律令官人には、位階と官職が与えられる。臣下の場合、位階は一位から初位《そい》（九位）までである。そして、一位から三位までは各位のなかに正《しょう》・従《じゅ》があり、四位から八位までは正・従のほかに、さらにそれぞれが上・下に分かれ、また初位は正・従ではなく、大・小で、それぞれに上・下があった。つまり一位から初位は単純に九階級ではなく、全体で三十階級に分かれていた。そのうち、五位（従五位下）と六位（正六位上）で身分は大きく分かれ、五位以上が貴族とよばれ、様々な特権が生じた。もっとも平安中期以降は、七位以下の位階は実質的には消滅しており、六位が最低の位階であった。

官職は、原則としてこうした位階に応じて与えられた。これを官位相当制《かんいそうとうせい》という。義経が任官した検非違使左衛門尉という官職は、官位相当制によれば六位相当の官職である。ところが、義経は、九月に従五位下に昇進した（『山槐記』九月十八日条）。形式的には貴族の仲間入りを果たしたわけである。六位相当の官職に就いている者が五位に昇進した場合、その官職を去るのが原則である。しかし、義経は、五位に昇進しても、検非違使左衛門尉の官職は元のままであった。これを「叙留《じょりゅう》」という。また、五位を総称して大夫ということから、他の官職でも叙留した者は、大夫何々（官職名）とよぶ。前章で義経の失策として取り上げた「大夫史」もそうであったが、義経の場合は、「大夫判官」とよばれた。判官とは、左衛門尉の「尉」（三等官）の別名である。義経のことを「九郎判官」などとよぶのはそのためである。また、検非違使左衛門尉のことを「廷尉《ていい》」ともいった。

さらに義経は、十月十五日には内（内裏）と院の昇殿《しょうでん》を許されている。義経は、最初の内裏昇殿に際し、八葉車《はちようのくるま》という牛車に乗り、ともに騎馬の衛府官三人と共侍《ともざむらい》二十人を従えて内裏に参り、庭上で舞踏し、剱《たち》と笏《しゃく》を捧げて昇殿したという（『吾妻鏡』十月二十四日条）。つまり公家の作法に則り昇殿したわけである。

昇殿とは、内裏内の天皇の私的な空間である清涼殿《せいりょうでん》という殿舎（厳密にはその南廂殿上間《みなみびさしてんじょうのま》）に上がることのできる権利をいう。これは主に五位以上のごく一部の者だけに許される特権である。五位以上の昇殿者のうち三位以上と四位の参議《さんぎ》は公卿というさらに上級の階層となり、公卿をのぞく四位・五位の昇殿者を殿上人《てんじょうびと》という。つまり義経は殿上人となったのであり、特権を持つ文字通りの貴族の仲間入りを果たしたのである。

この昇殿制は、院政期になると院御所でも取り入れられた。院御所の昇殿者は院の近臣とよばれ、上皇の側近である。つまり義経に院の昇殿が許されたということは、義経が後白河の側近となったことを意味した。

つまりそれまでは頼朝の一介の代官に過ぎなかった義経は、ここで一気に貴族社会の特権者として、その地位を向上させたのである。その背後にあるのはむろん後白河であり、義経がいかに後白河の寵愛を受けていたかがわかるのである。

2 屋島合戦

平氏の動向

さきにもふれたように、平氏は讃岐の屋島と長門の彦島を拠点にしていた（『吾妻鏡』文治元年〈一一八五〉二月十六日条）。彦島は下関沖にあり、瀬戸内海から外海に抜ける出口に位置した島であり、平知盛が布陣していた。平氏が彦島を拠点とした時期については不明だが、知盛が布陣したのは一ノ谷合戦以後であろう。いずれにしろ、平氏は、屋島と彦島の二拠点によって、瀬戸内海の東西を抑えていたわけである。しかも『玉葉』などによると、一ノ谷合戦以後も、意外と勢力を保っていたらしい。

たとえば四月、「平氏はなお強々」で、九州の松浦党などが平氏に属したという（『吉記』四月二十七日条）。松浦党は肥前を拠点とする水軍で、平氏には壇ノ浦合戦まで従った。

一ノ谷合戦直後、頼朝は、平氏から奪い返した播磨・美作・備前・備中・備後の山陽道五カ国の守護を土肥実平と梶原景時に委ねており、播磨・美作は景時、備前・備中・備後は実平の管轄であったらしい。三月には実平が備中に滞在していることがわかる（『吾妻鏡』三月二十五日条）。ところが、六月には、平氏党類が備後の官軍（実平軍）と戦い、官軍を追い散らした。そこで、播磨を守護していた景時が備前に出張り、播磨が手薄になった隙に、平氏は室泊（室津）を焼き払ったという（『玉葉』六月十六日条）。

また、七月には、九州に派遣した後白河の使者が、平氏のために「印」を「面」に着けられ、また「鎌蔵（鎌倉？）雑色」十余人が首を斬られたという（『山槐記』七月六日条）。

屋島談古嶺より望む屋島古戦場

（湾内は大きく埋め立てられ，往時の面影はない）

八月には、九州の武士が多く平氏にくみし、また、安芸では平氏は官軍と六度戦ってみな勝ったという伝聞も入った（『玉葉』八月一日条）。また、同月、船七百余艘で九州に入ったともいう（『山槐記』九月二十四日条）。さらに、十月、平教盛は、長門の源氏葦敷重隆《あしきしげたか》を追い落とし、また平氏の兵船五、六百艘が淡路に着いたという（『玉葉』十月十三日条）。

都落ち後の平氏は、一ノ谷合戦前もそうであったように、西国での小規模の戦闘にはよく勝利しているのであり、平氏がいまだ強勢であるという風聞は、様々に都に入ってきていたのである。

なお、一ノ谷合戦で、捕虜となった平重衡は鎌倉に送られ、壇ノ浦合戦後、南都に送られ、南都焼き討ちの張本人として梟首されている。また、平維盛は、一ノ谷合戦直後に屋島を脱し、『平家物語』によれば熊野で入水する。『玉葉』にも、維盛は三十余艘の船を従え、南海に去ったという伝聞を載せている（『玉葉』二月十九日条）。維盛の行動の背後には、宗盛に継承された平氏一門と小松家（重盛の系統。維盛は重盛の嫡子である）の確執があることがすでに指摘されている。

追討使範頼と頼朝の目論見

頼朝は、播磨・美作・備前・備中・備後に景時と実平を配すると同時に、四国と九州を抑える必要があった。義経の西国下向が予定されていた三月一日、頼朝は、九州と土佐に向け、平氏追討を呼びかける下文を出した（『吾妻鏡』三月一日条）。また、頼朝は、九月には、讃岐の源氏与党に向け、橘公業《たちばなのきみなり》の下知に従って西海に向かうべき下文を出した（『吾妻鏡』九月十九日条）。

頼朝は、四国と九州から平氏を迎撃する目論見を持っていたらしい。その一環として、九月一日、範頼が出京し、山陽道から九州を目指した。遠征軍は、十月に安芸に着き（『吾妻鏡』十月十二日条）、十二月には、佐々木盛綱《もりつな》が備前児島で平行盛を敗っている（『吾妻鏡』十二月七日条）。『平家物語』にも記されている藤戸合戦である。

遠征軍が進んだ山陽道のうち、半分以上に相当する播磨から備後までは頼朝の沙汰が及ぶ地域であった。ところが、この行軍は、兵船と兵粮の不足のために困難を極めたらしい。

明けて文治元年（一一八五）正月、その噂を耳にしていた頼朝は、かねてから兵船の用意と兵粮米の送付を東国に仰せており、それを範頼に知らせようとしていたところ、十一月に範頼が頼朝に送った書状が届いた。それによると、兵粮米の不足のために、士気は低下し、軍勢の過半が本国に逃げ帰ろうとしたという。

これに対し、頼朝は二通の書状を認《したた》め、範頼に丁寧に諸指示をあたえている。同時に九州の武士に対し、範頼の下知に従って平氏追討に向かうことを促す下文を添えている。そして、その下文のなかで、範頼を九州に、義経を四国に派遣して、平氏を迎撃する目論見が披露されているのである（以上、『吾妻鏡』正月六日条）。

その頃、遠征軍は周防から長門の赤間関に到り、そこから豊後に渡ろうとしていた。しかし、船も兵粮もなく、いたずらに数日が過ぎ、全軍に厭戦ムードが高まっていった。ところが、源氏に志のある豊後の臼杵惟隆《うすきこれたか》・緒方惟栄《おがたこれひで》兄弟が兵船八十二艘を、また周防の宇佐那木遠隆《うさなぎとおたか》が兵粮米を献じてきた。そこで、遠征軍はようやく赤間関を発ち、豊後に渡ることができたのである（『吾妻鏡』正月十二日・二十六日・二月一日各条）。

なお、遠征軍に従っていた三浦義澄は、京都と関東への連絡のために範頼の命により周防に駐留した（『吾妻鏡』正月二十六日条）。

義経の出兵　こうした状況のなか、文治元年正月十日、義経は西国（四国）に向けて京都を発った（『吉記』正月十日条）。義経の出京に関しては、京都の治安維持の面から公家達の間には反対意見があり、義経自身ではなく、郎従の派遣が提案されたほどである。それに対して義経は、九州に向かった範頼軍の兵粮は長く持たない。そのために範頼軍が引き返すようなことがあっては、その地方の武士は平氏に味方し、大変なことになる。このように述べたという。

この意見を聞いた『吉記』の記主吉田経房は、義経の意見に賛成し、大将が向かわなければ合戦の実はあがらない。範頼が西国に下向している今こそ、義経を派遣して平氏と雌雄を決すべきだ。京都の治安維持に関しては、しかるべき代官を残せばよいという考えであった（以上、『吉記』正月八日条）。『吉記』によれば、義経の出京は義経の自身の判断ともとれる。しかし、むろん頼朝の判断によるものであろう。ただし、義経出京の時点で、範頼軍はいまだ周防にあったし、頼朝からの書状や下文もまだ範頼のもとには届いていないはずである。九州と四国から平氏を挟撃するという頼朝の目論見からすれば、義経の出京はいわば見切り発車といえる。遅々とした範頼軍の進行に頼朝は業を煮やしたのかもしれない。また、同時に頼朝は、範頼に対し、無理に九州に渡らずに、四国に向かって平氏と戦うことを申し送っている（『吾妻鏡』二月十四日条）。

とはいえ、義経が実際に四国に渡るのは二月半ばである。出京からの一カ月あまり、義経は何をしていたのであろうか。兵船の用意であったことは確実であろう。義経が出航したのは摂津の渡辺であるが、そこは、摂津源氏に従う渡辺党という水軍の拠点であり、渡辺の他にも、現在の大阪湾周辺の河口には、神崎・江口・大物浦などの港が多く、兵船の集めやすいところであった。同時に、義経が四国に渡るのは、範頼軍が豊後に渡った後であり、範頼軍の動向を待っていたのかもしれない。

義経出航直前の二月十六日、後白河の近臣高階泰経が摂津・渡辺に義経を訪ね、出航を思いとどまらせようとした（『玉葉』・『吾妻鏡』各二月十六日条）。『玉葉』によれば、京都の治安維持を心配してのことという。しかし、『吾妻鏡』によれば、義経は、特別の「存念《ぞんねん》」があって、合戦で命を投げ出す覚悟のほどを語ったという。

この義経の「存念」が何なのかはわからない。平氏追討であることは間違いないが、義経を平氏追討に駆り立てる要因は何であろうか。一ノ谷合戦後の平氏の首渡しの時にも示した、父義朝の敵である平氏に対する怨念なのか。それとも兄頼朝に認めてもらいたいという気持ちなのか。あるいは後白河の意向に対する思いもあったのか。様々に類推はできるが、真相はわからない。

なお、義経の出航より先、二月五日には、中原久経《ひさつね》と近藤国平が、鎌倉より使節として上洛した。畿内近国の武士達による兵粮米徴収に事寄せた狼藉を停止するためという（『吾妻鏡』二月五日条）。これは義経がこれまで持っていた権限を奪うものである。かわりに義経は四国への権限を与えられたらしいが、以後、畿内近国への権限が義経のもとに戻ることはなかった。その意味で重要な決定である。

四国への出航

こうして義経は渡辺を出航し、海路を阿波に渡り、陸路から屋島を目指した。ところがその日付が『玉葉』と『吾妻鏡』でズレが生じている。『玉葉』の義経の報告によれば、十六日に出航し、十七日に阿波に着き、十八日に屋島に着いたとある（『玉葉』三月四日条）。それ以前にも十六日に出航したことが伝わっている（『玉葉』二月二十七日条）。一方、『吾妻鏡』の義経の報告によれば、十七日に渡辺を出航し、翌日卯刻（午前六時前後）に阿波に着き、十九日に屋島に向かったとある（『吾妻鏡』三月八日条）。

しかも『吾妻鏡』はさらに厄介である。まず二月十六日条に「今日酉剋、纜《ともづな》を解く」とある。ところが、十八日条によれば、「昨日」、渡辺より渡海しようとしたところ、急に暴風となって船が破損し、一艘も出航しなかった。しかし、義経は「朝敵追討使、暫時の逗留、その恐れあり、風波の難を顧みるべからず」と主張し、「丑刻」にふたたび船五艘で出航し、通常ならば三日かかる行程を、「卯刻」には阿波に着いたという。そして、十九日条によれば、「昨日終夜」、阿波と讃岐の境の山中を越え、「今日辰刻」に屋島の対岸に着いたという。

以上の『吾妻鏡』を整理すると、十八日の卯刻に阿波に着き、昼夜兼行で屋島に向かい、十九日の辰刻（午前八時前後）に屋島の対岸に着いたことは間違いなかろう。問題は出航した日時である。『吾妻鏡』を素直に解釈すれば、十六日に出航しようとしたが、理由は不明ながら中止となり、翌十七日に再び試みたが、それも暴風のためにまた一旦中止となった。しかし、十八日の丑刻（午前二時前後）に、兵船五艘だけで出航した、ということになろう。義経の報告では十七日に出航したとあるが、十八日の丑刻は、当時の感覚では十七日のうちなのであろう。

これによれば、四～六時間ほどで阿波に着いたことになる。これは、延慶本（巻十一）で「二時」（四時間）、覚一本（巻十一）で「三時」（六時間）で着いたとあるのと一致している。もっとも、大阪から徳島までは現在の船でも五時間かかるという。それを当時の船で三日かかるといわれる航路を、暴風の余波がまだ残っていると考えられる天候のなか、かりに順風と潮流に恵まれたとしても、現在とほぼ同じ時間で航海できたか疑問も呈せられている。

その疑問から『吾妻鏡』十八日条の「昨日」を「一昨日」の誤りとみて、出航は十七日の丑刻で、十八日の卯刻に着いた、つまり二十六～二十八時間で着いたとみる見解もある。それでも早いが、こちらの方が現実味はあるかもしれない。しかし、それならば当時の感覚では十六日に出航ということになり、十七日に出航したとする義経の報告とは食い違ってくる。

真相は不明であるが、義経が、暴風の余波が残るなか、ごく一部の船で、通常よりもはるかに早く渡海を試みたことは確かといえよう。義経の電光石火の本領が発揮されている。むろんそこには、船を操る人々（つまり渡辺党か）の働きも忘れてはならないであろう。

なお、『平家物語』によれば、阿波への渡海直前に、義経と梶原景時の間でいわゆる「逆櫓《さかろ》」論争がおこる。船の艫《ともへ》（船尾）だけなく、舳先《へさき》（船首）にも櫓を付け、船の進退の自由を主張する景時に対し、義経がそれに反対し、あわや同士討ちになりかけたというものである。しかし、これは史実ではない。壇ノ浦合戦後に、景時は義経のことを頼朝に讒言し、それが頼朝と義経が不和になる要因のひとつと一般的には考えられているが、そうした後世の事実に基づき創作された話のようである。

『吾妻鏡』にみえる屋島合戦

義経軍は阿波に着いた。以後の動きを『吾妻鏡』で追えば、上陸地は椿浦で（異本では桂浦とも）、総勢百五十余騎であった。上陸すると早速、地元の豪族近藤親家《ちかいえ》が味方についた。途中、桂浦で、平氏の有力な家人で、平氏を屋島に招き入れた阿波重能の弟である桜庭良遠《さくらばよしとう》を攻め、良遠は城郭を捨てて逃げた（二月十八日条）。

その後、義経軍は、昼夜兼行で阿波と讃岐の境の中山を越え、十九日辰刻（午前八時前後）、屋島内裏の対岸に着いた。屋島は現在は四国本土と陸続きであるが、当時は、潮が引けば干潟となる狭い海峡で四国本土とは隔てられた島であり、現在の相引川《あいびきがわ》が海峡の名残である。

義経軍は屋島の対岸に着くと、牟礼《むれ》・高松の民家を焼き払った。さきに義仲追討戦でも宇治川沿岸の民家を焼き払った事が思い起こされよう。その時は、大軍が控える場所を確保するためであったが、今回は、小勢であることを平氏に悟らせないためと、同時に平氏の不意をついて慌てさせるためであろう。この作戦は、「坂落とし」にも似ている。

案の定、安徳天皇と宗盛以下の平氏一族は海上に逃れた。平氏はどうも背後の陸上からの攻撃は想定しておらず、正面の海上方面だけに防御を集中していたらしい。平氏が海上に逃れると、義経は、田代信綱、金子家忠・近則《ちかのり》、伊勢義盛等を率いて汀に向かい、平氏は船上から、互いに矢を射合った。

一方、佐藤継信・忠信、後藤実基《さねもと》・基清《もときよ》等は屋島に渡り、内裏や宗盛の宿所以下の舎屋を焼き払った。これを見た平氏側からは、越中盛嗣や上総忠光等が上陸して合戦となり、佐藤継信が討たれた。義経は、継信の死を深く悲しみ、手篤く葬り、後白河から賜った大夫黒《たいふくろ》という秘蔵の名馬を僧に与え、弔いをさせたという（以上、『吾妻鏡』二月十九日条）。

二十一日には、平氏の一部が屋島の東方の志度《しど》道場（志度寺）に籠った。義経は八十騎を従え、これを攻めた。同日、阿波重能の子息田口教能《のりよし》（田内《でんない》教能）が義経に降った。また、伊予の河野通信が兵船三十艘で味方に加わった。さらに熊野別当湛増《たんぞう》も源氏に味方するとの風聞が京都でたった（『吾妻鏡』二月二十一日条)。二十二日には、梶原景時率いる源氏の本隊も、兵船百四十余艘で海路屋島に到着した(『吾妻鏡』二月二十二日条)。

以上が『吾妻鏡』に記されている屋島合戦である。『吾妻鏡』には十九日の合戦の勝敗は記されていない。しかし、屋島を放棄して海上に逃れた時点で、勝負は平氏の負けといえる。鎌倉に向かった義経の飛脚は、播磨に着いて背後を振り返った時、屋島の方角に黒煙が上がっていたので、合戦が終わり、内裏以下が焼亡したことを確信したという(『吾妻鏡』三月八日条)。つまり飛脚でさえ合戦の結果を待たずに現地を発っているのである。義経にとって勝利は確信されたものであった。

平氏が屋島を失ったことの意味は大きい。最後の牙城ともいうべき瀬戸内海の制海権をも失ったことになる。あとは長門の彦島の知盛との合流を目指して瀬戸内海を西に落ちていくしか道はなくなったのである。

『平家物語』にみえる屋島合戦

『平家物語』のうち覚一本(巻十一)の屋島合戦は、戦闘の流れとしては『吾妻鏡』と同様である。これに対し、延慶本(巻十一)の屋島合戦は、要素としては覚一本とほぼ同様であるが、合戦の流れは異なっており、しかも全体として逸話の未編集・未整理が目立つ。そこで、ここでは覚一本により『平家物語』の屋島合戦をみていく。

覚一本の屋島合戦が『吾妻鏡』と合戦の流れは同じであるといっても、『吾妻鏡』の記述は継信最期を除いて無味乾燥であり、やはり覚一本の方が逸話が多い。たとえば、①阿波から讃岐に向かう山中で、義経の進行を伝える京都からの書状を屋島に運ぶ男を捕らえた話。②継信最期の合戦の前に、越中盛嗣と伊勢義盛が「詞争《ことばあらそい》」（言葉争い）をした話などある。また、『吾妻鏡』では、十九日の屋島合戦本戦は、継信最期で記述が終わっているが、覚一本では合戦はその後も続き、そのなかで、③那須与一が扇の的を射当てた話、④逃げる源氏側の三穂屋十郎《みをのや》の冑の鞠を、追う平氏側の上総景清が引きちぎった話（「鞠引き」という）、⑤義経が対戦中に弓を海に落とし、それを危険を顧みずに拾い上げた話（「弓流し」という）などの著名な逸話が盛り込まれている。

これらの逸話は、史実と認めてもすべて不都合のないものであるが、逆に屋島合戦でのこととしなくても成立する逸話であり、屋島合戦でおこったこととする確証はない。そもそも屋島合戦そのものが大規模な戦闘であったのかどうか疑う見解もある。とはいえ、逸話①・②・⑤と継信最期には、義経という人物を考えるために示唆的な内容が含まれている。

まず『平家物語』にも『吾妻鏡』にもみえる継信最期からは、義経の家人に対する厚情がわかる。義経は情深い人だったのだろう。

『平家物語』にみる義経の人物評

義経が情け深い人であったことは、『平家物語』の他の場面にも記されている。

①では、義経を「すゝどきおのこ」と表現している。これは俊敏な、あるいは行動的な男という意味であり、戦士としての義経評でもある。義経が俊敏な行動的な男（戦士）であることは、義仲追討戦・一ノ谷合戦・屋島合戦での戦い方を考えれば、充分に納得がいこう。同時に義経は身体能力（運動神経）でも「すゝどきおのこ」であったと考えられる。もっとも、延慶本にはこの表現はない。そのため、この義経評は後世増補された懸念がないでもない。

②では、義経の生い立ちが少しふれられる。「詞争」（言葉争い）とは、名乗りの時にお互いを貶《けな》し合うことである。つまり実際の戦闘の前にお互いを挑発しあうのであるが、ここでは盛嗣は、伊勢義盛の主君である義経を、

　一とせ平治の合戦に、父うたれてみなし子にてありしが、鞍馬の児《ちご》して、後にはこがね商人の所従になり、粮料せをうて奥州へおちまどひし小冠者が事か、

と貶している。この「こがね商人」は、延慶本では「三条ノ橘次《きちじ》ト云シ金商人」とある。また、延慶本（巻十二）の壇ノ浦合戦でも、義経のことを「金商人ノ所従」と表現している。

義経が鞍馬から奥州に下向する際に、「金売り吉次」に伴われたことは義経の著名な伝説のひとつである。そうした伝説の源流がここにうかがえる。同時にこれによれば、義経は商人の「粮料」（食糧）を背負って、奥州に「おちまど」ったのであり、義経がけっして恵まれた環境のなかで奥州に下向したのではないことを示している。むろん義経を貶す目的での言葉であり、その分を差し引いて考える必要があるが、ひとつの参考として重要であろう。

なお、「金売り吉次」の実像は、院や摂関家の御厩舎人《みうまやのとねり》ではないかという。御厩舎人とは、上皇や摂関家所有の馬を管理する役職である。そして、奥州は名馬と砂金の産地であるから、御厩舎人は名馬と砂金を求めて京都と奥州を往復し、また院の舎人は朝廷の使者ともなり、また裕福でもあったと

いう。そうした御厩舎人が吉次のモデルではないかというのである。ちなみに、壇ノ浦合戦後に義経が任命される院の御厩別当とは、そうした舎人を束ねる長官であり、上皇の親衛隊長のような役割を果たした。

さて話を戻して、⑤は、まさに戦士としての義経の側面を示す。合戦中に弓を落とすというのは、弓射騎兵にとっては大きな失態である。前章でもふれたように、義経の戦士能力の未熟さを示すことにもなりかねない。しかも、義経が危険を顧みずに弓を拾い上げた理由は、敵（平氏）に拾われ、弱弓であることを悟られたくなかったためという。これによれば、義経の弓は弱弓であり、やはり前章でもふれたように、戦士としての個人技の能力つまり戦術的能力は、抜群ではなかったと解釈することも可能となってこよう。また、身体能力としても、腕力は劣っていたのかもしれない。

しかし、渡辺出航から屋島合戦での勝利までの電光石火の行動は、義経の戦略的能力や身体能力が抜群であることを充分に示すものであろう。

3 壇ノ浦合戦

壇ノ浦合戦まで

屋島合戦から壇ノ浦合戦まではほぼ一カ月の期間がある。この間の平氏の動向は『玉葉』からわずかにわかる。三月十六日には、讃岐の塩飽《しあく》諸島にある摂関領塩飽庄に出没し、義経の攻撃に戦わずに退き、安芸の厳島に着いたという。その時の軍勢はわずかに百余艘であった。また、翌日には、備前児島や伊予の五の島に出没し、九州の軍勢三百余艘が加わったという（三月十六・十七日条）。どちらも伝聞であるが、平氏は瀬戸内海を転々としていたらしい。

もっとも、義経に屋島を追われ、山陽道から豊後までを範頼軍に抑えられている状況のなか、平氏の拠点は長門の彦島しかなく、三月の時点では、平氏の本隊はすでに彦島に到着していたと考えられる。『玉葉』の伝聞は、そこから各地に派遣された軍勢のことをいっているのかもしれない。

一方、豊後に渡った範頼は、以前同様にやはり兵粮米の不足に悩まされていた。その窮状を伝える書状が、三月九日に鎌倉に到着している。同時にその書状では、熊野水軍の総帥熊野別当湛増が義経のもとに加わり、讃岐に渡り、さらに九州に入るという噂がある。四国のことは義経が承り、九州のことは範頼が承っているのに、湛増が九州に入れば、自分は面目を失うと嘆いている（『吾妻鏡』三月九日条）。大局的にみれば、湛増の参加は源氏にとって喜ぶべきことであるのに、範頼が気にしているのは自分の面子である。

関門海峡遊覧船から望む関門大橋と壇ノ浦古戦場（画面左が本州側）

範頼は豊後に渡る前にも頼朝に窮状を伝える書状を送っていたように、範頼は頼朝と頻繁に書状を交わし、指示を仰いでいる。この点が、自身の判断で果敢に戦闘を進める義経とは異なる点で、範頼の無能さが露呈している反面、頼朝の心証は良かったらしい。

それは頼朝が範頼の書状に対し、丁寧に指示を与えていることからもわかる。今回も、湛増の件は事実無根であることを伝えるとともに、同行している御家人達すべての功績を讃え、憐憫《れんびん》するように指示している（『吾妻鏡』三月十一日条）。同時に、頼朝は、伊豆に停泊している平氏追討のための兵船三十二艘に対し、兵粮米を積み、早く出航するように促している（『吾妻鏡』三月十二日条）。さらに、鬼窪行親《おにくぼゆきちか》を使者として範頼のもとに遣わし、平氏追討に「遠慮」をめぐらすべきこと、天皇と神器を無事に奪還することを指示している（『吾妻鏡』三月十四日条）。なおここで、平氏追討に対し、「遠慮」とある点に注意したい。一方的な追討ではないことを示唆しているように考えられるのである。

これに対し、屋島合戦後の義経の動向は不明である。しかし、おそらく屋島を拠点に、四国の統一と兵船の準備を整えていたものと考えられる。塩飽荘の平氏を攻撃したのも屋島からではなかったか。

また、湛増の義経軍への参加を頼朝は否定していたが、この頃に湛増は義経軍に加わったらしい。はじめ平氏に属していた湛増が源氏に寝返るに際しては、『平家物語』によれば、湛増の拠点である紀伊・田辺の新熊野神社（別名闘鶏《とうけい》神社）で、平氏の赤旗を象徴する赤鶏と、源氏の白旗を象徴する白鶏を闘わせ、白鶏がすべて勝ったので、源氏への味方を決めたという。しかし、これは虚構のようで、義経と湛増の親交は、一ノ谷合戦前後からあったらしい。なお、湛増は、頼朝の叔母婿という。

義経の動向が明確になるのは、三月二十一日からである。この日、義経は、平氏を攻撃するために、周防から長門の壇ノ浦に向かうつもりであった。しかし、折からの大雨により延期となった。そこに、周防の船奉行で在庁官人であった船所正利《ふなどころまさとし》（船所は姓ではなく、国衙の役所の名称）が、義経に兵船数十艘を献上してきた（『吾妻鏡』三月二十一日条）。

これにより、さらなる兵力の増強をはかった義経は、翌二十二日、壇ノ浦に向けて出航した。この事を聞き、範頼の命で周防に駐留していた三浦義澄が、大島津で義経に参会した。そこで、義経は義澄に案内をさせ、壇ノ浦の奥津辺《おくつへん》に船を進めた。そこは、平氏の陣から三十余町（三キロほど）の距離にあった。一方の平氏もこれを聞き、彦島を出航し、赤間関を過ぎ、対岸の田ノ浦に向かった（『吾妻鏡』三月二十二日条）。そして、二十四日、源平両軍はいよいよ決戦するのである。

『玉葉』・『吾妻鏡』にみる壇ノ浦合戦

壇ノ浦合戦を知る史料としては、いままでと同様にやはり『玉葉』・『吾妻鏡』・『平家物語』が中心となる。『玉葉』からみていこう。

義経が平氏を討ち取ったという風聞は、三月二十七・八日には京都に入っていた（三月二十七日・二十八日条）。しかし、義経の正式の報告が京都に入ったのは、四月三日の夜のようで、翌四日には、後白河は義経からの報告を兼実に伝え、捕虜や神器の問題に関して、兼実の意見を諮問した。その義経の報告によれば、合戦は、三月二十四日午刻（午後十二時前後）から申刻（午後四時前後）で、討ち取った者、生け捕った者は多数にのぼり、特に平宗盛・清宗父子・平時忠・全真僧都《ぜんしんそうず》等を生け捕った。また神器も無事である。ただし、旧主安徳の安否は明らかではない、というものであった（四月四日条）。壇ノ浦は京都から遠く離れているために、情報は遅く、かつ少ないものであった。

これに対し、『吾妻鏡』では、合戦当日の三月二十四日条と、義経からの報告が鎌倉に届いた四月十一日条から壇ノ浦合戦のことが知られる。両条を合わせるとつぎのようになる。

三月二十四日、源平両軍は、赤間関・壇ノ浦海上に三町を隔てて対峙した。平氏は五百余艘を三手に分け、山賀秀遠《やまがひでとお》と松浦党を大将軍とし、八百四十余艘の源氏に戦いを臨んできたが、午刻に敗北した。平時子は、神器のうちの宝剣を腰に差し、女房の按察局《あぜちのつぼね》が安徳を抱き、ともに入水した。建礼門院も入水したが、渡辺党の源五馬允《げんごめじょう》（『平家物語』によれば、名は眤《むつる》）に助け上げられ、按察局も助かった。しかし、安徳は浮かび上がらなかった。安徳の兄弟である若宮（のちの後高倉院《ごたかくらいん》）も存命である。その他、平氏一門では、教盛・知盛・経盛・資盛・有盛・行盛等が入水したが、宗盛と清宗は伊勢義盛に生け捕られた。また、平時忠以下の公家・家人・女房・僧侶等が捕らえられた。

以上の『吾妻鏡』の記事は、二十四日条に神鏡に関する逸話が詳しいものの、合戦のことに関しては、平氏が敗れたこと以外、具体像は何も記されていない。一ノ谷合戦や屋島合戦に関する戦闘の流れは『平家物語』とほぼ同じであった『吾妻鏡』だが、壇ノ浦合戦に関しては、依拠する史料が異なっているようである。それは、安徳を抱いたのが、『吾妻鏡』では按察局だが、つぎにみる『平家物語』や『愚管抄』（巻五）では、時子であることからもわかる。

なお、『玉葉』との相違でいえば、『玉葉』では、合戦が午刻から申刻、つまり午後に行われたとするのに対し、『吾妻鏡』では、開始時刻は記されていないが、午刻には合戦が終わったとある。つまり午前に行われたわけである。『玉葉』を信用すべきであるが、どちらが正しいのかは分からない。

『平家物語』にみる壇ノ浦合戦

以上の『玉葉』や『吾妻鏡』に対し、合戦の具体像は『平家物語』に記されている。壇ノ浦合戦の記事は、延慶本も、覚一本も巻十一にある。両者を比較して、それぞれ一部に独自記事を含むが、全体的な合戦の流れ（逸話の流れ）はほぼ同じである。そこで、ここではそれらを総合しながら合戦の流れを追ってみよう。

ところで、壇ノ浦合戦は海戦（船戦）である。海戦の戦闘法としては、やはりまず船上から矢を射合い、敵の船に乗り込み、太刀や長刀による打物戦や組討戦になるというのが一般的であろう。敵の船に乗り込む時には、鉄熊手《てつくまで》で相手の船を引き寄せるといったことも行われたであろう。『平家物語』の壇ノ浦合戦も個々の戦闘は、そのような戦闘である。

ただし、壇ノ浦合戦での源氏は、長門には範頼軍の陸上部隊がおり、陸上からの攻撃も行われている。延慶本によれば、範頼は長門で平氏を待ちかまえていたという。また、緒方惟栄が、九州の軍勢を率いて「唐地《からじ》」を塞いだという。いずれも平氏の退路を断つためであり、唐地を塞いだというのは、平氏が外海へ出るのを防いでいるわけで、平氏の外海への逃亡も想定されていたことになる。豊後に渡った範頼が長門に戻っていたかどうかは不明だが、覚一本によれば、範頼軍に属していた和田義盛は陸上から平氏に向かって遠矢を射ている（延慶本では義盛は船上から遠矢を射る）。これに対し、平氏は船団だけである。

さて、戦闘は三月二十四日の早朝からはじまった（覚一本では卯刻、延慶本では「夜のあけぼの」）。午前中に戦闘があったわけで、その点では『吾妻鏡』に共通する。

平氏は、船団を三つ（延慶本では四つ）に分けた。覚一本では、一陣は山賀秀遠、二陣は松浦党、三陣が平氏の本隊である。これに対し、延慶本では、一陣は同じで、二陣は阿波重能率いる四国勢、三陣が平氏本隊、四陣が、九州の菊地・原田が一党である。山賀秀遠と松浦党を大将軍としたとする『吾妻鏡』とは、覚一本が共通する。

また、平氏の船団には唐船《とうせん》（外海にも出られる大型船）も混じっていた。唐船は、本来は安徳・建礼門院・宗盛などの身分の高い人々が乗る船であったが、壇ノ浦合戦では平氏は、天皇以下の身分の高い人々は兵船に乗せ、唐船には戦闘員を乗せ、源氏が唐船に向かってくるところを討つという作戦を採ったという。これは三陣の平氏本隊でのことであろう。

兵船の数は平氏の方が劣っていた。覚一本では、平氏千余艘に対し、源氏三千余艘、延慶本では、源氏は同じく三千余艘で、平氏は七百余艘。『吾妻鏡』でも、平氏五百余艘に対し、源氏八百四十余艘であった。しかし、平氏は一陣に精兵《せいびょう》（優れた射手）を集中的に揃えて、盛んに矢を射掛けた。これに対し、源氏は兵船の数は勝っていたものの、精兵は分散していたため、平氏の矢に「射しらまされ」て（勢いをくじかれて）、はじめ劣勢であった。

ところが、平氏に長年仕えてきた阿波重能が平氏を裏切った。その背景には、子息の田口教能が屋島合戦の際に捕虜になっていたという事情があった。平知盛は、戦闘前から重能の心変わりに気付いており、重能を討つべきことを宗盛に強く進言したが、許されなかった。

重能の裏切りにより、唐船と兵船の人間を入れ替えるという作戦が源氏に漏れてしまい、源氏は兵船を襲い出した。同時に四国・九州の軍勢もつぎつぎと源氏に寝返っていった。阿波重能の裏切り、これこそ『平家物語』が語る平氏の敗因である。

平氏の敗因

ここで、壇ノ浦合戦での平氏の敗因ついて考えてみよう。『平家物語』によれば阿波重能の裏切りであった。しかも平氏の敗因が記されている史料は『平家物語』以外にはない。したがって、平氏の敗因として、重能の裏切りが通説でしかるべきだが、実際はこれまで別の理由に求められてきた。

通説となっているのは、壇ノ浦合戦が行われた関門海峡の激しい潮の流れの変化に求める説である。つまり、合戦のはじめ、潮流は平氏側（西）から源氏側（東）に流れ、流れに乗った平氏が優勢であった。しかし、やがて潮流が逆に流れ出すと、今度は源氏に有利となり、平氏が敗北したという。

この説は、戦前を代表する歴史学者である黒板勝美《くろいたかつみ》が、大正三年（一九一四）に出した『義経伝』という義経の伝記で披露した説である。黒板が依拠した潮流の変化に関するデータは、明治期に海軍が行った古いものであり、しかも黒板は『吾妻鏡』などにより戦闘を午前中とみているため、現在では、新しいデータと『玉葉』の午後説に基づき、修正が加えられてはいるものの、平氏の敗因を潮流の変化に求める黒板説は、史実のようにこれまで受け入れられてきた。

しかし、潮流の変化が船上で戦っている当事者相互に影響を与えることは科学的にはないようで、黒板説は成り立たない説らしい。確かに、覚一本には、門司・赤間・壇の浦はたぎっておつる塩なれば、源氏の舟は塩にむかふて、心ならずをしおとさる、平家の船は塩におうてぞいできたる、

とは記されている。合戦当初のこととして、平氏が潮に乗って攻めたというのである。しかし、潮流がのちに逆流したとは覚一本にはないし、まして平氏が潮流の変化で敗れたとは書いていない。そもそも延慶本には、右のような潮流に関する記述すらないのである。

つまり潮流説は史実ではなく、黒板の解釈にすぎない。義経の生涯に伝説が多いことは、本書「はじめに」でもふれた。その伝説は『義経記』などを原点として拡大していったものであり、前近代に形成された伝説である。しかし、近代以降も、義経に関する確実な史料が少ないために、ある人間の史料解釈が一人歩きしてしまうことがある。この黒板の潮流説はその最たるもので、近代に作られた義経伝説といえよう。

これに対し、平氏の敗因を義経の戦略に求める考えもある。つまり、当時は兵船といっても、軍用の特別な船はなく、年貢などを運ぶ輸送船を使用している。それは準構造船といって、船底部は木をくりぬいた刳船《くりぶね》で、船体の幅が狭いために、両舷《りょうげん》にセガイとよぶ張り出しを設けて、櫓を漕ぐ水《すい》手《しゅ》や梶取《かんどり》はその上に座った。つまりかれらは完全に無防備な状態にあった。そこで、義経は水手や梶取をまず殺して、船の自由を奪い、船内に乱入した。それが平氏の敗因になったという。

しかし、この作戦は、当時の船の構造を考えれば、義経でなくても誰でも思い付く作戦であろうし、

その程度のことが義経の戦略とも考えられない。確かに延慶本・覚一本ともに、源氏が平氏の水主・梶取を殺したことが記されている。しかし、それはいずれも、阿波重能の裏切りによって、平氏の敗戦が色濃くなってからのことである。しかも、それは平氏の兵船に乗り込んだ源氏の武士達の判断で行ったことであり、義経が指示したとは記されていない。平氏の敗因を水主・梶取を殺したことに求める説は、黒板の潮流説以上に説得力がない説といえよう。

そうしたなかで、やはりもっとも説得力があるのが、すでに指摘されているように、『平家物語』に記されている阿波重能の裏切り説である。ただし、この説にも問題がないわけではない。というのも、重能は壇ノ浦合戦後に源氏の捕虜となっているからである（『吾妻鏡』四月十一日条）。つまり、重能に源氏勝利の功があるならば、捕虜にはならないというわけである。しかし、長年平氏に仕えながら、最後に裏切った重能が捕虜となるのはむしろ当然であり、なんら疑問はないと筆者は考える。延慶本（巻十二）によれば、後日、鎌倉に送られた重能は、切るべきか許すべきかが議論されたが、みな裏切り者を許すべきではないという意見であり、その間に悪口雑言を吐いたためもあって、ついには籠に入れられ、下から火あぶりにされたという。源氏の勝利の要因としても、裏切りは許すべ

平安末期の様式を示す大型船　『北野天神縁起絵巻』（北野天満宮蔵）

き行為ではなかったのである。

こうして阿波重能の裏切りにより、平氏の敗色が色濃くなると、安徳天皇以下一門がつぎつぎと入水していく。覚一本・延慶本ともに、安徳・建礼門院・教盛・経盛等一門・宗盛・清宗父子・教経・知盛の順である。このうち建礼門院と宗盛・清宗父子は救助されて捕虜となる。入水の際の具体的な描写はともかく、その生死については『吾妻鏡』と同様である。ただし、教経は『吾妻鏡』では一ノ谷合戦で討たれたことになっているために、『吾妻鏡』の壇ノ浦合戦では出てこない。

安徳の入水

また、『吾妻鏡』と『平家物語』では、安徳の入水について相違がある。つまり、『吾妻鏡』では、平時子が、神器のうちの宝剣を腰に差し、女房の按察局が安徳を抱き、ともに入水したとあった。ところが、『平家物語』では、時子が、神璽を脇に挟み、宝剣を腰に差し、安徳を抱いて入水したとある。時子が安徳を抱いて入水したことは、『愚管抄』（巻五）でも同様であり、『吾妻鏡』とは異なっている。

どちらが正しいのか、真相は不明である。しかし、これにより安徳の命と神器のうちの宝剣を失ったことは事実である。なお、『吾妻鏡』には記載のない神璽は、のちに神鏡とともに入京をはたしている（『玉葉』四月二十五日条）。『平家物語』によれば、海上に浮かんでいたのを、義経の家人片岡経春《かたおかつねはる》が取り上げたという。

一ノ谷合戦前に、平氏追討か神器の無事の返還かで朝廷側にジレンマがあった。それにしても、平氏が追討され、安徳と神器が無事に戻れば、それが朝廷としても最良であったわけで、頼朝もそのことに特に配慮していた。しかし、平氏は追討されたものの、安徳と神器の完全な返還は叶わなかったわけで、源氏の勝利も片手落ちの勝利となってしまった。逆に朝廷や頼朝の望みを絶ったのが時子の入水であり、時子は死して後白河や頼朝に一矢報いたともいえよう。

壇ノ浦合戦での義経

壇ノ浦合戦の義経は、一ノ谷合戦や屋島合戦にみられた電光石火の行動力や、奇襲などの戦略的能力をみせておらず、目立った活躍は記されていない。これは陸戦ではなく、海戦であったからかもしれない。ただし、『平家物語』には、義経を考えるために示唆的な記述と逸話がみえている。ひとつは義経の容姿に関するものであり、ひとつは義経の身体能力に関わるものである。

前者は、対戦直前の知盛の平氏全軍への下知を受けた、越中盛嗣の下知のなかにみえる。つまり義経の容姿を称して、延慶本では「九郎ハ色白男ノ長《たけ》ヒキ、ガ、ムカバノ殊ニ指出テ、シルカンナル」とある。覚一本でもやや表現が異なるが、まったく同じ内容である。つまり色白で背が低く、出っ歯が目印になるというのである。

義経は、『義経記』で美男子、今風にいえば「イケメン」となり、以後はそれが継承・拡大されて現在に至っている。ところが、『平家物語』では、目印になるほどの出っ歯とある。当時と現在とで容姿に対する感覚は異なるにしても、美男子とはいえないであろう。

どちらが正しいのか。『義経記』で義経が美男子となったのは、悲劇の主人公として造型するためであるという。悲劇の主人公は美男子でなければ様にならないわけである。ところが、『平家物語』では義経を悲劇の主人公とは描いておらず、『平家物語』の義経描写は客観的といえよう。『平治物語』（下巻）でも、義経のことを、「よき男」つまり美男子だといわれる義朝に対して、義経は「にわろくこそおわすれ」と表現している箇所がある。義朝に似ず美男子ではないといっているのであり、『平家物語』の義経像を傍証しよう。『平家物語』が描く容姿こそ、真実であったと筆者は考えている。

一方、身体能力としては、いわゆる「八艘飛び」である。義経を必死に捜す教経が、偶然にも義経に遭遇し、挑み掛かろうとしたところ、義経は別の船に飛び移って逃げたというものである。延慶本・覚一本ともに、その距離を二丈（約六メートル）と表現している。それが後世、「八艘飛び」と誇張されていくのだが、二丈にしても、安定の悪い船のうえから、三十キロにも及ぶ大鎧と星冑を着用して、いわば立ち幅跳びをしたわけだから、おそろしい跳躍力である。むろん誇張が含まれていようが、義経の身体能力の優秀さを示す逸話ではあろう。しかし、逆に考えると、第三章でもふれたが、義経は戦いを避けて逃げているわけであり、その点にも注目すべきであろう。

なお、義経が幼少時より抜群の身体能力（走る速さや跳躍力）を示したことは、『平治物語』（下巻）にもみえている。詳しくは、終章でみよう。

戦後処理

四月三日、平氏追討の報が京都に届いたことはすでにふれた。さらに翌日には、「傷死生虜之交名」が後白河に奉られた（『吾妻鏡』四月四日条）。五日には、戦勝の大功を讃え、また神器を無事に入京させることを指示する勅使が、長門の義経のもとに立った（『吾妻鏡』四月五日条)。

一方、四月十一日、平氏追討を告げる「一巻記」(報告書)が、義経から鎌倉の頼朝のもとに届いた。そこには戦死者や捕虜の交名と宝剣を紛失したことなどが記されていた。その日、頼朝は勝長寿院の棟上げに参加していた。藤原邦通《くにみち》が頼朝の御前でそれを読み上げると、頼朝は受け取って巻き戻し、鶴岡八幡宮の方向を向いて座り、言葉を発することができなかったという。その後、棟上げが終了して帰宅の後、使者に合戦のことを詳しく尋ねたという(『吾妻鏡』四月十一日条)。

つまり頼朝は、平氏追討の報告を受けたときに放心状態になったようである。その原因は何であるのか。平氏追討の喜びか、それとも安徳と宝剣を失ったことへの忸怩《じくじ》たる思いか。頼朝が範頼への書状などで、安徳と神器の安全に心を砕いていたことと、この直後からおこる義経への仕打ちを思えば、筆者にはどうも後者のように思える。あるいは頼朝にとって、平氏滅亡さえ意に反することであったという見方もある。ともかく、これから始まる義経への仕打ちを思うとき、報告を聞いた頼朝が素直に喜んだとは、筆者にはとても思えないのである。

ともかくも、翌十二日には、頼朝は早速、平氏滅亡後の西海の沙汰をし、範頼は九州に留めて、平氏没官領などの処理を任せ、義経は捕虜を連れて上洛することを定めたのであった(『吾妻鏡』四月十二日条)。

これを受け、四月二十日には義経は、神鏡・神璽と、建礼門院や宗盛などの捕虜を従え、摂津の渡辺に到着し、飛脚を飛ばして、入京の日について朝廷に尋ねている。その結果、二十五日に入京と決まった（『玉葉』四月二十日条）。義経からの戦勝報告を受けて以来、朝廷では神器の入京の方法をめぐって様々に議論されていたが、ついに二十五日には、神鏡と神璽は入京したのである（『玉葉』四月二十五日条）。神鏡と神璽が、朱雀《すざく》大路と六条大路を経て、大宮大路から大内裏の待賢門《たいけんもん》から太政官《だじょうかん》朝所《あんたいどころ》に入御する間、義経は大鎧を着して供奉し、朝所の東門に伺候したという（『吾妻鏡』四月二十四日条。『玉葉』とは一日づれている）。

翌二十六日には、宗盛・清宗をはじめとする捕虜が入京し、義経の六条室町第に入った（『玉葉』・『吾妻鏡』四月二十六日条）。建礼門院も二十七日には入京の予定で（『玉葉』四月二十六日条）、二十八日には吉田辺に渡御し（『吾妻鏡』四月二十八日条）、五月一日に出家したという（『吾妻鏡』五月一日条）。

義経の生涯のなかで、この時期はまさに絶頂期であった。しかし、四月二十一日には、梶原景時による讒言が頼朝になされている（『吾妻鏡』四月二十一日条）ように、義経の試練もまた始まっていたのである。

第五章　義経の没落

1　絶頂から没落へ

頼朝挑発説

文治元年（一一八五）四月二十五日、義経は神鏡・神璽とともに入京した。平氏を滅亡させた凱旋の英雄として、義経の生涯で絶頂の瞬間であった。しかし、その直後から義経の運命は反転し、ほぼ半年後の十一月、摂津・大物浦で難破して以後消息を絶つ。こうした義経の没落を促進させたのは、頼朝の冷たく厳しく、かつ執拗な仕打ちであった。

頼朝の仕打ちは問答無用であり、それに反応した義経との間で悪循環的に激化していった。しかし、そもそもの発端が不明である。前年の義経の自由任官に端を発するとか、宝剣と安徳を失ったためとか、壇ノ浦合戦の戦後処理の問題とか、のちにみる梶原景時の讒言であるとか、これまでも様々な類推はされているけれど、決定的原因は不明といわざるをえない。

そのなかで筆者が説得力を持つと考えている解釈は、頼朝の挑発説である。平氏が滅亡した今、頼朝の目標は自身と幕府の政治的躍進であるが、その達成のために義経が利用されたというものである。確かに一連の動きをみていくと、そう考えることで納得できることが多い。具体的にみていこう。史料は概ね『玉葉』と『吾妻鏡』である。

不気味な下文

四月十五日、頼朝は、頼朝の許可なく任官（つまり自由任官）した東国御家人達に対し、本国に下向することを禁止し、京内で役職を全うすべきことを命じた下文を出した。美濃と尾張の境の墨俣川以東つまり当時頼朝の管轄下にあった地域に下向した場合は、本領を召し上げ、斬罪に処すという厳しいものである。同時に、自由任官した二十四名の名をあげ、一々にその人物を罵倒する文言を記した一通も添えられた（『吾妻鏡』四月十五日条）。

罵倒の文言は、頼朝の感情がむき出しの内容であり、読んでいて可笑《おか》しい反面、不気味ですらある。なんといっても不気味なのは、そこに義経の名がないことである。前章でふれたように、義経の自由任官当時、頼朝がそれに激怒したとは筆者は考えていない。これに対し、この下文では、罵倒の文言を記して感情を露わにしている。これは頼朝の真情かも知れないが、こうした異常な感情の表し方は意図的・作為的ともとれよう。義経の名がないのも意図的・作為的であり、御家人達の名を上げながらも、じつは義経を牽制・挑発し、義経に対して頼朝の恐ろしさを提示しているとみることも可能であろう。その意味で義経の名がないことが、かえって不気味なのである。

ついで四月二十一日、九州の梶原景時から、義経の不義を訴える書状が頼朝のもとに届く。いわゆる梶原景時の讒言である。

梶原景時の讒言

それは、義経は今回の勲功を自分ひとりのもののように思っているが、それは御家人達の協力によるものである。平氏滅亡の後、義経の「形勢」は増す一方で、士卒達は薄氷を踏む思いである。それにも関わらず、義経には「真実和順の志」がない。特に景時は、頼朝の側近として厳命の趣旨をよく知っており、義経の「非拠」を諫めると、「諫詞《かんし》」はかえって身の仇となり、刑罰を蒙りかねない。合戦が収まった今、義経の側に伺候していても無益なので、早く許しを得て鎌倉に帰参したい、というものであった（『吾妻鏡』四月二十一日条）。

これについで『吾妻鏡』は地の文で、和田義盛と梶原景時は侍所の別当と所司《しょし》（長官と次官）として、義経と範頼を西海に派遣するにあたって、「軍士」のことを奉行させるために、義盛を範頼につけ、景時を義経につけた。範頼はもとより頼朝に背かず、大・小事につけ義盛等に示し合わせてきた。ところが、義経は「自専の慮《おもんぱかり》」で、頼朝の意向を守らず、「自由の張行《ちょうぎょう》」で人々の恨みをかっており、それは景時に限らなかった、と義経を批判している。

これを受け、頼朝は、四月二十九日に田代信綱に書状を送り、義経は「関東御使」（頼朝の代官）として、御家人を副えて西国に遣わしたが、「自専《じせん》」の儀が多く、御家人達は使役され、みな恨みを持っていると聞く。今後は、関東に忠義を感じる者は、義経の指示に従わないようにと指示した（『吾妻鏡』四月二十九日条）。

さらに五月四日、頼朝は、九州に帰る梶原の使者に書状を付し、義経を「勘発《かんぱつ》」（落ち度を責め立てること）したので、今後は義経の指示に従わないように指示している。同時に御家人が勝手に帰参することも禁じている。また、翌五日には、範頼に宝剣の捜索を命じるとともに、冬頃までは九州にいるように指示している。同時に、範頼配下の御家人に対し、たとえ「所存」に背く者がいたとしても、私的に勘発を加えず、関東に訴えるべきことを指示し、さらに、本来は四国の管轄である義経が、壇ノ浦合戦後は、範頼の管轄である九州の事をも沙汰し、御家人達の些細な過失も見逃すことなく、また、詳細を頼朝に報告せず、「雅意《がい》」（自分の勝手な考え）に任せて私的に勘発を加えていると聞く。これは諸人の憂いであると同時に、許し難いことである。そこで、義経に譴責を加えたことを知らせている（『吾妻鏡』五月四日・五日条）。

自専

このように、梶原の讒言を契機に、頼朝の義経に対する信頼は急速に失われ、義経の立場は悪化し、追い込まれていく。そのなかで義経の行動として特に批判されているのは「自専」ということになろう。自専とは、自分の判断で行動することで、それが御家人達の恨みをかっているというのである。

しかし、これまでみてきた義経の行動のなかで、御家人達の恨みをかうほどの自専といえる行動は何であろうか。一ノ谷合戦での「坂落とし」の決行か、屋島合戦の際の強行渡航か、あるいは壇ノ浦合戦そのものも義経の自専だったのか。どれも違うように筆者には思える。『吾妻鏡』五月五日条などをみると、あるいは壇ノ浦合戦後の戦後処理に問題があったのかもしれない。また、こうしたことは小さな事が積もり積もった結果であるかもしれない。しかしそれにしても、何が御家人達の恨みをかうほどの自専なのかは判然としない。些細な過失で、御家人達に勘発を加えたことが批判されているが、優れた軍勢の統率者としては、義経の取った態度は当然のことであり、批判の対象になること自体が筆者には不思議でならない。

逆に右であげたようなことが自専だとしても、結果としていずれも大成功を収めているわけであり、かえって義経の有能さを示していると考えられる。有能だから自専ができるのである。これに対し、事毎に頼朝や御家人達の意見を聞く範頼は、無能さを暴露しているといえようし、平氏追討戦で範頼が何をしたかといえば、目立ったことはなにもしていない。

客観的にみれば、義経こそ評価され、範頼こそ批判されてしかるべきである。しかし、ここでは有能な義経が疎《うと》まれ、無能な範頼が可愛がられるという逆の図式になっている。では、頼朝は有能な者を疎み、無能な者を可愛がるほどの客観性を欠いた、人を見る目のない人物なのであろうか。そうではなかろう。

逆に頼朝は義経の有能さを見抜いており、その有能さと同時にその背後にある後白河や奥州藤原氏を警戒したのかもしれない。そうしたことを含めて、すべてが義経を潰すための頼朝の挑発のように考えられる。梶原の讒言は、むしろ頼朝にとって義経を挑発するための格好の口実であったろう。穿った見方をすれば、梶原の讒言自体が、頼朝の意向によるものだったかもしれない。

こうした状況を知った義経は、頼朝に対して異心のないことを誓った起請文《きしょうもん》を献じている。しかし、範頼は西海からたびたび飛脚を送って子細を申し、「自由の張行」がなく、頼朝も懇意を通じてきたが、義経はどうかすると自専の計らいがある。今頼朝が不快に思っているることを聞いて、はじめてこのような起請文を提出しても、とうてい許せるものではない。かえって憤怒のもとになったという（『吾妻鏡』五月七日条）。悪循環の始まりである。

義経の反応

同じ七日、義経は宗盛・清宗父子を伴い、一条能保とともに鎌倉に向かった（『玉葉』五月七日条）。十五日には相模の酒匂宿《さかいのしゅく》に着き、明日鎌倉に到着することを伝えた。ところが、御使として頼朝正妻政子の父北条時政がやって来て、宗盛父子を迎え取り、義経に対しては、鎌倉に入らずに周辺に逗留するよう、小山朝光《おやまともみつ》をもって伝えられたのである（『吾妻鏡』五月十五日条）。

五月四日に義経が宗盛父子を伴い鎌倉に向かうという風聞は、宗盛等が入京した四月二十六日にすでにあり（『玉葉』四月二十六日条）、関東に送られることは決まっていたらしく、宗盛の肩書き（身分）についても議論されていた（『玉葉』五月三日条）。したがって、義経は宗盛父子を鎌倉に連れてこなければならなかったわけだが、よもや鎌倉入りを拒否されるとは義経も思ってもいなかったであろう。義経は、京都を発つ前に頼朝に連絡を取るべきだったかもしれない。

五月十七日には、頼朝とともに京都を発った一条能保が、道中義経に遅れたらしく、その日に鎌倉に着いた。その前日、能保一行が義経の旅宿の前を通りかかった時、能保の侍である後藤基清《ごとうもときよ》の僕従《ぼくじゅう》と、義経の家人伊勢義盛の下部が乱闘事件を起こした。能保と義経の取りなしで事なきを得たが、頼朝の耳に達し、頼朝は義盛の下部の驕った振る舞いに激怒したという（『吾妻鏡』五月十七日条）。義経が直接関わっていないことであるが、これにより義経への頼朝の心証がますます悪くなった。

さらに、五月十九日には、近国の荘園・公領を「掠領《りょうりょう》」していた義経の婿源有綱が、糾弾されることになった（『吾妻鏡』五月十九日条）。義経の家人達の不祥事がこの時期に続けて発覚したわけで、悪いときには悪いことが重なるものである。

腰越状　そうしたなか、五月二十四日、義経は大江広元に宛てて、自身の心情を切々と綴った書状を出す。第一章でもふれた腰越状である。かなり長い書状であるが、その内容はおおよそつぎのような事が記されている。

①平氏追討という大きな勲功をたてたにも関わらず、「虎口の讒言」のためにかえって頼朝の勘気を蒙り、しかも鎌倉に入れてもらえず、自分の真意を直接伝えられずに悲しんでいること。

②第一章で要約した、辛酸を舐めた生い立ち。

③一連の平氏追討戦での苦労は、ひとえに義朝の無念を晴らすという「年来の宿望」を果たすため以外のなにものでもなく、その賞として五位の検非違使の尉（大夫尉）に補任されたのは、家の面目であること。

④神仏に頼るしかないと思い、数通の起請文を提出したものの、頼朝の許しはない。あとは貴殿（大江広元）の広大の慈悲にすがり、頼朝に心情を伝えてもらうしかないこと。

である。その要点は、自分に功はあっても非はなく、弁明の機会を与えてほしいということであろう。

広元はそれを頼朝に披露したが、頼朝からは特に明確な仰せもなく、追って沙汰するというものであった（『吾妻鏡』四月二十四日条）。その効果はなかったようで、広元も頼朝に特に口添えはしなかったのであろう。

なお、③の平氏追討戦での苦労のなかに「時に峨々《がが》たる厳石に駿馬を策《むち》ち」とみえる。これは一ノ谷合戦での「坂落とし」のことを言っているのは明白であろう。とすれば、これは「坂落とし」の実否を考えるための傍証になろう。ただし、腰越状に偽文書説が出されていることは第一章でふれた。

畿内近国の沙汰権

義経が追討使として屋島に向かう際に、それまで義経が担ってきた畿内近国に対する沙汰権が、中原久経と近藤国平に移ったことは前章でもふれたが、帰京の後もそれが義経に返ることはなかった。むしろ両人の沙汰権が強化されている。

義経が京都を離れている間にも、久経・国平の両人に対し、「畿内雑訴《きないざっそ》」の成敗のために、雑色が三人ずつ付けられ、京畿を沙汰すべき条々を記した「御事書《おんことがき》」が遣わされているし（『吾妻鏡』五月二十五日条）、また両人が関東御使として、院宣に基づいて畿内近国を巡検し、誤りなく「土民」の訴訟を成敗していることを、頼朝は誉めている（『吾妻鏡』六月十六日条）。

また、実際に両人が「鎌倉殿御使」として、院宣に基づき、武士による荘園への狼藉停止を命じた文書が残っている。その宛所と日付は、近江国金勝寺《こんしょうじ》所司庄官等（四月二十四日）・賀茂別雷社《かもわけのいかずち》領丹波国私市庄《きさいちのしょう》（四月二十八日）・山城国木津庄（五月一日）であり、他に頼朝の下知に基づき、紀伊国栗栖庄に対する粉河寺《こかわでら》の権利を認める文書（七月一日）などもある。いずれも畿内近国の問題であり、義経が持っていた畿内近国の沙汰権が、久経・国平の両人に移っていることがわかるであろう。

義経の帰京

六月九日、相模の酒匂辺に逗留していた義経は、宗盛等を伴い帰洛の途につく。同日、狩野宗茂《かのうむねしげ》に預けられていた重衡も、南都の衆徒の申請により鎌倉を出て南都に送られた（『吾妻鏡』六月九日条）。その後、京都に入る以前に、宗盛は近江の篠原宿で、清宗は同国野路口で梟首され（『吾妻鏡』六月二十一日条）、その首は六条河原で義経から検非違使平知康《ともやす》に渡されて、獄門に懸けられた（『玉葉』・『吉記』・『吾妻鏡』六月二十三日条）。なお、義経は、宗盛等の首を検非違使に渡すべきか、そのまま捨て置くべきか、院宣に従うという頼朝の意向を後白河に伝え、後白河はさらに兼実に諮問し、後白河の裁量で検非違使に渡されることになったらしい（『玉葉』六月二十二日条）。

一方、重衡は六月二十二日に東大寺に引き渡され（『玉葉』・『吾妻鏡』六月二十二日条）、翌日、泉木津辺で梟首され、奈良坂に懸けられたという（『玉葉』・『吉記』・『吾妻鏡』六月二十三日条）。

ところで、義経が鎌倉を去る日の『吾妻鏡』六月九日条には、義経の無念の心情がつぎのように記されている。鎌倉に向かえば平氏追討のことを頼朝から詳しく尋ねられ、その大功を賞せられ、本望を達するかと思っていた。ところが、頼朝に拝謁も許されず、虚しく帰洛することになった。その恨みは昔からの恨みよりも深い、というものである。

もっともこれは義経の生の言葉ではなく、『吾妻鏡』作者が義経の心情を代弁するような形で、地の文として記している。したがって、この一文は『吾妻鏡』の作為の可能性もあるが、頼朝の仕打ちに、義経が恨みを持ったとしても不思議ではないであろう。

しかも六月十三日には、さらに追い打ちをかけるように、義経に与えられていた平氏没官領二十四カ所がすべて没収された。義経は経済的基盤も奪われたのである。その理由は、義経の勲功は、頼朝の代官として御家人を差し副えられたからであり、ひとりでは平氏を追討できなかった。ところが、義経は一身の大功であると自称し、しかも帰京の際に、関東に恨みを持つ者は義経に属するように言い放ち、頼朝を激怒させたからだという（『吾妻鏡』六月十三日条）。

義経がほんとうにそのようなことを言い放ったかどうかはわからない。事実ならば、義経は心情を表に出すべきではなかった。しかし、頼朝にとってはそれが事実かどうかは問題ではなかったのではなかろうか。義経から平氏没官領を奪う口実さえあればよかったのであろう。理由の前半は梶原景時の讒言と同じ内容であるが、これだけでも口実として充分であったかもしれない。なんであれ、義経は頼朝から何かにつけて「因縁」をつけられる立場になってしまったのである。

そもそも頼朝の義経に対する仕打ちを挑発とみる説では、義経を帰京させたことでさえ頼朝の策謀であると考える。奇しくも兼実が「もし義経に本当に罪科があるならば、その身を拘禁《こうきん》して沙汰をすべきなのに、京都に置きながら刺客を差し向ける（後述）とは、狼藉も甚だしい」といっているように（『玉葉』十月十七日条）、義経に本当に罪科があるならば、義経を帰京させず、鎌倉に拘禁したり、殺害さえできたはずである。ところが、京都に返したのは、義経を利用するためだったというのである。確かに義経没落後、頼朝は義経問題を利用して、後白河（朝廷）に対して政治的要求を突きつけてくる。

範頼の帰京

一方、壇ノ浦合戦後、九州に留まることを命じられた範頼だが、配下の武士等の狼藉を押さえることができず、方々から訴えられていた。五月には、宇佐宮の黄金の御正《みしょう》体《たい》や流記文書《るきもんじょ》が武士のために押し取られ、また、豊後の大山寺《たいせんじ》も寺滅亡の由（武士の狼藉が激しいことをいう）の解状を進めてきた。どちらも範頼の所行であったという（『吉記』五月十日条）。

これを受け、翌日には吉田経房は後白河から次のような指示を受けた。「管国《かんこく》」（大宰府の管内の国々つまり九州）で狼藉があると各所から訴えがある。早く範頼を召し上げることを、頼朝のもとに仰せ遣わせというものであった（『吉記』五月十一日条）。

はじめ頼朝は院宣に従わなかったようだが、重ねての院宣に、ついに七月十二日には、範頼に帰京を命じる。かわって中原久経・近藤国平の両人が九州に下向した（『吾妻鏡』七月十二日条）。なお、同じ日の『吉記』によれば、頼朝は豊後を知行国として申請していたが、それを返上したので、早く国司に知行させるように範頼に申し送ったという。範頼に帰京を命じることに関係する処置であろうか。また、九州下向の際に、久経・国平両人が帯した院庁下文が八月には頼朝のもとに届いている（『吾妻鏡』八月十三日条）。ただし、範頼が実際に帰京したのは九月に入ってからであった（『玉葉』九月二十六日条）。

常識で考えれば、こうした範頼こそ頼朝に叱責されてしかるべきであろう。しかし、その形跡はなく、はじめの院宣に従わなかったところに、むしろ頼朝の範頼を庇《かば》う意識さえ感じられる。これを義経に対する仕打ちと対比するとき、義経に対する仕打ちがいかに不当なものであったかがわかるであろう。頼朝の義経に対する仕打ちは、やはり頼朝の挑発という作為がありそうである。

なお、久経・国平の九州への下向を頼朝の京都における支配権のいくぶんかの後退とみて、その前提となる範頼の帰京は義経が後白河を突き上げてやらせたこと、いわば義経の頼朝に対する反撃ではないかという見解がある。結果的に頼朝の京都における支配権が後退したことは確かかもしれない。しかし、範頼の帰京問題は、五月初旬という義経が鎌倉に下向して間もない段階で取り沙汰されており、義経がいまだ頼朝との関係に希望を持っていた時期といえるから、義経の突き上げとは必ずしもいえないと考えられる。少なくとも最初に問題になった頃はそうであったろう。ただし、範頼を帰京させたことは、頼朝の後白河への妥協といえるかもしれない。

なお、七月九日には、京都を大地震が襲った。得長寿院《とくちょうじゅいん》や蓮華王院《れんげおういん》などの仏閣が転倒・破損したり、当時の内裏であった閑院殿《かんいんどの》に被害が出た（『玉葉』七月九日・十二日条・『吉記』七月九日条・『吾妻鏡』七月十九日条）。しかし、『吾妻鏡』によれば、義経の六条室町第は、なんの損傷もなかったという。

伊予守任官

八月十六日、義経は大夫尉兼帯のまま（つまり検非違使のまま）伊予守に任命される。これは頼朝の推挙によるもので、他に五名の源氏一族がやはり頼朝の推挙で各国の受領に任命された（『玉葉』・『山槐記』八月十六日条・『吾妻鏡』八月二十九日条）。『吾妻鏡』によれば、義経の任官に関しては、以前は頼朝がさかんに難色を示したが、今回は四月の頃から内々に後白河に打診していたという。その後、義経の不義が発覚したが、今さら中止にもできないので、勅定に任せたという。

しかし、この義経への伊予守推挙は、じつは頼朝の策謀であったと考えられている。受領は地方行政を司る官職であるの対し、検非違使は京内の治安維持を司る官職である。前章で義経が検非違使に任官した際に追討使との関係にふれたとの同じく、検非違使は京内にいなければ職掌を全うできない官職であるから、受領の職掌とは矛盾する。だから、受領に任官すれば、検非違使は辞任することになる。つまり頼朝は、義経を伊予守に推挙して検非違使を辞任させる、つまり京内の治安維持を司る権利の剝奪を目論んだというのである。それは、頼朝が義経の任官についてはこれまで難色を示してきたにも関わらず、ここでにわかに検非違使とは矛盾する伊予守に推挙したことからも察せられることであろう。

義経の伊予守推挙は頼朝の策謀といえそうである。しかも伊予（その他源氏一族が任官した各国とも）は頼朝の知行国であり、実質的権利は頼朝が保持しており、そのなかでの伊予守任官は、義経がそれまで伊予に持っていた権利をむしろ減退させるものであった。義経自身も「伊予を賜ったが、各所に地頭を補任されて国務を遂行できない」と後白河に不満を漏らしている（『玉葉』十月十七日条）。

ところが、義経は大夫尉兼帯のまま伊予守に任官した。これには、兼実も「未曾有《みぞう》々々《みぞう》」と驚愕を示しているように、ふつうならばあり得ないことであり、頼朝にとっては大きな誤算であった。この義経の大夫尉兼帯の背景にあったのは後白河であろう。後白河は頼朝の魂胆を見抜いており、それを妨害したものと考えられる。

なお、これよりさき四月二十七日には、後白河は義経を院御厩司に任命している（『吾妻鏡』文治五年〈一一八九〉閏四月三十日条）。この日は、頼朝が平氏追討の賞で従二位に昇進した翌日であった。平氏追討の実質的な功労者にも関わらず、何らの恩賞のない義経に対する後白河の配慮であろう。院御厩司（別当）は、院の御馬を管理する役職の長官であり、後白河の親衛隊長のような存在であるから、これで後白河と義経はますます密接に結び付くことになった。

行家の謀反と義経

これよりさき、降って涌いたように源行家の謀反が発覚する。『吾妻鏡』によると、行家は西国にありながら、関東に昵懇《じっこん》であると称して所々で人民に譴責を加えており、しかも頼朝への叛意まで発覚したという。そこで、頼朝は佐々木定綱に行家追討を命じた（『吾妻鏡』八月四日条）。

行家は、義仲と決別した後は表舞台に顔をみせておらず、西国に潜伏していたらしい。それが、ここにきてにわかに叛意が発覚したというのである。後に行家は、義経とともに実際に頼朝に叛意を翻すことになるが、この時点で叛意があったかどうかは不明であり、のちの経過を考えると、何ら罪科がないにも関わらず、嫌疑を掛けられたことで、むしろ叛意をもったと考えたほうがよさそうである（『吾妻鏡』十月十三日条）。だとすれば、謀反の発覚というのは、頼朝の挑発であった可能性が高く、行家がそれにまんまと乗ってしまったということになろう。そして、これに義経が巻き込まれていく。

九月二日、梶原景季等が頼朝の使節として上洛した。目的は、鎌倉に建設中の勝長寿院供養の導師への布施や堂内の荘厳具の調達のためと、平氏の関係者で流罪に決まりながら、いまだ配所に赴かない輩を配所に赴かせるためであった。

同時に景季は頼朝から別の密命も受けていた。御使として義経のもとを訪れ、行家討伐を命じ、義経の反応を伺うというものであった。それは流罪が決定している平時忠がいまだ在京していることを頼朝は憤っており、それは義経が時忠の婿として引き留めているからで、同時に行家を引き入れ、関東に謀反を起こそうとしているという風聞が立ったからだという（以上『吾妻鏡』九月二日条）。

義経が時忠の婿であったことは確実な史料にはみえないが、『尊卑分脈』の時忠の系図や『平家物語』にみえ、事実らしく、その縁で配流の延引もあったかもしれない。しかし、叛意のほうはどうか。のちにふれるように、義経が行家に同意して頼朝への叛意を露わにしたのは十月十二日であったらしい。したがって、この時点では義経に叛意はなかったか、あるいは迷っている段階であったと考えられる。そうでなくても、頼朝が義経のもとに景季を送ったのは挑発行為であることは容易に理解できるであろう。

これに対し、義経も要領の良い反応が出来れば良かった。しかし、義経は逆に嫌疑を深めてしまった。つまり鎌倉に帰った景季の報告によれば、はじめ義経は病気と称して景季との面会を断った。次に景季が参ったとき、義経は脇息に持たれながら面会した。憔悴仕切った様子で、数カ所に灸の跡があった。行家追討の件を切り出すと義経は、病は偽りではないが、行家を簡単には降伏させ難い。だから、病を治してから計略をめぐらすことを、頼朝に伝えて欲しいと答えた。

景季からこの報告を受けた頼朝は、行家に同意しての仮病だと決めつけ、梶原景時も、最初に面会を断ったのは仮病を装う時間を作るためで、行家に同心しているのは疑いないと焚き付けた（以上

『吾妻鏡』十月六日条）。

景季が義経に面会した具体的な日時はわからないが、九月中であることは間違いなかろう。また、義経は本当に病気であったかもしれない。しかし、義経を挑発しようとしている頼朝にとっては、義経の曖昧な態度は義経を追い込むための格好の口実となった。義経に叛意ありと決めつけた頼朝は、義経に刺客を送る事になり、その状況のなか、義経は本当に行家に同意し、後白河に頼朝追討宣旨を要求するまでになるからである。

義経の決意

では、その過程を追ってみよう。十月九日、刺客として土佐房昌俊《とさのぼうしょうしゅん》が鎌倉を発った。『吾妻鏡』によれば、多くの人々が辞退するなか昌俊だけが応じ、頼朝を感激させたという。昌俊は下野にいる老母と嬰児のことをよくよく頼み、頼朝はそれを約諾して下野の中泉荘を与え、昌俊は出立した。京都までの行程は九日と定められた（『吾妻鏡』十月九日条）。これは通常の日数よりもややゆっくりとしたものである。そして、その規定通りの九日目にあたる十月十七日、昌俊は武蔵児玉党の水尾十郎以下六十余騎を率いて、義経の六条室町第を襲撃する（『吾妻鏡』十月十七日条）。なお、この襲撃事件を題材としたのが、カバーの『堀川夜討絵詞』である。

その間、義経の動向も大きく変動する。十月十一日、義経は、行家の頼朝への謀反を制止することができないと後白河に奏聞し、十三日には、義経もついに行家に同意し、頼朝に対して謀反を起こすことを決意したと後白河に告げている。つまり義経は十二日に謀反の決意をしたらしい。これに対し、後白河は行家を制止するように指示しただけであった（『玉葉』十月十三日・十七日条・『吾妻鏡』十月十三日条)。

ところが、十六日夜、義経は頼朝追討宣旨を要求する。勅許なければ、九州に下向するという。その気色は、天皇・上皇・臣下等を伴って下向する趣であった。そこで、後白河はさっそく左・右・内の三大臣にそのことを諮問した。後白河としては、頼朝から不当な扱いを受けている義経への同情もあって、義経等の要求に応じる方向で考えており、また、平氏や木曽義仲にもかつて頼朝追討宣旨を出しているが、頼朝がそのことを怨んでいる様子もないため、義経の要求に応じても、頼朝の恨みをかうことはないだろうという見通しであった。しかし、右大臣である兼実は追討宣旨を出すことに慎重であり、頼朝に事情をよく聞いて、そのうえで頼朝に罪科があれば宣旨を出すべきで、前二回とは今回は状況が異なるという意見であった。兼実は頼朝シンパであり、これ以前、頼朝から摂政の推挙を受けていたが、そのために宣旨を出すことに慎重になっているのではなく、道理を述べていることを強調している。また、兼実は、義経の行動に一応の理解は示しながらも、義経は頼朝とは「父子の義」であるから、それを追討しようというのは「大逆罪」であると義経を非難もしている(『玉葉』十月十七日条)。これによれば、義経は頼朝と父子の契りを結んでいたようである。だとすれば、義経の行為は不孝ということになるが、しかし、頼朝の義経に対する仕打ちも、父親の仕打ちとはいえないであろう。

この諮問は十七日の早朝になされたらしいが、亥刻(午後十時前後)、児玉党三十余騎が、義経第を囲い、行家の加勢で追い散らされたという報告が兼実のもとに入った(『玉葉』十月十七日条)。『玉葉』に土佐房昌俊の名がないのが不審ではあるが、土佐房昌俊の襲撃である。『吾妻鏡』によれば、義経は佐藤忠信などのわずかな家人とともに奮戦し、また行家が背後から加勢して、昌俊等を追い散らし、無事であることをすぐに後白河に知らせたという（『吾妻鏡』十月十七日条）。なお、昌俊は鞍馬に逃れたが見つかり、十月二十六日に六条河原で梟首された（『吾妻鏡』十月二十六日条）。

その翌日の十八日、義経・行家に対して頼朝追討宣旨が下る。その宣旨は『玉葉』・『吾妻鏡』ともに掲載されているが、宣旨が下ったのは、当時京都には治安を預かる武士が義経しかおらず、義経に背かれたらそれを防ぐ者がいないという、左大臣藤原経宗の意見に、内大臣徳大寺実定も同意したためであった。そして、頼朝に対しては、追って事情を説明すればよいであろうということであった（『玉葉』十月十八日・十九日条・『吾妻鏡』十月十八日条）。しかし、兼実が危惧したように、この見通しは甘いものであった。

頼朝の目論見

頼朝が、土佐房が義経追討に失敗したことや、自分に対する追討宣旨が出されたことを知ったのは、十月二十二日であった。しかし、その報告を聞いた頼朝は、まったく動揺した素振りもみせず、二十四日に控えた勝長寿院供養の沙汰に専心していたという（『吾妻鏡』十月二十二日条）。

頼朝による義経挑発説では、ここで頼朝が動揺しなかったことに注目する。動揺しなかったのは、すべてが頼朝の目論見通りであったからとみる。換言すれば、後白河に頼朝追討宣旨を出させるように頼朝自身が仕向けたのだというのである。そこで、挑発説を壇ノ浦合戦後の頼朝の義経に対する仕打ちを振り返りながら私見を交えて整理してみると、つぎのようになる。

まず自由任官者を叱責することで、義経に頼朝の怖さを知らせ、梶原の讒言を機に義経の非を責め、西国御家人に義経の命に従わないことを指示して、義経を孤立させる。ついで、鎌倉に下向した義経を鎌倉に入れず、弁明をも聞かずに京都に返し、同時に恩賞地を没収して、義経に頼朝に対する不信感や不満を募らせる。伊予守に任官させて検非違使の職を奪うという目論見は失敗したものの、充分に義経を追い詰めたうえで、もはや忘れられたような存在といえる行家の謀反をでっち上げて、義経の反応を伺い、その反応を口実に刺客を送る。刺客は通常よりもゆっくりと向かわせることで、向かっていることが故意に義経達に伝わるようにし、義経と行家が結ばざるを得なくさせ、ついに頼朝追討宣旨を要求させる、という流れである。

挑発説では、刺客である土佐房の失敗も想定のうえであり、土佐房が老母や嬰児のことを頼朝に頼み、頼朝がそれを快諾してすぐに所領を与えたのも、その死が想定されていたからであるとみる。そもそも『吾妻鏡』によれば、義経への刺客のことは日頃から群議をこらしていたという（十月九日条）。つまり前々から検討されていたわけで、だとすれば、十月六日に景季の報告を受けてから検討されたわけではなさそうである。義経の反応如何に関わらず、刺客を送ることは想定されていたことらしい。

刺客が送られることがわかれば、当時の義経の立場としては戦うしかないであろう。戦うならば、同じ様な境遇にあり、しかも近くにいる行家と結び付くのも自然の流れといえる。そして、頼朝の刺客は宣旨や院宣を得たうえでの追討ではなく、頼朝による家人への私刑にすぎない。私刑として、大夫尉で院御厩司であり、しかも殿上人で院の近臣である義経を追討しようというのだから、頼朝の行為こそ朝廷や後白河への謀反に等しいものである。後白河を挑発しているといっても過言ではなかろう。

この点については、後白河や兼実もすでに感じており、それは『玉葉』に、「頼朝法皇の叡慮《えいりょ》に乖《そむ》くことはなはだ多し」（十月十三日条）とか、「（義経を）京都に置きながら武士を差し上せ、誅すべき由の風聞、狼藉の条すでに朝章を忘るるに似たり」（十月十七日条）などという文言がみえることからもわかる。

こうした私刑に対し、宣旨を得て対抗すれば、義経達の方に戦うための大義名分が成り立つことになるし、しかも両者の対立は、今回の刺客を退けたとしても、今後も続くことは明白であり、頼朝との直接対決になるかもしれない。義経達が宣旨を得ようとするのも当然の流れといえよう。

では、なぜ頼朝は、このようにしてまで自分への追討宣旨を出させるように仕向けたのであろうか。それは、頼朝追討宣旨を出したという後白河側の負い目を利用するためであり、その負い目を利用して政治的要求を認めさせるためである。つまり義経に対する頼朝の仕打ちはすべてはその目論見のためであったというのが、挑発説なのである。

第一章でふれたように、治承四年（一一八〇）の頼朝の挙兵が後白河の意向によるものとすれば、平氏打倒という当初の目的を達成した頼朝に対し、後白河が追討宣旨を出せば、これが後白河にとって大きな負い目となることを、頼朝は見越していたのかもしれない。

こうした頼朝挑発説には、穿った解釈も認められるし、結果論であるという批判もできるであろう。しかし、従来からいまひとつ明確でなかった、壇ノ浦合戦後の義経と頼朝の不和の原因を解釈するためには、かなり説得力を持つものと筆者には考えられるのである。

では、頼朝の政治的要求とは何であろうか。それは次節でふれるとして、その前に頼朝追討宣旨を得た後の義経達の動向を追うことにしよう。

追討宣旨の波紋

『玉葉』によれば、頼朝追討宣旨を得たものの、義経達に従う畿内近国の武士はいなかった（十月二十二日・二十三日条）。また、義経達が後白河やしかるべき臣下を伴って九州に下向するという風聞が飛び交い、貴族達は恐々としていた。兼実も万一に備えて女房等を避難させている。義経等の下向は九州ではなく北陸であるとか、また遷都の風聞などもたったが、当の義経は、後白河を伴うといった意志のないことを再三言明していた（十月二十六日・二十七日・二十九日・十一月一日各条）。

そのようななかで後白河は、追討宣旨を出したことについて、頼朝に子細を報告して弁明するかどうかについて、兼実に諮問してきた。兼実は、追討宣旨は出したものの武士が集まらず、思惑が外れたために、このような諮問をするのだろうと推測したうえで、頼朝のもとに使者を出すべきだが、使者を出しても頼朝の憤怒はおさまらないだろう。使者を出すならば、宣旨を出す前に遣わすべきで、今さら遅いと突き放している。宣旨を出す前に頼朝に事情を聞くべきだと主張していた兼実としては、それみたことかというわけである。なお、院宣を伝えた高階泰経は、後白河に政治力がないから、天下が乱れるのだと兼実にぼやいている（十月二十五日条）。

一方、『吾妻鏡』によれば、頼朝は、義経・行家征伐のために、まず十月二十五日、勇士等を先発させた。かれらは十一月五日に京都に着き、頼朝が憤怒していることを、頼朝追討宣旨の上卿であった左大臣藤原経宗に伝えた（十月二十五日・十一月五日条）。

頼朝自身も二十九日に鎌倉を発った。関東はもちろん「山道」（東山か）・北陸の御家人達にも参加を促し、その夜は、相模の中村荘に止宿すると、相模の御家人がすべて集まったという。十一月一日には駿河の黄瀬川の陣に入り、京都の情勢をみるためにしばらく滞在した（十月二十九日・十一月一日条）。

義経の没落

十一月二日、義経は後白河に明日九州に発つことを報告している。そのなかで、家人達は後白河を伴うことを勧めたが、義経自身にはそうした意志の全くないことを誓ったうえで、山陽・西海の荘園・公領に対する義経等の沙汰権と、豊後の武士等が義経等に従うことを後白河から命じるように要求し、その夜に認められた。そのことを諮問された兼実は、追討宣旨を出した以上、そのような些細なことは申請のままに認めて、混乱を招いている義経等を京都から早く追い出すように回答している（『玉葉』十二月二日条）。もっともな意見であろう。

翌三日辰刻（午前八時前後）、義経・行家は九州に向け、京都を発った（『玉葉』・『吾妻鏡』十一月三日条）。『玉葉』によれば、下向の目的は、義経等に過怠がないにも関わらず、頼朝が義経等を討伐しようとしているので、その難を逃れるためであり、同時に、追討宣旨を得たものの、それが後白河の意志ではないという風聞がたったり、後白河やしかるべき臣下を伴って九州に下向するという噂が広がるなどしたために、近国の武士等が下知に従わず、また人望も失って、軍勢が集まらず、京都では関東勢を支えることができないからというものであった。

また、『吾妻鏡』によれば、鎌倉の譴責を逃れるためであり、義経等に従ったのは、平時忠の子息で壇ノ浦合戦後に流罪と決まりながら配所に赴かずに京都に潜伏していた平時実《ときざね》や、一条長成と常盤の子で義経の異父弟にあたる藤原良成《よしなり》といった貴族達、源有綱・堀景光・佐藤忠信・伊勢義盛・片岡弘経《ひろつね》（弘綱《ひろつな》とも）・弁慶法師といった義経股肱の臣をはじめ二百騎ほどであったという。つまり義経に従ったのは概ねがいわば義経の身内関係の人々であり、関東の大軍に敵対できるものではなかったことがわかるであろう。

なお、『吾妻鏡』によれば、義経等が下向するにあたり、後白河は、四国・九州の住人に対し、義経等の下知に従うことを命じる院庁下文を下し、行家を四国地頭、義経を九州地頭に補任したという（十一月七日条）。

ところで、京内の貴賤は、下向時の狼藉を恐れて逃げ隠れしていた。ところが、まったく狼藉がなく、みな随喜したという。兼実は「義経等の所行、実にもって義士といふべきか」と誉め称えている（『玉葉』十一月三日条）。義経が宇治川で義仲軍を破ってはじめて入京した時も、「まったく狼藉なし」と兼実を驚嘆させたが、ここに都を去る時も同じだったのである。義経の人柄が偲ばれると同時に、身内関係を中心とした軍勢であったから、統率も取りやすかったのかもしれない。

義経達が下向すると、京都に残留していた武士達がその後を追った（『玉葉』十一月三日・四日条）。その武士とは、手島冠者と藤原範季息の範資《のりすけ》で、範資は儒者の出であるが、勇士の性があり、範頼と親しく、在京していた範頼の郎従を伴っていたという（『玉葉』十一月八日条）。

また、三日に義経達は河尻で摂津武士の太田頼基《よりもと》と戦い、うち破った（『玉葉』十一月四日条）。太田頼基は、義経等の下向の噂を聞いて、かねてから城郭を構えて待ちかまえており、義経が下向のための船を調達するために遣わした紀伊権守兼資《かねすけ》をすでに討ち取っていた。義経が九州ではなく、北陸へ下向するという風聞がたったのもそのためであった（『玉葉』十月三十日条）。

十一月二日には、やはり義経達の乗船の調達のために摂津に向かった斎藤友実《ともざね》が、もとは義経の家人で今は離反していた武蔵児玉党の庄四郎《しょうのしろう》に謀殺されている。斎藤友実は、越前斎藤一族で、平氏・義仲・義経と渡り歩いた人物である（『吾妻鏡』十一月二日条）。また、庄四郎は、覚一本（巻九）では、名は高家とあり、一ノ谷合戦で梶原景時に従い、平重衡を生け捕った人物としてみえている。さらに十一月五日、義経一行は多田行綱等の攻撃を受け、退けたが、軍勢の多くが離反し、残りは僅かになった（『吾妻鏡』十一月五日条）。

一ノ谷合戦では義経に従って軍功をあげた行綱であったが、ここへ来て義経を裏切ったのである。日和見主義の面目躍如である。それにしても、畿内近国の武士達が、義経への加担を拒むだけでなく、攻撃までしているのである。義経はそうした攻撃を退け、それまでみせていた優れた戦士としての片鱗はみせているものの、その凋落は甚だしいといわざるを得ない。義経の権威はやはり頼朝あってのものだったのであろうか。

十一月六日、義経一行は摂津の大物浦から乗船した。ところが、疾風が急に起こって船が転覆し、一行は散り散りになってしまった。結果、義経のもとに残ったのは、源有綱・堀景光・武蔵房弁慶と、そして愛妾静《しずか》の四人だけであった。一行はその夜は摂津の天王寺周辺に一宿し、その後、消息を絶つのである（『吾妻鏡』十一月六日条）。

ただし、『玉葉』によると、義経一行が大物浦で難破するのは五日の夜のようで、義経と行家等は小舟に乗って和泉方面に逃げ去ったという。さきに義経達を追った手島冠者と藤原範資は近辺の在家にあって義経一行を襲おうとしたらしいが、合戦する前に船が難破したので、義経一行にあった源家光を梟首し、やはり義経に従っていた豊後の武士等を生け捕ったり、討ち取ったりしたという。このことは範資が帰京して語ったことであるが、これにより義経一行の消息がはっきりしたのである（『玉葉』十一月八日条）。

船が難破したことは義経の不運以外のなにものでもない。しかし、以後、文治五年（一一八九）閏四月三十日、藤原泰衡に攻められ、衣川で妻子とともに自害するまで、義経本人が文献に出てくることはなくなる。戦士としての義経の生涯は、この大物浦の難破で幕を閉じたといえるのである。

武勇と仁義

このように、義経一行の消息が明白になったのは十一月八日であり、前日の七日の段階で、義経一行に関する正確な情報は京都にはまだ入っていなかった。はじめ義経一行は豊後の武士に討たれたとも、あるいは難破したともいわれ、あとで前者が誤報であることがわかっている。いずれにしろ、義経達の渡航が失敗したことは七日には伝わっていたわけで、これを聞いた兼実の感想は、義経に対する個人的心情と、為政者としての天下に対する思い、義経への賞賛と批判が入り交じったものとなっている。

つまり『玉葉』十一月七日条によれば、義経一行の渡海が失敗したというのが真実ならば、「仁義の感報すでに空しきに似る」（仁義もなにもあったものではない）と義経達に同情を示す一方で、その失敗を「天下の大慶」と喜んでいる。というのも、もし義経達が九州に籠もれば、追討軍が通る国々は疲弊し、また関東からの物資も途絶え、天下の貴賤が生きる術を失ってしまう。それが、義経等が前途を遂げずに滅亡したことは「国家の至要《しよう》」だというのである。換言すれば、漸く治まりかけた内乱状態に再び戻ってしまう危険性がなくなったわけだから、「天下の大慶」なのである。

また、義経は大功を成し遂げながら、その甲斐がなかったけれど（つまり平氏を追討しながら、頼朝の仕打ちで没落したことをいう）、「武勇と仁義においては、後代の佳名を貽《のこ》す者か、嘆美すべし、嘆美すべし」と賞賛している。しかし一方、頼朝に謀反の心をおこしたのは「大逆罪」であり、だから天がこの災い（難破）を与えたのであると批判も加えている。

武勇と仁義、これこそ黄瀬川の陣に現れ、大物浦での難破までの史上に現れた義経の短い生涯を集約する言葉であろう。そして、兼実の予想通り、後代の佳名を残した。兼実の義経評はけだし卓見である。

しかし、これに加えて義経を象徴する言葉があるとすれば、それは流浪と辛苦であろう。この言葉は、義経の生涯のなかで、第一章でみたように、鞍馬を出て奥州に辿り着くまでの思春期にも当てはまる。それにもまして、大物浦で難破して消息を絶ってから、衣川で自害するまでの義経の後半生は、流浪と辛苦の連続であったといえるであろう。

次節では、頼朝が目論んだ政治的要求とともに、義経の流浪と辛苦の跡を追おう。

2 流浪と辛苦

流浪の始まり

義経達が大物浦で難破し、消息を絶ったとはいえ、義経達に対する追討宣旨や院宣が出されない限り、頼朝の義経達への追求は私刑にすぎず、頼朝追討宣旨を与えられている義経達に大義名分があった。

ところが、難破直後の十一月七日、義経は伊予守と検非違使を解任され（『吾妻鏡』十一月七日条）、しかも畿内近国の国司に対し、義経・行家を探しだし、その身柄を差し出すべき院宣（追討院宣といってよいであろう）さえ出されてしまったのである。『玉葉』と『吾妻鏡』には、前者が十一月十二日、後者が十一月十一日と、日付に一日のずれがあるものの、ともに吉田経房が奉じた同文（語句にごくわずか相違がある）の院宣が掲げられている（『玉葉』十一月十二日条・『吾妻鏡』十一月十一日条）。なお、その宛所は、『吾妻鏡』では「其国守殿」とあるが、『玉葉』では「和泉守殿」である。『吾妻鏡』が院宣の内容を伝えるための掲載にすぎないのに対し、『玉葉』は具体的に和泉国に出された院宣が掲載されているのである。それは、和泉国が兼実の知行国であり、和泉国分の院宣が兼実のもとに届いたからである。

ところで、『玉葉』では、後白河の朝令暮改ぶりを、「弾指すべし」と非難しているが（十一月十二日条）、『吾妻鏡』には、こうした院宣が出された背景が記されている。それによると、後白河の考えでは、義経等の申請に任せて頼朝追討宣旨を出し、関東には追って事情を説明しようという心積もりであったが、頼朝の怒りが激しく、日頃の思惑に相違したためであるという（十一月十一日条）。つまり頼朝の怒りによって出された院宣ということになる。

いずれにしろ義経・行家にとっては、自分達に対するこうした院宣が出されたことは、その時点ではおそらく知り得ないことであったろう。『玉葉』・『吾妻鏡』ともに、難破後の行家の消息については記されておらず、記されているのは義経の動向だけであるが、義経が難破後に潜伏・流浪するのは、あくまで頼朝の私刑による追求を逃れるためであり、院宣が出されたためではなかったであろう。しかし、院宣が出されたことにより、義経は、その思惑を超えて、自身の知らない所で、国家の反逆者になってしまったのであり、義経の潜伏・流浪そのものが反逆行為となってしまったのである。逆にその結果、義経には潜伏・流浪しか選択の道がなくなってしまい、結果的にこの院宣こそ義経の流浪と辛苦の直接的きっかけを作ることになってしまったといえるのである。

頼朝の怒り

それにしてもこうした義経に対する後白河の手のひらを返したような態度は、考えてみれば、これまで平氏や義仲に対して取ってきた態度と同じである。結局、後白河にとって危険分子になり得る存在は、京都を離れ、その立場が不利になったとたんに、反逆者とされてしまうのである。しかし、平氏や義仲に対する後白河の態度は、ともに自身を幽閉したことなどを含むかれらに対する悪感情が背景として考えられるのに対し、義経に対しては、後白河が平氏や義仲に対するような悪感情を持っていたとは考えられない。では、何が後白河に平氏や義仲と同じ態度を義経に対してもとらせたかといえば、その背景にあるのは、『吾妻鏡』に記されているように、頼朝の怒りであり、それに対する後白河の恐れであった。以後の政局は、この頼朝の怒りと、それに対する後白河の恐れを背景として展開していくといっても過言ではない。

さきに、頼朝が、自分に対する追討宣旨を出させるように仕向け、その理由は、頼朝追討宣旨を出したという後白河側の負い目を利用して政治的要求を認めさせるためであったと述べたが、後白河に深い負い目を感じさせるためには、頼朝の怒りは重要であり、後白河の負い目は、頼朝の怒りに対する恐れともいえる。だから、頼朝挑発説の立場にたてば、この頼朝の怒りにさえ作為的な要素を見出すこともできるのである。

すでにふれたように、十一月五日には、先発して上洛した御家人が、頼朝が憤怒していることを、頼朝追討宣旨の上卿である左大臣藤原経宗に伝えていた。

また、十一月八日にも、今度は黄瀬川から大和守重弘《しげひろ》や一品房昌寛《いっぽんぼうしょうかん》等を使節として上洛させ、やはり義経・行家等のことで、頼朝が怒っていることを伝えさせ、その日、頼朝は義経等が都落ちしたことが分かって鎌倉に帰ったことになっているが（『吾妻鏡』十一月八日条）、もともと上洛の意志はなかったのではなかろうか。つまり頼朝の怒りを後白河に伝えるための示威行動にすぎなかったのではなかったかとも考えられる。

一方、『玉葉』によれば、十一月十三日に関東武士が多く入洛したという（十一月十三日条）。この武士達は、十一月八日に黄瀬川を発った使節としては、日数的に早すぎるため、それとは別の武士達のようであるが、その武士達の気色は非常に恐ろしいもので、天下を大いに乱すような雰囲気があり、後白河の身辺にも不吉な予感があったという。実際、梶原景時の代官が、後白河の知行国である播磨国に下向して、小目代を追い出し、倉々に封をするという狼藉を働いたという（十一月十四日条）。こうして後白河に対して恐怖を煽っているのである。

こうした状況のなかで、後白河は、女房冷泉殿を摂政藤原基通《もとみち》のもとに遣わし、摂政職を兼実に譲ることを勧めた。基通は拒否したが、これは、頼朝がかねてから兼実を摂政にするように後白河に進言しており、今回、頼朝の怒りを静めるために、その意向に添うように基通に働きかけたものであった（『玉葉』十一月十四日条）。

後白河のこうした行為こそ、頼朝の目論見通りの行為であり、頼朝の怒りが政局を動かそうとしはじめたのである。そして、十一月二十四日、上洛を中止した頼朝に代わって、北条時政が、千騎の軍勢を率いて上洛する（『玉葉』十一月二十四日条）。その日付は『吾妻鏡』では二十五日であり、どうもこのあたりの『吾妻鏡』は『玉葉』と日付が微妙にずれる傾向にあるが、それはともかく、いよいよ頼朝の本格的な政治的要求がはじまる。そのことを見る前に、『吾妻鏡』から知られる大物浦で難破後の義経の動向をみておこう。

義経追討院宣が出された翌日、頼朝は、義経の舅である河越重頼の所領を、義経の縁者という理由で没収してしまった（『吾妻鏡』十一月十二日条）。また、義経と同じく河越重頼の婿である下河辺政義《しもこうべまさよし》の所領も召し放たれてしまった。しかも『吾妻鏡』文治三年（一一八七）十月五日条によれば、重頼は、義経の縁座で誅せられていることがわかる。それがいつのことかは明確ではないが、どうもこの十一月十二日に誅せられたうえで、その所領が没収されたらしい。重頼は、頼朝の乳母である比企尼《ひきのあま》の娘を妻としていたが、その関係よりも義経の縁者（舅）ということで処分が及んだのである。頼朝の義経問題に対する厳しさ（非情さ）がわかろう。

難破後の義経

さて、義経は大物浦で難破後、大和の吉野山に籠ったという風聞があり、悪僧等に捜索させていたが、見つからなかった。ところが、十一月十七日、義経に従っていた静が蔵王堂に現れた。子細を尋ねると、義経は大物浦から吉野山に来て五日間逗留の後、山伏姿に変装して姿をくらましたこと、義経は静に雑色男を付け、京都に送り届けようとしたが、途中で雑色男に置き去りにされ、雪の山中を迷って蔵王堂に辿り着いたことなどを語った（『吾妻鏡』十一月十七日条）。

その後、十一月二十二日には、義経は吉野から多武峰《とうのみね》に向かった。そこは藤原氏の祖大織冠鎌足《たいしょくかんかまたり》の墓所であり、鎌足の御影（肖像画）に祈誓するために立ち寄ったというが、そこの十字坊という悪僧が義経を憐愍し（『吾妻鏡』十一月二十二日条）、しばらくそこで匿われた。しかし、そこは手狭で僧侶も少なく、隠遁には不向きなので、多武峰の悪僧等に送られ、遠津河辺《とつがわへん》に送られることになったという（『吾妻鏡』十一月二十九日条）。

一方、静は、吉野山の執行が憐れみ、そこで慰労された後（『吾妻鏡』十一月十八日条）、十二月八日、京都の北条時政第に送られた。そこで、時政は御家人を吉野山に派遣して、義経を捜索させた。また、鎌倉に飛脚を送り、静が語ったこれまでの義経の動向を伝えるとともに、今後の対応について指示を仰ぎ、静は鎌倉に送られることになった（以上、『吾妻鏡』十一月十八日・十二月八日・十五日・十六日各条）。

守護・地頭の設置

上洛した時政は、早速義経・行家問題についての頼朝の怒りを、吉田経房を通じて後白河に伝えた。そこで慌てて、義経・行家を捜索し、搦め捕らえるべき宣旨が頼朝に下された（『吾妻鏡』十一月二十五日条）。

これは義経・行家追討宣旨に等しいものである。さきに同内容の院宣が出されていたが、それがさらに強化されたのである。しかも、先の院宣は諸国司に宛てたものであったが、これは頼朝に与えられたものであり、これにより、私刑であった頼朝による義経等への追求が朝廷の公認するところとなったのである。これで義経はますます潜伏し、流浪と辛苦は増すばかりである。

そして、二十八日、時政は、諸国平均に守護と地頭を設置し、権門勢家領の荘園や公領に関わらず、兵粮米を田地一段ごとに五升ずつを出させることを、やはり経房を通じて後白河に申請した。それが翌日には勅許される（『吾妻鏡』十一月二十八日・二十九日条）。

これを聞いた兼実は、それがただの兵粮米の徴収ではなく、田地の侵略に及ぶことを危惧し、「おほよそ言語の及ぶ所にあらず」と非難している（『玉葉』十一月二十八日条）。

守護・地頭の設置は、謀反のたびに関東から御家人を派遣するのではなく、在地で処理することを目的に、かねてから大江広元が頼朝に提案したものであった（『吾妻鏡』十一月十二日条）。その裏には義経追捕の問題があることは明白で、事実、朝廷に対し、粛正人事を中心とした政治改革を促す折紙に添えられた、十二月六日の頼朝書状のなかにそのことが記されている。

その関係部分を意訳すれば、義経・行家両人はいまだ行方をくらましている。手分けして探し求めているので、「国々庄々・門々戸々・山々寺々」で狼藉に及ぶことがあろう。召し取って後、狼藉を鎮めないわけにはいかない。ただし、今となっては諸国の荘園平均に地頭職を置くしかない。それはけっして自分の利潤を思うものではなく、在地の住人が悪意を抱いて謀反の輩に加担したり、あるいは脇々の武士と結託して、奇怪な行動を起こすかもしれない。だから、その用意をしなければ、今後、世の中が不安定になるという理由からであった（『吾妻鏡』十二月六日条・『玉葉』十二月二十七日条）。

この守護・地頭の設置やその権限に関する問題は、研究者の間で様々に議論されてきた問題である。しかし、筆者にはそれをまとめる用意がないので、その点については省略するが、少なくともこの時政が申請した時点で、のちのような守護・地頭や、その明確な権限が決まっていたわけではなかったらしい。

それは以後の朝廷と幕府の折衝のなかで明確になっていったようで、そのうち地頭については、文治二年（一一八六）十月八日の太政官符と翌日の後白河の院宣、それに対する十一月二十四日の頼朝の請文で決定したらしい（『吾妻鏡』十一月二十四日条）。そこで、地頭は諸国の荘園のうち謀反人跡に限っておかれることとなり、地頭はその謀反人が持っていた権限や得分を継承することになった。つまり地頭間で権限や得分は本来は一定ではなかったのである。それで承久の乱後の宣旨による新補率《しんぽりつ》法《ぽう》で修正が加えられることになる。

いずれにしろこうした守護・地頭の設置や兵粮米の徴収の申請は、幕府の権限を全国に及ぼすための政治的要求にほかならず、後白河はそれをあっさり認めてしまったわけである。

政治改革要求

守護・地頭の設置や兵粮米の徴収が、いわば在地（地方）に対する頼朝の政治的要求に対し、中央に対する頼朝のそれが政治改革要求である。これは、頼朝追討宣旨に関わった人物や、親義経・反頼朝派の人物を罷免し、代わって親頼朝派の人物を指名するという粛正人事を中心としたものである。

これは十二月六日に折紙という文書様式で執筆され、翌七日に、右で紹介した書状や、また別に兼実に宛てた頼朝の書状とともに、雑色浜四郎に託され、京都に送られた（『吾妻鏡』十二月六日・七日条）。それを兼実が目にしたのは十二月二十七日であり、「夢のごとし、幻のごとし、珍事たるにより、後鑑のためこれを続き加ふ」と記して、書き写しているし（『玉葉』十二月二十七日条）、また『吉記』同日条にも記されている。

その内容は、二通に分かれており、最初の一通は十カ条、次の一通は二カ条に分かれている。最初の一通は、はじめに「議《ぎ》奏《そう》公卿」として、右大臣兼実・内大臣徳大寺実定以下十名の公卿の名を掲げ、朝務のことはそれらの公卿の議奏に基づき、後白河が計らうことを要求している。ついで「摂籙事《せつろくじ》」として、摂政・氏長者は藤原基通のままに、兼実を内覧《ないらん》にすることを要求している。

さらに「蔵人頭《くろうどのとう》」・「院御厩別当」・「大蔵卿」・「弁官事」・「左大史」と人事要求が続き、ついで「国々事」として、伊予は兼実というように、議奏公卿を中心とする九名に対して、知行国を与え、豊後は義経・行家の謀反に同意した党類が多いので、頼朝が知行することを要求している。最後に、闕官《けっかん》（空きのある官職）には器量のある者を採用するように要求している。

二通目ではまず、義経に同意した藤原親宗や高階泰経以下十二名の解官を要求し、その他の者でも、義経・行家に追従した官人は解官することを要求している。ついで僧侶や陰陽師の類も、義経等と親交のある者は追却することを要求している。

これらは、朝廷の内情をよくよく調べたうえでの要求・人選であったようだが、議奏公卿を任命して後白河の独走を留め、朝廷に兼実を筆頭とする親頼朝派の人材を配して、朝廷に幕府の影響力が強く及ぶことを目論んだものである。

これらの要求は、兼実自身のことを含めて後白河から兼実への様々な諮問を経たうえで、十二月二十九日には、ほぼ頼朝の要求通りに認められた（『玉葉』十二月二十七日〜二十九日条）。

このようにして、頼朝の政治的要求は認められた。頼朝挑発説にたてば、すべてはこのために義経が利用されたことになる。ここで後白河が認めたことは以後の朝幕関係を長く律することになるが、その確立のためのいわば捨て石となったのが義経だったといえよう。

兼実と泰経

さて、頼朝による粛正人事のうち、親頼朝派の筆頭は兼実であり、反頼朝派の筆頭は高階泰経である。この二人のことにふれて、頼朝の政治的要求の締めとしよう。

頼朝はかねてから兼実を摂政に押していたが、その前段階として、ここで兼実は内覧になった。しかし、摂政と内覧が併存することは異常事態なのである。

摂政とは、天皇大権の代行者であり、一方の関白は、天皇の補佐にすぎない。その関白の重要な権限（役目）に、天皇への上申文書、あるいは天皇からの下達文書を事前に閲覧（つまりチェック）できることがある。これを内覧という。関白と内覧はほぼ同様のものだが、これまでも関白に任命されず、内覧だけに任命される者も少なくなかった。

しかし、摂政と内覧の併存は始めてのことであり、摂政は天皇と同等、これに対し、関白（内覧）は臣下の立場であるから、両者が併存した場合、その関係は、内覧は摂政の臣下という関係になってしまう。それが異常なのであり、兼実も「摂政と内覧、ほとんど君臣の礼あるに似る」と記し、ほかにも様々な問題が生じるため、内覧の辞退を申し出ている（『玉葉』十二月二十七日条）。

もっとも逆に考えれば、内覧は摂政の行為をチェックできるわけであり、頼朝といえども摂政藤原基通を強引に辞めさせられない以上、異常事態とはいえ、兼実を内覧にすることで基通の行動に制限を加える。これこそ兼実を内覧にすることを要求した頼朝の目的であったろう。そして、翌年三月十二日、兼実はついに摂政となった（『玉葉』文治二年〈一一八六〉三月十二日条）。摂政となってからの兼実は、義経捜索の朝廷側の中心的存在となり、『玉葉』にもそのことが詳しく記されるようになる。

一方、反頼朝つまりは親義経派の代表である泰経は、頼朝にもっとも睨まれる存在となっており、すでに十一月十五日に使者を送り、頼朝に直接ではなく一条能保に弁明の書状を差し出し、それが頼朝に披露されている。それによれば、今回、義経・行家に頼朝追討宣旨を出したことを「天魔の所為」と弁明している（『吾妻鏡』十一月十五日条）。

これに対して、頼朝は、「天魔の所為」というのは理屈が通らない。天魔ならぬ「日本国第一の大天狗」は泰経に他ならないと返書している（『吾妻鏡』十一月十五日条・『玉葉』十一月二十六条）。そして、泰経は、解官のみならず、伊豆に流罪と決まるのである（『玉葉』十二月三十日条・『吾妻鏡』文治二年〈一一八六〉正月七日条）。

白拍子静　明けて文治二年は、義経捜索の年といってよい。その手始めが、前年十一月に吉野山で保護された静の鎌倉での尋問である。

静は義経の縁者として、弁慶とともにもっとも名前が知られた人物であろう。しかし、弁慶は伝説ばかりが先行し、『吾妻鏡』には名前が二回出てくるだけで（文治元年十一月三日・六日条）、実態は不明である。これに対し、静も、義経と出会った時期など不明な点は多いが、その母磯禅師《いそのぜんじ》とともに『吾妻鏡』のほかに、『徒然草』（二二五段）にも名前がみえる存在である。

『徒然草』によれば、藤原信西《しんぜい》が、多くの舞のなかから趣向ある舞を選んで磯禅師に教えた。それは白水干に鞘巻を指し、烏帽子を被るという男装による舞で、男舞《おとこまい》といった。その後、磯禅師の娘静がその芸を継承し、それが白拍子《しらびょうし》の「根元」となった。それは仏神の本縁を謡うものであったという。白拍子とは、本来は文字通りの拍子で、それが舞の名となり、ついに舞う女性をいうようになったらしいが、白拍子舞の創始は磯禅師というわけである。こうした母親の芸を継承した静は当代一流の白拍子であったらしい。

以下、『吾妻鏡』で静を追っていこう。正月二十九日、北条時政は静を鎌倉に送ることを命じられた。三月一日、静と母は鎌倉に着き、三月六日、尋問がはじまった。義経が吉野山に逗留したという静の証言が信用できないという問い詰めに静は、義経が逗留したのは吉野山の僧坊であり、そこから僧坊の僧に送られ、山伏姿で大峰《おおみね》に入山しようとした。静も従ったが女性は入山できないので、京都に向かった。しかし、供の雑色男が財宝を奪い逃亡してしまったので、蔵王堂に迷い出たことなどを証言した。また、静は大峰に義経を送った僧の名は忘れたと回答した。この静の回答は、京都で尋問した時とは内容が異なっていたので、虚偽であることが疑われ、再度の尋問が命じられた。

しかし、三月二十二日の再度の尋問でも、静は義経の行方は知らないと言い切った。ところが、義経の子を妊娠していることが判り、出産後に京都に戻されることになった。

鎌倉滞在中の四月八日、静は再三の辞退にも関わらず、頼朝・政子夫妻に請われて、鶴岡八幡宮の回廊で白拍子の芸を披露した。静は、御家人達の演奏に合わせて、

吉野山峰の白雪踏み分けて入りにし人の跡ぞ恋しき
静《しづ》や静しづの苧環《おだまき》くり返し昔を今になすよしもがな

という義経を思慕する二首の歌を謡い舞った。その芸の素晴らしさに満座が感嘆するなか、頼朝は、関東を言祝ぐ歌を謡うべきところを、反逆者義経を思慕する歌を謡うとは奇恠だと怒った。それを政子が静の行為は貞女の姿であると諭し、頼朝は怒りを静めたという。

五月十四日、御家人等が静の宿所に参った。静と磯禅師が芸を施すなか、梶原景茂《かげしげ》が静に言い寄った。静は、頼朝の弟義経の妾である自分と景茂では身分が違うことをきっぱりと述べたという。五月二十七日には、頼朝の長女大姫の要請で勝長寿院でも芸を施した。

閏七月二十九日、静は義経の子を出産する。男子であったために静から強引に引き離され、由比ヶ浜で殺された。政子は頼朝に思い止まらせようとしたが、叶わなかった。九月十六日、静は母とともに鎌倉を去る。政子は静を憐れみ、多くの重宝を与えた。その後の静の消息は不明である。

義経の捜索

一方、義経の捜索も続いた。しばらく『吾妻鏡』の記事を追おう。二月十八日、義経が多武峰に隠れ住んでいるという風聞があり、これには義経のかつての師匠鞍馬の東光坊阿闍梨と、興福寺の周防得業《すおうとくぎょう》に義経に同意の疑いがあり、鎌倉に召し下されることになった。三月十四日、二月三十日に出された義経・行家を捜索すべき宣旨が鎌倉に到着した。その捜索範囲は、熊野・金峰山のほかに大和・河内・伊賀・伊勢・紀伊・阿波であった。

三月十五日には、義経は伊勢神宮に参り、諸願成就のため度々の合戦で佩帯していた黄金造《こがねづくり》太刀を奉納したという。三月二十七日、義経捜索の中心であった時政が、鎌倉に召還されることになり、時政は甥の北条時定《ときさだ》等三十五人の勇士に後事を託し、また、時政の後任は一条能保がなった（三月二十三日条）。

四月二十日、行家と義経が在京し、比叡山の悪僧がかれらに同意しているという聞こえがあり、頼朝は朝廷に然るべき処置をするように指示し、実行しないならば、比叡山に武士を送って捜索することを告げた。その返答の院宣が五月十三日に鎌倉にもたらされ、洛中の捜索は行うが、武士による比叡山の捜索は慎重にすべきことが記されていた。同時に、時政が京都を去って以後、洛中の狼藉が増加し、四月二十九日の夜には七カ所で強盗があったことが報告された。

このころから『玉葉』にも義経に関する記事があらわれてくる。五月十日、義経と行家が比叡山や前摂政藤原基通宅にいるという噂がたった。なお、その日の『玉葉』には、義経は「義行《よしゆき》」となっている。これは、兼実の子息良経と義経が訓読が同じであるから、それを避けて、義経の没落後、勝手に改名されたためである（『玉葉』文治元年十一月十一日条・『吾妻鏡』閏七月十日条）。

五月十二日、行家が和泉で北条時定等に捕らえられ、梟首された。翌日には子息も誅せられた。行家の首は五月二十五日に鎌倉に着いた（『玉葉』五月十五日条・『吾妻鏡』五月二十五日条）。なお、七月十一日には行家を弔うための仏事が鎌倉で修せられている（『吾妻鏡』七月十一日条）。六月に入ると、神祇官大中臣公宣《おおなかとみのきみのぶ》からの書状で、義経が伊勢神宮に参拝した際に祈禱をしたのは、義経に内通した祭主大中臣能隆《よしたか》で、義経はその後は南都にいるという情報が入った（『吾妻鏡』六月七日条）。

しかし、京都では、義経は鞍馬にいるという情報が入った（『玉葉』六月一日条）。そのことで、鞍馬に軍兵を入れるか、別当に義経を捜索させるか、義経の知音である土佐君という僧を召し出させるか、すでに義経は逃亡しているであろうから、諸国に宣旨を下すか等々の様々な意見が後白河・兼実・能保の間で交わされた結果、六月六日に、すでに行家は誅せられているので、改めて義経を捕らえるべき宣旨が諸国に下された（『玉葉』六月二日・四日〜六日各条）。また、同日、一条河崎《いちじょうかわさき》観音堂辺で義経の母（常盤）と妹が捕らえられ、義経が石蔵《いわくら》（岩倉）にいると白状したので武士を遣わしたが、すでに逃げ去った後であった（『玉葉』六月六日条・『吾妻鏡』六月十三日条）。

六月十二日、義経が大和宇陀郡辺にあるという風聞があり、北条時定が向かった（『玉葉』六月十二日条）。そこで源有綱と合戦となり、有綱は深山に入って自害し、その首は二十日に京都に送られた（『吾妻鏡』六月二十八日条）。また、二十二日には、義経は仁和寺・岩倉辺に隠居しているという報があり、勇士を遣わしたが誤報であり、なお比叡山で悪僧に扶持されているという風聞が鎌倉に届いた（『吾妻鏡』六月二十二日条）。それ以前、六月十八日には、多武峰で義経を匿ったという龍諦坊《りょうたいぼう》という悪僧が召し出された（『玉葉』六月十八日条）。

捜索の続行

七月二十五日、伊勢義盛が梟首されたという報が兼実のもとに届いた（『玉葉』七月二十五日条）。また、七月三十日と閏七月二日の二度、兼実のもとに弟の慈円から、義経が比叡山にいるという情報が入った（『玉葉』七月三十日・閏七月二日条）。その報は閏七月十日には、鎌倉にも届き、義経の小舎人童五郎丸を捕らえて尋問したところ、義経は六月二十日頃まで比叡山にいたことと、俊章《しゅんしょう》・承意・仲教等の悪僧が義経に与力したことを白状した（『吾妻鏡』閏七月十日条）。『吾妻鏡』閏七月二十六条によれば、この自白に基づき、義経与力の三悪僧を差し出すように座主全玄《ぜんげん》にふれたところ、逃亡したと申した。しかし、閏七月十一日までは山にいたという風聞があったので、後白河に事情を奏上したところ、十六日に公卿僉議が開かれた。その公卿僉議の様子は『玉葉』閏七月十六日条に詳細に記されているが、その結果、比叡山山上・横河・末寺・荘園など比叡山関係すべてにふれて、三悪僧を召し進ずべきことが、座主以下の僧綱に命じられた。ただし、三悪僧の縁者三人を捕らえて検非違使に下した。また、軍兵を比叡山に送って捜索することも検討されたが、それは比叡山が滅亡するという理由で回避された。

以上の報告が一条能保から鎌倉にもたらされると同時に、こうした事情を頼朝に伝えることを吉田経房に命じた閏七月十七日の院宣ももたらされたが、それによれば、三悪僧捜索の宣旨が、かれらに所縁のある近江と北陸道に下されたという。なお、この宣旨を下すことは源通親の意見であった(『玉葉』閏七月十六日条)。

こうしたなかで、閏七月二十一日には、三悪僧のうち仲教が捕らえられ(『玉葉』閏七月二十一日条)、また、ほぼ同時に仲教と承意の母も捕らえられた(『吾妻鏡』八月三日条)。

九月二十日、堀景光と佐藤忠信が比企朝宗に捕らえられ、忠信は自害したという(『玉葉』九月二十日・二十一日条)。

ところが、『吾妻鏡』によると、それは九月二十二日のことで、しかも糟屋有季《かすやありすえ》が京都で堀景光を捕らえ、同時に中御門東洞院《なかみかどひがしのとういん》で同じく佐藤忠信を誅した。精兵である忠信をたやすく討ち取れなかったが、多勢に無勢、ついに郎等とともに自害したという。また、忠信は義経に従っていたが、宇治辺で別離し、京都に戻ってかつて密通していた女に書状を遣わしたところ、女が今の夫にそれをみせ、その夫が有季に伝えたので、忠信を襲ったという（『吾妻鏡』九月二十二日条）。以上、日付とともに内容も『玉葉』とは異なっている。

いずれにしろ、捕らえられた景光の自白により、義経は興福寺得業聖弘《しょうこう》のもとにいたことがわかった。そこで、『玉葉』によれば、九月二十一日、朝宗の軍勢二、三百騎が、突然興福寺に乱入し、聖弘の房を囲み、追捕を加えた。しかし、義経も聖弘も逐電したあとで、しかも軍勢乱入のために、折からの唯識会《ゆいしきえ》という行事ができなくなってしまった。

この報告を受けた兼実は、一条能保に事情説明を求め、能保は、弁明と謝罪を述べたが、捕らえた下僧の証言で、義経が聖弘のもとにいたことは確実となった（九月二十二日条）。

兼実は、能保が事前に奏聞せずに興福寺に軍勢を乱入させたことを問題としたのだが、『吾妻鏡』によれば、興福寺のことを能保に奏聞させ、朝宗に五百余騎を副えて義経を捜索させることになったとある（九月二十九日条）。つまり奏聞の後に武士を送ったとする『吾妻鏡』の記述は、『玉葉』とは食い違っており、『吾妻鏡』に作為がありそうである。

また『吾妻鏡』によれば、義経はすでにおらず、朝宗は空しく帰洛したが、これに興福寺の大衆が怒って蜂起し、維摩会《ゆいまえ》という興福寺で行う朝廷主催の大法会を停止するという噂がたった（十月十日条）。これも『玉葉』によれば、九月二十八日に、興福寺所司二人が兼実のもとに来て、今回のことで法華会《ほっけえ》や維摩会も行いがたいと申したが、兼実はそれを認めなかった（九月二十八日条）。

こうした状況のなかで、十月十八日、聖弘自らが出頭してきたのである（『玉葉』十月十七日・十八日条）。なお、朝宗は帰洛したものの、その郎等は引き続き、聖弘の坊を監視し続けたらしい（『吾妻鏡』十二月十五日条）。

景光の自白によれば、景光は義経の使者として、藤原範季のもとを度々尋ねていたという（『吾妻鏡』九月二十九日条）。そこで、十月十六日、範季が義経に同意していたことを抗議するための使者が鎌倉を発った（『吾妻鏡』十月十六日条）。範季は後白河の近臣でありながら義経に同意したために、頼朝も抗議したのである。

これにより、範季を尋問したところ、義経には同意していない。堀景光には一・二度会ったことがあるという答えであった。しかし、謀反人の家人である景光に会いながら、捕らえなかったことは過怠があるとして罪に問われることになり（『玉葉』十月二十八日条）、十一月二日に木工頭《もくのかみ》と皇后宮亮《こうごうぐうのすけ》を解官された（『吾妻鏡』十一月十七日条）。なお、範季は幼少期の範頼を養育したらしく（『玉葉』元暦元年〈一一八四〉九月三日条）、範季の子息範資は、大物浦に向かう義経等を討とうと追っていた武士達の先頭に立った人物である（『玉葉』文治元年〈一一八五〉十一月八日条）。

十一月五日、頼朝は、義経がなかなか捕まらないのは、公卿や殿上人がみな鎌倉を憎み、京中の諸人が義経に同意・結構しているからであろう。特に範季が義経に同意していたことは憤っている。また、仁和寺宮（道法法親王《どうほうほっしんのう》）さえ義経に同意していると聞く。子細を承りたいという書状を後白河に提出した。仁和寺宮に疑いが掛かったのは、大夫尉友実《ともざね》という者が義経の使者として摂津に向かったが、仁和寺に近い友実の居所は、宮から借りていたからという理由である。なお、三善康信《みよしやすのぶ》の提案で、義行という名は「よく（隠れ）行く」ということだから、義経がなかなか見つからないのではないか。だから、もとの義経に戻すことを兼実に相談することにしたという（『吾妻鏡』十一月五日条）。

『玉葉』によれば、この頼朝書状には、事の進展がなければ、二、三万騎の武士を派遣して義経を捜索するとまであったようだが（十一月十六日条）、これにより、十一月十八日には院殿上で公卿僉議が開かれた。その詳細は『玉葉』十一月十八日条に記されているが、その結果、義経大捜索網が張られ、義経を召し出すべき宣旨を諸社・諸寺・京内・畿外に出すこと（『吾妻鏡』十一月二十九日条によれば、畿内と北陸道）。義経の縁者を召し出して尋問し、その白状に従って、どこであれ捜索し、もしそのことに過怠があれば、武士を派遣すること。南都北嶺《ほくれい》の長吏と僧綱以下を召し寄せ、義経と縁者を捜索してすぐに報告するように申し渡すこと。などが定められた。また、京内の在家の人数を把握し、寄宿の旅客の姓名を報告させるという源通親の提案に、その方法で行家を捕らえることができたことから兼実も賛成している。十一月二十九日に鎌倉に届いた報告によれば、京内は当時の行政単位である保《ほ》ごとに検非違使に捜索させるとあり（『吾妻鏡』十一月二十九日条）、通親の提案も実行されたようである。

なお、義経（義行）の改名問題に関しては、十二月二十四日、兼実の意見で義顕《よしあき》に決定し、翌日、その名による追討宣旨が改めて下された（『玉葉』十二月二十四日・二十五日条）。

このように義経大捜索網が形成されて、文治二年（一一八六）は暮れていった。それにしても、以上からわかるように、義経の潜伏・逃亡生活を支援したのは、比叡山・興福寺という当時の二大勢力を含む畿内近国の宗教関係者が中心であった。かれらが義経を支援したのは、義経が幼少期に鞍馬で稚児として過ごしたことが関係するだけでなく、やはり在京中の施策によるものであろう。そして、宗教関係者には朝廷や幕府の権力も及び難かったために、捕らえられずに潜伏・逃亡が出来たのであろうが、そこには、追っ手の先をいく確かな情報源の存在とともに、覚一本で「すゝどき」と表現された、義経の行動力や身体能力の高さも関係しているのであろう。

なお、伝説ばかりで実態が不明な弁慶だが、伝説の弁慶、つまり一般によく知られている義経に徹底的に献身する弁慶像は、こうした義経を支援したあまたの宗教関係者の集大成として、その象徴として形作られたものという。

義経奥州へ　明けて文治三年二月、大捜索網のなか、義経は伊勢・美濃を経て、藤原秀衡を頼って奥州に辿り着いた。妻子を伴い、一行は山伏や稚児の姿に身をやつしていたという（『吾妻鏡』二月十日条）。この逃避行は『義経記』（巻七）に詳しく記され、のちの『勧進帳』に代表される多くの伝説を生むわけだが、『義経記』に記されているように、北陸道を辿っていたと考えられる。なお、義経一行を奥州へ送ったのは、比叡山の悪僧俊章とその伴党であったらしい（『吾妻鏡』文治四年〈一一八八〉十月十七日条）。伝説の弁慶像には、こうした俊章のような存在が投影されているわけである。

また、秀衡が義経を受け入れるのは今回で二回目であるが、その後の義経の立場の大幅な変動を考える時、前回とは異なり、今回は義経を受け入れる秀衡の覚悟も強いものであったであろう。朝廷や幕府との対立が視野に入っていたであろうと考えられるからである。

しかし、この『吾妻鏡』の記事は、のちの情報から遡って記されたようで、朝廷や幕府が、義経の奥州入りを確認するのはかなり後になってからであるらしい。それは『吾妻鏡』と『玉葉』からわかる。

まず三月五日、義経が奥州にあり、それは秀衡の結構によるものであるという諸人の申し状が一致したので、それをはっきりと確認するように鎌倉から京都に伝えられた（『吾妻鏡』三月五日条）。つまり三月の段階ではいまだ噂にすぎなかった。

しかも四月四日には、義経の所在はまだ分からないが、もう人力の及ぶところではなく、神仏に頼るしかないということで、鶴岡八幡宮以下の神社仏寺に祈禱が命じられた。しかも若宮別当法眼が上野の金剛寺で義経に会うであろうという夢想をみたために、ますます祈禱をこらすことが金剛寺に命じられている（『吾妻鏡』四月四日条）。

また、京都では、二月八日に義経捜索のことが改めて確認され（『玉葉』二月八日条）、五月四日には、義経が南都から美作の山寺に逃げ込み、そこで梟首されたというまことしやかな情報が入った。それに接した兼実は、それが事実ならば、「天下の悦び」であり、様々な修法を行ってきたが、その霊験の現れだと記している（『玉葉』五月四日条）。義経の奥州下向などまったく知らないという書きぶりであろう。

つまりこの頃まで、義経が奥州に下向したということは、不確かな情報はあったようだが、確かなことは不明で、兼実などには噂さえ伝わっていなかったようなのである。以後、義経の情報が確定したことがわかるのは九月になってからだが、その間、義経の縁者が尋問を受けたり、捜索を命じられたりしている。

聖弘の尋問

堀景光の自白により、義経との関係を暴露され、自ら京都に出頭してきた興福寺得業聖弘は、その後鎌倉に参向し、小山朝光に預けられていた。三月八日、聖弘は頼朝に対面した。『吾妻鏡』にみえる、その問答を要約（意訳）するとつぎのようになる。

まず頼朝は、義経のために祈禱をし、しかも同意結構した真意を問うた。聖弘は、祈禱の件は、義経からの慇懃《いんぎん》なる依頼により、平氏追討の成功を祈ったまでで、それは報国の志である。また、義経が関東の譴責を受けて、師檀の関係から私（聖弘）を頼ってきたので、頼朝に謝るように諭して、下法師を副えて伊賀まで送り、後は音信がない。謀反を祈ったわけでもなく、諭して逆心を宥《なだ》めたのに、どうして与同といわれるのか。と、まず自分の立場を弁明したうえで、頼朝に対して痛烈な批判を浴びせている。

関東の安全は、ひとえに義経の武功によっている。ところが、貴方（頼朝）は、讒言を真に受け、それまでの義経の奉公を忘れ、恩賞の地を召し返した。それでは、義経に逆心が起こるのも人間として当然のことだ。すみやかに怒りを鎮め、和平の心をもって義経を呼び戻し、兄弟が魚水の思いをなせば、それこそ治国のはかりごとというものだ。しかし、これはけっして義経に同情して言っているのではない。天下が鎮まることを願ってのことだと述べたのである。

これには頼朝も感心し、勝長寿院の供僧職《ぐそうしき》に任命し、関東の繁栄を祈ることを命じたという（以上、三月八日条）。

聖弘の言い分はまさに正論であり、聖弘のように頼朝に面と向かって言う人はいなかったにしても、当時でもそういう思いを抱いていた人は多かったのではなかろうか。しかし、頼朝は感心こそすれ、それに従うはずもなかった。また、聖弘を罰せず、勝長寿院供僧職に任命したことは、頼朝の評価される行為として肯定的に解釈するのがふつうである。しかし、興福寺の僧である聖弘からすれば、それは鎌倉拘禁にも等しかったのではなかろうか。頼朝は体よく聖弘を罰しているという解釈も成り立とう。

三月十八日、一条能保の使者が、天台座主全玄の請文を持ってきた。それは、頼朝の命により義経に同意の比叡山の僧である民部禅師の捕縛を座主全玄に命じたが、姿をくらましたというので、再び禅師を捕らえるように後白河を通じて下知したところ、送られてきた請文であった（『吾妻鏡』三月十八日条）。

奥州への圧力

九月四日、奥州に遣わしていた雑色が鎌倉に帰還した。これは、それ以前、秀衡が義経を扶持して反逆していることを頼朝が朝廷に訴え、それに基づき院庁下文が陸奥に下されたが、その時に鎌倉から同行した雑色であった。その雑色の報告によれば、秀衡は異心はないと言っているが、すでに用意はしているらしいというものであった。そこで、その雑色を京都に遣わし、奥州の形勢を報告させたという（『吾妻鏡』九月四日条）。

奥州藤原氏は、頼朝にとってたえず脅威であった。頼朝がこれまで上洛を途中で止めた一因は、藤原氏に対する脅威にあった。しかし、幕府の権力が固まった今、頼朝は藤原氏に対して徐々に圧力をかけ始めた。

遡って文治二年（一一八六）四月二十四日、秀衡の請文が鎌倉に届いた。これは、朝廷への貢馬・貢金は、今後は頼朝が取り次ぐということを要請した書状に答えたものであった。その書状で頼朝は、秀衡を「奥六郡主《おくろくぐんのぬし》」、自分を「東海道惣官《そうかん》」として、互いの立場を明確化し、本来ならば魚水の思いをなすべきところ、これまで音信がなかった。貢馬・貢金は国家への貢ぎ物であるから、私（頼朝）が管轄しないわけにはいかないというものであり、それは勅定の趣を守るためであるという（『吾妻鏡』文治二年四月二十四日条）。

つまり頼朝は、「十月宣旨」で朝廷から認められた東国管轄権を利用して、朝廷でさえこれまであまり干渉してこなかった奥州のことに干渉するとともに、自身を秀衡よりも上位に位置付けようとしているのであるが、それを秀衡が承諾したのである。秀衡は無益な争いを避けたのであろう。秀衡の方が頼朝よりも大人というべきであろう。

これにより文治二年には、五月十日に、秀衡より貢馬三疋・中持三棹が鎌倉に送られ、八田知家《はったともいえ》が付き添って京都に送られている（『吾妻鏡』五月十日条）。十月一日には、秀衡より今年分の貢金四百五十両が鎌倉に届き、二日後、頼朝からの貢馬五疋とともに京都に送られている（『吾妻鏡』十月一日・

三日条)。

翌文治三年（一一八七）四月、頼朝は、鹿ヶ谷事件で奥州に配流となった中原基兼《なかはらもとかね》の召還と東大寺大仏再建の鍍金料として三万両の貢金を秀衡に命じることを朝廷に要請した。それにより、院宣が下され、頼朝書状とともに秀衡のもとに送られた。その返答が九月二十八日に京都に届いた。その内容は、基兼のことは本人が拒んでいるので上洛させないだけで、拘留しているわけではないこと、三万両の貢金は、莫大な料であるうえに、近年は多くの商人が領内に出入りして砂金を売買し、量が底をついているので難しいが、求められたら進上するというものであった（『玉葉』九月二十九日条）。この返答に頼朝は「頗る奇恠《きっかい》」と不信感を示したらしいが、秀衡は、頼朝の要求を余裕を持って断っている。

『玉葉』によれば、院宣の内容は、基兼と貢金のことだけでなく、「度々の追討等の間、殊に功なき事」が含まれていた。これは『玉葉』に直接記されてはいないが、義経を匿っていることを言っているのかもしれない。唐突な基兼召還要求も、義経のことを牽制する意図があったのかもしれない。だとすれば、そのことは失敗したものの、院宣が出された頃には、義経のことはまだ未確定だったのかもしれない。

秀衡の死

このように奥州に圧力をかけても、秀衡は、頼朝にとって一筋縄ではいかない存在であった。ところが、十月二十九日、かねてから重病であった秀衡が平泉館で死去した。それ以前、秀衡は、義経を大将軍として国務を行うように、子息泰衡等に遺言したという（『吾妻鏡』十月二十九日条)。

また、前年の九月・十月頃から、義経は秀衡のもとに匿われていたが、十月二十九日、死去の時に臨み、秀衡は、前妻の子で嫡男の泰衡と現在の妻の長男である国衡《くにひら》の兄弟に対し、現在の妻を泰衡に嫁がせることで、兄弟を和融させ、両人に異心を持たないように起請文を書かせたという。また、義経にも起請文を書かせ、兄弟に義経を主君として仕えるように遺言し、三人が団結して頼朝を襲う策略を練ったという(『玉葉』文治四年〈一一八八〉正月九日条)。

自分の妻を異腹の子に嫁がせるというのは異常なことだが、その妻を通じて泰衡と国衡を親子関係におくことで、兄弟の融和を計ろうとしたもので、奥州の将来を案じた秀衡の苦肉の策であろう。母が違うこともあり、泰衡と国衡は仲が悪かったらしい。こうして兄弟を融和させたうえで、義経を戴き、頼朝に対抗しようとしたのが秀衡の目論見であったらしい。なお、泰衡の母は藤原基成の娘であり、以後、基成は泰衡の外祖父としてともに頼朝の圧力に抵抗することになる。

なお、こうした秀衡の目論見に、奥州幕府を開こうとする意図があったとみる説もある。

頼朝の圧力

秀衡の死により、義経は大きな後ろ盾を失った。一方、頼朝の圧力は強くなっていった。

文治四年四月九日、義経追討を命じる宣旨と院庁下文を帯し、三月二十二日に奥州に向けて京都を発った、官史生《かんのししょう》国光と院庁官《いんのちょうかん》景弘がその日鎌倉に到着し、頼朝はその宣旨と院庁下文を内覧した(『吾妻鏡』文治四年四月九日条)。なお、両人が奥州に下向することは、一条能保からすでに二月二十九日に鎌倉に知らされていた（『吾妻鏡』二月二十九日条）。

宣旨は二月二十一日付で、その事書《ことがき》（文書の冒頭に「～の事」として記される、文書の内容の要点のこと）は、

出羽守藤原保房《やすふさ》、東海・東山両道の国司ならびに武勇の輩に仰せ、その身を追討せらるるを言上す、源義経および同意の者等当国に乱入し、毀《き》破《は》の旧符《きゅうふ》をもって、偽りて当時の宣旨と号し、謀叛を致す事、

とあり、出羽守藤原保房からの要請に答えるかたちで、義経の追討を東海・東山両道の国司と武勇の輩に命じている。「毀破の旧符」とは、文治元年（一一八五）に義経・行家に与えられた頼朝追討宣旨のことであり、これによれば、義経はその宣旨をいまだ自分の行動の大義名分としていることになる。宣旨本文では、頼朝追討宣旨が無効であることを強調し、泰衡・基成に義経を差し出すことを命じている。

一方、院庁下文は二月二十六日付で、事書は、

院庁下す、陸奥・出羽両国司等、まさに宣旨の状に任せ、前民部少輔藤原基成ならびに秀衡法師男泰衡等をして、かつは義経の身を召し進め、かつは国司および庄役（牧カ）使等を受用すべ

き事、

とあり、泰衡・基成主体に書かれているが、下文本文では宣旨の内容をなぞっている。つまりは両状ともに、泰衡・基成に対して義経を差し出せと命じているわけであり、いままで朝廷は奥州にはあまり干渉してこなかったことにはすでにふれたが、義経問題を契機に大きく干渉し出したのである。むろんそれは頼朝の圧力による。

そもそも今回宣旨が出されるに至った発端は『玉葉』に記されている。つまり、藤原某が出羽に派遣した昌尊《しょうそん》という法師が、当地で義経と合戦し、鎌倉に逃げ延びて事情を頼朝に伝え、頼朝は出羽国司を通じて後白河に伝えることを勧めた。それをうけて、朝廷では事態を確認のうえ、院議定を経て、宣旨と院宣（院庁下文）が出されることになったのである（二月八日・九日・十一日各条）。なお、義経が奥州で合戦をしていたことは、宣旨本文にもみえているが、これまでふれられることはなかった。事実ならば注目すべきことであろう。

それにしても、宣旨・院宣の内容や語句に関しては、頼朝の意向を反映しつつ、後白河と兼実で慎重に検討され、二月十四日に一度出来上がった宣旨を改変するなどの曲折を経て、右記のようなかたちになったのである。その間の事情は『玉葉』に詳細に記されている（二月十三日・十四日・十七日・十八日・二十一日・二十六日各条）。

頼朝の意向には、宣旨の事書からもわかるように、改名された義顕を本名の義経に戻すことや、また、亡母のために鶴岡八幡宮に五重の塔婆《とうば》を造営し、そのため今年は重厄で殺生禁断であるから、頼朝本人は追討使にはなれないことなどが含まれていた。

以上のような事情のなかで、今回宣旨が出されるに至ったのは、昌尊を契機に、頼朝の要請によることは間違いないであろう。昌尊のことも朝廷の確認を経ているものの、でっち上げられた可能性も残ろう。しかし、『玉葉』からうける総体的な印象としては、亡母のことを口実に追討使を辞退している点や、泰衡・基成に自主的に義経を差し出すように命じている点など、頼朝も朝廷も、奥州のことに関してはまだまだ慎重で、手探り状態であることが感じられる。

泰衡の反応

こうした頼朝や朝廷の状況を見透かしてか、泰衡はなんら反応を示さなかった。それどころか、六月十日には京進の貢馬・貢金等を相模の大磯の駅に送ってきた。処置を問うた三浦義澄に対して頼朝は、泰衡は反逆者義経にくみする者だが、有限の公物を抑留できない（つまり京都に送れ）と命じている。『吾妻鏡』では、泰衡が貢馬・貢金してきたことを宣旨に応じたことのように記している（六月十一日条）。しかし、泰衡にとっては去年来の頼朝の要請に基づく、余裕を持った通常の貢進だったのではなかろうか。

そのことは、八月九日に、義経に同意の比叡山の悪僧問題とともに、泰衡・基成問題の沙汰が遅いので、急速に申し達することが一条能保に命じられていることとかもわかる（『吾妻鏡』八月九日条）。沙汰が遅いという具体的な内容かはわかりづらいが、泰衡側からの反応がないことをいっているのであろう。

そうしたなか、九月になって、奥州に遣わした官使が、泰衡の請文と陸奥・出羽両国司の申状の返状を持参してやっと帰京した（『玉葉』九月十四日条）。つまり泰衡が宣旨と院庁下文の内容を承諾したということである。しかし、それは形ばかりのことであったようで、その後も義経問題にはなんら進展はなかったのである。

そのため、十月には再び義経追討を命じる宣旨と院庁下文が下された。宣旨は十月十二日付で、十月二十五日、その案文が鎌倉に到着した。また、院庁下文は、十二月十一日、使者となった官史生守康が奥州に向かう途中、鎌倉に立ち寄り、披露された（『吾妻鏡』十月二十五日・十二月十一日条）。

明けて文治五年（一一八九）二月二十二日、頼朝は、義経逐電以降の朝廷の対応に厳しさがないため、六カ条に渡る急速な対応を求めるべき条文を朝廷に送った（『吾妻鏡』二月二十二日条）。そのうち四カ条が義経問題であり、その筆頭が奥州問題であるが、頼朝は朝廷に泰衡を討つ許しを請うている。頼朝も義経問題が進展しないことにしびれを切らしていたのであろう。二月二十五日には、奥州の形勢を探るために使者が遣わされた（『吾妻鏡』二月二十五日条）。

ところがその翌日、奥州に遣わされていた官使守康が帰洛途中に鎌倉に立ち寄った。その守康が申すには、泰衡は、義経の所在がわかったので、すぐに召し進めるという請文を出したという。しかし、これを聞いた頼朝は、泰衡の心中は測りがたい。義経と固く結託しており、最初の宣旨にも応ぜずに義経を差し出さなかった。今回はその場しのぎで義経を差し出すようなことを言っているが、おそらく謀言で、とても信用できないと言ったという（『吾妻鏡』二月二十六日条）。これまでの泰衡の対応を考えれば、頼朝の意見も納得できよう。

なお、この泰衡の請文は、三月九日には京都に届き、折から天王寺にいた後白河に奏上したところ、天皇に知らせて後、早く義経を差し出すように、重ねて宣旨を出すように、兼実に申し付けたという（『吾妻鏡』三月二十日条）。

四月十九日、さきに頼朝が提出した六カ条の要請に対する回答を知らせる吉田経房の書状が、鎌倉にもたらされた。しかし、奥州征伐のことに関しては、兼実以下の諸卿と協議のうえ、いずれ勅答があるだろうという曖昧なものであった（『吾妻鏡』四月十九日）。そして、四月二十二日、後白河からの正式な回答が届いたが、奥州征伐のことはやんわりと拒否された（『吾妻鏡』四月二十二日条）。

朝廷が奥州征伐を拒否した理由は、後白河の意見として、頼朝の言い分ももっともで、早く奥州追討の宣旨を出すべきであるが、頼朝にも六月の鶴岡八幡宮での塔供養という大切な行事が控え、一方、朝廷では伊勢神宮の遷宮と東大寺再建という国家第一の大事業も控えている。征伐に赴けばそうした事業の妨げになる。だから、今は控えるべきだというものであった（『玉葉』閏四月八日条）。

後白河の本音としては奥州征伐は避けたかったのであろう。それは、義経滅亡後に頼朝は奥州征伐を実行するが、それが勅許が下りないままになされたことからもわかるであろう。

義経の最期　泰衡は従わず、征伐も叶わず、義経問題は手詰まりになってしまった。閏四月二十一日、頼朝は再度奥州征伐の勅許を申請している（『吾妻鏡』閏四月二十一日条）。

ところが、閏四月三十日、義経は泰衡に討たれてしまった。これは勅定と頼朝の仰せに従ったものという。その経過は、基成の衣川館にあった義経を、泰衡が兵数百騎で襲い、合戦となった。義経の家人がよく防いだがことごとく敗れ、これをみた義経は持仏堂に入り、まず、二十二歳の妻と四歳の娘を殺害し、ついで自害したという。享年三十一歳であった（『吾妻鏡』閏四月三十日条）。

どのような合戦であったかは不明であるが、あっけない最期であった。また、襲った泰衡の心中も察しがたいが、秀衡の死後、ほぼ一年半の間、頼朝の圧力に堪えたのであり、大変なジレンマの結果の行動であったであろう。まったく分からないのが基成の動向であり、泰衡の義経襲撃時になにをしていたのか、またその後の消息もまったく不明である。そこで、義経が基成の衣川館で襲われたことから、泰衡の義経襲撃に基成の手引きを疑う説もある。

ところで、義経滅亡が閏四月三十日に分かったわけではない。それを伝える奥州からの飛脚が鎌倉に来たのは、五月二十二日である。『吾妻鏡』閏四月三十日条はそれにもとづいて遡って記されているわけだが、頼朝はさっそく京都にも飛脚を送ってそれを告げた。そこには六月九日に予定されていた鶴岡八幡宮での塔供養の延期も記されていた（『吾妻鏡』五月二十二日条）。それは五月二十九日に京都に届いたようだが、その報に接した兼実は、「天下の悦び何事やこれにしかんや、実に神仏の助けなり、そもそもまた頼朝卿の運なり、言語の及ぶところにあらず」と感慨を記している（『玉葉』五月二十九日条）。

義経の首は、鶴岡八幡宮での塔供養が予定通り六月九日に行われることになり、それまでは鎌倉に入らずに途中で逗留することが命じられた（『吾妻鏡』六月七日条）。そして、塔供養後の六月十三日、泰衡の使者新田高平は、義経の首を腰越浦に持参した。その実検のために、侍所の別当と所司である和田義盛と梶原景時が遣わされた。かれらは甲直垂《よろいびたたれ》を着用し、甲冑姿の郎従各二十騎を従えていたという。義経の首は、黒漆の櫃に入れられ、美酒に浸され、高平の僕従二人が担っていた。見る者涙を流さぬ者なかったという（『吾妻鏡』六月十三日条）。

なお、この時は義経の死から一カ月半も経っている。しかも旧暦の五月・六月は真夏である。そのような時期に、酒に浸しただけで一カ月半も首が腐敗しないはずはないという疑問から、この時の義経の首は偽物で、じつは義経は平泉からさらに北方に逃れたという伝説が生まれることになるのである。

さて、七月十九日、頼朝は泰衡征伐のために大軍勢とともに鎌倉を発った（『吾妻鏡』七月十九日条）。瞬く間に奥州を滅ぼし、ついに全国制覇を成し遂げる。奥州を滅ぼしたのは、泰衡が義経を匿ったからである。つまり義経問題を利用して奥州を滅ぼしたことになる。頼朝はここでも義経を利用した。とすれば、義経があったからこそ、頼朝は全国制覇を成し遂げることができたといえないであろうか。鎌倉幕府成立の真の立て役者は義経かもしれない。そう考えれば、義経の流浪と辛苦の後半生も少しは報われないだろうか。

終章　義経の生い立ちと戦士能力の育成

戦士の能力のうち、個人技の能力つまり戦術的能力は、才能とともに日頃の鍛錬・訓練が重要であり、特に幼い頃から身体で覚えてしまうのが一番であることは第二章で強調した。そして、そうした戦術的能力と表裏の関係にあるのが身体能力（運動神経）であり、その育成も、才能とともに日頃の鍛錬・訓練が重要なことはまったく同じである。その意味で、義経の戦術的能力や身体的能力の育成に、幼少期の鞍馬での生活が重要な意味を持つことは異論の余地がない。また、第一章で義経が鞍馬にいた時期を考察したが、その面でも二、三年では短すぎるのである。

鞍馬と身体能力

まずは身体能力から考えてみよう。義経が幼少時より抜群の身体能力を示したことは、『平治物語』（下巻）に「追もはやく逃もはやく、築地・端板を躍越るも相違なし」とみえていることからわかる。これによれば、足が速く、跳躍力があったわけで、瞬発力や敏捷性に優れていたと解釈してよいであろうし、足が速いというのが長距離であるならば、心肺機能も優れていたことになる。これは

僧正が谷へ向かう途中にある木の根道

持って生まれた才能である。

むろんこの記述や、これまでもふれてきた義経の身体能力の優秀さを示す『平家物語』などの記述（「八艘飛び」など）が、事実かどうかはわからない。しかし、才能があったとすれば、鞍馬での生活がそれをさらに伸ばしたであろうことは想像に難くない。

清少納言の『枕草子』に、「近うて遠きもの」として、「鞍馬のつづらおり」をあげているように、鞍馬の険しさは古くから有名であった。それは、鞍馬寺の仁王門から由岐《ゆき》神社・本殿金堂・僧正が谷不動堂・奥院魔王殿から貴船にいたる現在のハイキングコースをめぐってみればわかることだが、あのような険しい山中を連日歩き回ったり、走り回ったりしていれば、足腰を中心とした身体能力も、また心肺機能も研ぎ澄まされてくることは明らかである。しかも『平治物語』（下巻）や『義経記』（巻一）によれば、義経は僧正が谷やさらに貴船まで毎夜往復したという。それが事実ではなくても、先の見えない夜中に山中を歩けば、身体能力はますます研ぎ澄まされてこよう。

しかも、鞍馬には、本殿金堂から僧正が谷不動堂に至る途中、現在、義経背比べ石や大杉権現がある辺りを中心として「木の根道」という道が広がっている。これは岩盤が固く地下に張れない杉の太い根が地表一面にごつごつと浮き出している場所のことである。

そこは昼間でも注意して歩かなければ根に足を取られそうになる。まして夜中にそうした場所を歩くのは危険きわまりない。夜中に歩くには相当の身体能力がいるし、逆に夜中に歩けば、身体能力を研ぎ澄ます格好の訓練となる。僧正が谷や貴船に向かう義経は毎夜そこを通ったはずである。なお、そうした所を上手に歩くためにも、第二章でふれた常歩（二軸動作）による走歩行は重要になってくる。

もっとも歴史的植生の研究者にお聞きしたところ、現在の木の根道はどんなに遡っても百年前のもので、しかもそれは多くの人が地面を踏みしめることでできたものという。つまり往来が激しくなければできないらしい。とすれば、木の根道とは結局は現在のもので、義経の時代にはなかったかもしれない。しかし、木の根道はなかったとしても、険しい山中を夜中に往復したとすれば、身体能力が研ぎ澄まされることは確かなことであろう。

以上のように、義経に抜群の身体能力があったとすれば、それは持って生まれた才能と鞍馬での生活で培われたものと考えられる。

鞍馬と戦術的能力

つぎに鞍馬と戦術的能力について考えてみよう。まず一般論からすれば、当時の寺社勢力（宗教的権門という）は、悪僧に代表される強大な武力を持っていた。その武力は寺社間での抗争や、朝廷への強訴などで使われたし、悪僧のなかには武士出身者もいた。だから、寺社勢力と武力の関係は何ら不思議ではないし、寺社内で武芸・武術の鍛錬も行われていたことは想像に難くない。

特に鞍馬は当初は東寺の末寺であったが、のちに比叡山の末寺となり、賀茂社と大きな乱闘事件をおこしたり（『中右記《ちゅうゆうき》』嘉保元年〈一〇九四〉三月六日条）、大雲寺《だいうんじ》僧徒と争う（長寛元年〈一一六三〉七月九日「鴨御祖大神宮《かものみおや》政所牒《まんどころちょう》」）など、悪僧の勢力が強かったらしい。事実、甲冑や刀剣などの多くの武具類が現存し、また江戸時代に焼失したこともわかっている。これは本尊である毘沙門天《びしゃもんてん》が軍神であることにも関係するのかもしれないが、やはり武力のほどを偲ばせるものであろう。

僧正が谷で義経が天狗に剣術を習ったという伝説は有名である。また、『尊卑分脈』の注記では、「幼日の時より頻りに武芸を嗜む」とあるし、『平治物語』（下巻）では、自分が義朝の遺児であることを知り、父の復讐を誓った十一歳以後、隣の坊の稚児とよく京都市中に出て、そこにたむろする「辻冠者原《つじかじゃばら》」を小太刀（寸法の短い太刀）や打刀で追い回したという。小太刀や打刀などの寸法の短い刀剣を使用しているのは身体の小さいまだ子供だからであろう。また、伝説のように、僧正が谷の天狗・化け物などがいる所で毎夜兵法を習ったと記す異本もある（その異本では、だから義経の身体能力は優れているとする）。

さらに『義経記』（巻一）では、やはり自分が義朝の遺児であることを知り、平氏に謀反を誓ってから、謀反を起こすには「早業《はやわざ》をせでは叶ふまじ、まづ早業を習はん」ということで、鞍馬寺別当の守護のために置いてある「しきたい」と号する腹巻と黄金造太刀を佩いて、毎夜僧正が谷（『義経記』では僧正が谷と貴船を混同している）に行き、大木を清盛に見立てて、太刀で散々に切りつけたという。

これらによれば、義経は武芸・武術を具体的に誰に習ったかは記されておらず、ほとんど独学のように思える。天狗や化け物という曖昧な存在に習ったというのも、その実態は修験者とも考えられる一方で、独学で上達したからそのような伝説が生まれたのかもしれない。またその武芸・武術の内容も、わずかな手掛かりにすぎないが、長刀はないが太刀や打刀などの打物であり、弓箭はない。

ただし、義経が武芸を嗜んだとすれば、やはり指導者は必要であろう。それは右記のように修験者かもしれないが、悪僧の可能性も高い。修験者や悪僧だとすれば、打物術中心であることも肯けよう。ただし、長刀がないのは、小太刀や打刀を使用しているのと同じで、長柄を扱うにはまだ幼すぎたのかもしれない。

寺社勢力と武芸

ただし、壇ノ浦合戦での「八艘飛び」の場面で義経は、覚一本（巻十一）では「長刀」、延慶本（巻十二）では「小なぎなた」を持っている。当時の小長刀とは、刀身が短寸・無反りの長刀類似の武具であるが、これらによれば、義経も長刀を使っていたことになる。義経が長刀術を習ったとすれば、それは鞍馬の悪僧からである可能性が高いであろう。

弓箭はどうか。絵巻をみると悪僧のなかにも弓射騎兵や弓射歩兵がみえるし、『平家物語』などでも弓箭を使用する悪僧はいる。悪僧といえども弓箭を使用しなかったわけではない。だから弓箭の鍛錬もしたはずである。しかし、弓箭の鍛錬、とりわけ騎射の鍛錬には狩猟が一番であることは第二章でもふれたが、寺社内では狩猟は難しかったのではなかろうか。それは騎馬術にもつながる。日常的な乗馬であれば、当時の人間ならば誰でもができたであろうが、狩猟ができないとなると、実戦的な騎馬術の鍛錬は難しかったのではなかろうか。

ただし、神社では稚児が流鏑馬をすることがあり、そのための練習はできたのであろう。しかし、第二章でふれたように流鏑馬などの訓練では実戦的な騎射術の鍛錬にはならない。このように考えると、悪僧はやはり騎射術にはあまり習熟していなかったのではなかろうか。鍛錬という面から考えても、悪僧は打物主体になるのであろう。

義経と騎射術

義経にしても、『平治物語』（下巻）によれば、騎射を行うのは鞍馬を出てからである。つまり義経は、下総を根拠とする坂東武者である陵助重頼《みささぎのすけしげより》を語らってその手引きで鞍馬をでる。その重頼を誘う義経の言葉のなかに「物射てあそばん」というのがあるが、義経は、鞍馬を出て近江の鏡宿《かがみのしゅく》で自分で元服した後、重頼に弓箭と馬を用意させ、東国への道すがら、重頼に「馳挽《はせひき》、物射」（つまり騎射・歩射）を習いながら下ったという。その後、義経は下総で一年ほど過ごすが、そこで狩猟をしていたことも記されている。

いずれにしろ、義経が騎射術を修得したのは、鞍馬を出てからと考えるのが妥当であろう。とすれば、『平治物語』にみえるように、奥州に向かう途中（諸国流浪中）や、また、名馬の産地である奥州に行ってからであろう。義経の身体能力をもってすれば、騎射術の修得も早かったのではなかろうか。それにしても、戦術的能力の向上には実戦経験が重要である。自力救済《じりききゅうざい》（公権力に頼らず当事者相互で紛争を解決すること）の私戦をくり返している東国武士とは違い、義仲追討戦以前の義経に実戦経験があったかどうか疑問である。あったとしても、鞍馬にいた時の辻冠者原との乱闘ぐらいであろうし、奥州では戦闘はなかったと考えられる。そうした実戦経験という面では、義経が、鞍馬から直接奥州に赴かずに、諸国を流浪し、しかもその間、恵まれた生活はしておらず、山賊や夜盗まがいのことをしていたと考える方が、戦士能力の育成という面では、筆者には説得力がある。

しかし、その一方で、義経の戦士能力は、戦術的能力よりも戦略的能力にあることを第三章で指摘した。その点では、戦術的能力が劣っているのは、実戦経験が少なかったからであるとも考えられる。結局は、類推の積み重ねで何ともいえないのだが、鞍馬を出てから義仲追討戦に向かうまでの義経の実戦経験の有無については気になるところである。

戦略的能力の養成

一方、義経が優れていたと考えられる戦略的能力は、どこでどう養ったのであろうか。これも戦術的能力の養成と同様に、学習・経験・才能（センス）が重要であろう。その意味では、義経に才能があったことはたしかであろう。また、経験やセンスを積むためには、やはり恵まれない生活のなかでの諸国流浪は重要であると筆者は考える。

そして、学習という面では、戦術的能力のように人からの指導（教示）ということも重要であろうが、書物から学ぶこともできるであろう。つまり兵法書である。

その点で見逃せないのが『義経記』（巻二）の記述である。つまり、簡略にいえば、鬼一法眼《おにいちほうげん》という一条堀川の陰陽師が所持する『六韜《りくとう》』という兵法書を、その娘をたぶらかして手に入れたという話である。話自体は荒唐無稽であるし、室町時代の兵法書に対する意識も考慮する必要があろうが、義経がそれを手に入れようとしたこと自体は重要であろう。この『六韜』は、周の文王《ぶんおう》（紀元前十一世紀頃）を助けて殷《いん》を滅ぼした太公望（姜呂尚《きょうりょしょう》）が著わしたといわれる兵法書で、黄石公《こうせきこう》の『三略《さんりゃく》』

などともに日本でも尊ばれたらしい。

ここで、兵法書についてふれる用意はないが、戦略的能力を養うにはこうした兵法書を読むことも必要であろうし、日本の武士の間でも藤原秀郷《ひでさと》の故実に代表されるように、各家相伝の故実というものもある。そのなかには弓箭や打物の使用法といった戦術的な記述もあったであろう。また、中国の兵法書は貴族の間では教養書として読まれた可能性もあるが、義経も、鞍馬や奥州で、こうした書物を読んだことは想像に難くないのである。その意味で、『義経記』の『六韜』の話は示唆的であろう。

参考文献

史料

『九条家本玉葉』(図書寮叢刊) 明治書院、一九九四〜二〇〇五年(刊行中)。
『玉葉』名著刊行会、一九七九年。
『吾妻鏡』(新訂増補国史大系) 吉川弘文館、一九三二年。
『新訂吉記』(日本史史料叢刊) 高橋秀樹編、和泉書院、二〇〇二・〇四年(刊行中)。
『吉記』(増補史料大成) 臨川書店、一九六五年。
『山槐記』(増補史料大成) 臨川書店、一九六五年。
『百錬抄』(新訂増補国史大系) 吉川弘文館、一九六五年。
『愚管抄』(日本古典文学大系) 岩波書店、一九六七年。
『延慶本平家物語』北原保雄・小川栄一編、勉誠社、一九九〇年。
『平家物語』(日本古典文学大系) 岩波書店、一九五九・六〇年。
『平家物語』(三弥井古典文庫) 佐伯真一他校注、三弥井書店、一九九三年・二〇〇〇年。
『平治物語』(新日本古典文学大系) 岩波書店、一九九二年。
『義経記』(日本古典文学大系) 岩波書店、一九五九年。
『尊卑分脈』(新訂増補国史大系) 吉川弘文館、一九五七〜一九六四年。
『平安遺文』竹内理三編、東京堂出版、一九七四〜一九八〇年。

○著書・論文（著者五十音順・同著者年代順・括弧内は復刻版等）＊は義経関係の基本文献
青木和夫他編『石母田正著作集九　中世国家成立史の研究』岩波書店、一九八九年。

浅香年木『治承・寿永の内乱論序説』法政大学出版会、一九八一年。

石井謙治『図説和船史話』至誠堂、一九八三年。

石井進『日本の歴史七　鎌倉幕府』中央公論社、一九七四年。

石井進『鎌倉武士の実像　合戦と暮らしのおきて』平凡社、一九八七年。

石井進「一二―一三世紀の日本」『岩波講座日本歴史　中世一』岩波書店、一九九三年。

石母田正『平家物語』岩波書店、一九五七年。

入間田宣夫『中世武士団の自己認識』三弥井書店、一九九八年。

入間田宣夫・豊見山和行『日本の中世五　北の平泉、南の琉球』中央公論新社、二〇〇二年。

入間田宣夫『都市平泉の遺産』山川出版、二〇〇三年。

上杉和彦『源頼朝と鎌倉幕府』新日本出版社、二〇〇三年。

上横手雅敬『源平の盛衰』講談社、一九六九年（二〇〇五年）。

上横手雅敬『日本中世政治史研究』塙書房、一九七〇年。

上横手雅敬『平家物語の虚像と真実』上・下　講談社、一九七三年（塙書房、一九八五年）。

上横手雅敬『日本を創った人々七　源義経』平凡社、一九七八年（二〇〇四年）。

上横手雅敬「院政期の源氏」御家人制研究会編『御家人制の研究』吉川弘文館、一九八一年。

上横手雅敬『源平争乱と平家物語』角川書店、二〇〇一年。

上横手雅敬・元木泰雄・勝山清次『院政と平氏、鎌倉政権』中央公論新社、二〇〇二年。

上横手雅敬編『源義経　流浪の勇者』文英堂、二〇〇四年。

ＮＨＫ編『ＮＨＫ歴史への招待五　無敵義経軍団』ＮＨＫ出版、一九九〇年。

大山喬平『日本の歴史九　鎌倉幕府』小学館、一九七四年。

奥富敬之編『源義経のすべて』新人物往来社、一九九三年。

落合重信「神戸史散策三　一ノ谷合戦　義経の坂落としは、一ノ谷か鵯越麓か」『歴史と神戸』一三四、一九八六年。
＊數江教一『源義経　義経伝と伝説』弘文堂、一九四九年。
　現在では入手困難な、義経伝記の隠れた名著。
＊角川源義・高田実『源義経』角川書店、一九六六年（講談社、二〇〇五年）。
　文学・歴史双方から義経に迫った、現在の研究レベルにも通じる名著。

川合康『源平合戦の虚像を剝ぐ　治承・寿永内乱史』講談社、一九九六年。

川合康『鎌倉幕府成立史の研究』塙書房、二〇〇四年。

河内祥輔『頼朝の時代　一一八〇年代内乱史』平凡社、一九九〇年。

木寺英史『本当のナンバ　常歩』スキージャーナル株式会社、二〇〇四年。
＊黒板勝美『義経伝』文会堂書店、一九一四年（創元社、一九三九年、中央公論社、一九九一年）。
　近代以降の義経に対する研究の基礎とイメージを固めた、義経への愛情あふれる古典的名著。

神戸市編『神戸市史　別録一』神戸市、一九二四年（一九三七年）。

五味文彦『院政期社会の研究』山川出版、一九八四年。

五味文彦『平家物語　史と説話』平凡社、一九八七年。

五味文彦『吾妻鏡の方法　事実と神話にみる中世』吉川弘文館、一九九〇年（増補版、二〇〇〇年）。

五味文彦『大仏再建　中世民衆の熱狂』講談社、一九九五年。

五味文彦『平清盛』吉川弘文館、一九九九年。

五味文彦『源義経』岩波書店、二〇〇四年。

(財)古代学協会編『後白河院　動乱期の天皇』吉川弘文館、一九九三年。

(財)古代学協会・古代学研究所編『平安時代史事典』角川書店、一九九四年。

近藤好和『弓矢と刀剣　中世合戦の実像』吉川弘文館、一九九七年。

近藤好和『中世的武具の成立と武士』吉川弘文館、二〇〇〇年。

近藤好和『騎兵と歩兵の中世史』吉川弘文館、二〇〇五年。

佐伯真一『平家物語遡源』若草書房、一九九六年。

佐伯真一『戦場の精神史　武士道という幻影』NHK出版、二〇〇四年。

櫻井陽子「頼朝の征夷大将軍任官をめぐって」『明月記研究』九、二〇〇四年。

信太周一「一の谷のうしろ、鵯越云々」『神戸大学国語教育学会国語年誌』一五、一九九六年。

下郡剛『後白河院政の研究』吉川弘文館、一九九九年。

鈴木彰「『平家物語』と一ノ谷合戦」『古典遺産』五〇、二〇〇〇年。

関幸彦『源義経　伝説に生きる英雄』清水書院、一九九〇年。

高橋富雄『義経伝説　歴史の虚実』中央公論社、一九六六年。

高橋昌明『清盛以前　伊勢平氏の興隆』平凡社、一九八四年（増補改訂、文理閣、二〇〇四年）。

高橋昌明『武士の成立　武士像の創出』東京大学出版会、一九九九年。

田中文英『平氏政権の研究』思文閣出版、一九九四年。

*角田文衞『王朝史の軌跡』学燈社、一九八三年。

　義経の最初の奥州入りを、藤原秀衡の岳父で、義経の養父一条長成の縁者である藤原基成との関係で考察した論文（初出一九七九）を収録する。

野口実『中世東国武士団の研究』高科書店、一九九四年。

野口実『武家の棟梁の条件』中央公論社、一九九四年。

野口実『武家の棟梁源氏はなぜ滅んだのか』新人物往来社、一九九八年。

東啓子「『平家物語』・義経坂落としの考察　史実の再考と物語による相違」『武庫川国文』四九、一九九七年。

平田俊春『平家物語の批判的研究』国書刊行会、一九九〇年。

菱沼一憲「源義経の政治的再評価」『国史学』一七九、二〇〇三年。

松島周一「源義経の九国地頭職について」『日本文化論叢』四、一九九六年。

美川圭『院政の研究』臨川書店、一九九六年。

宮田敬三「元暦西海合戦試論『範頼苦戦と義経出陣』論の再検討」『立命館文学』五五四、一九九八年。

宮田敬三「十二世紀末の内乱と軍制　兵糧米問題を中心として」『日本史研究』五〇一、二〇〇四年。

村上美登志『中世文学の諸相とその時代』和泉書院、一九九六年。

元木泰雄『武士の成立』吉川弘文館、一九九四年。

元木泰雄『院政期政治史研究』思文閣出版、一九九六年。

元木泰雄『平清盛の闘い　幻の中世国家』角川書店、二〇〇一年。

元木泰雄「頼朝軍の上洛」上横手雅敬編『中世公武権力の構造と展開』吉川弘文館、二〇〇一年。

元木泰雄編『日本の時代史七　院政の展開と内乱』吉川弘文館、二〇〇二年。
＊安田元久『日本の武将七　源義経』人物往来社、一九六六年（新装版、新人物往来社、一九九三年・二〇〇四年）。
　義経の生涯と当時の政治・社会を平易に記述した義経伝記の入門書。

安田元久『日本の歴史七　院政と平氏』小学館、一九七四年。

山下宏明編『軍記物語の生成と表現』和泉書院、一九九五年。

山本幸司『頼朝の精神史』講談社、一九九八年。

歴史資料ネットワーク編『歴史のなかの神戸と平家　地域再生へのメッセージ』神戸新聞出版センター、一九九九年。

渡辺保『源義経』吉川弘文館、一九六六年。


なお、本書執筆途中及び脱稿後に刊行されたものとして次の二点をあげておく。


保立道久『義経の登場　王権論の視座から』NHK出版、二〇〇四年。

菱沼一憲『源義経の合戦と戦略　その伝説と実像』角川書店、二〇〇五年。

あとがき

本書は筆者がはじめて手掛けた人物史である。筆者が、本日本評伝選の監修委員である上横手雅敬先生から執筆の打診を受けたのは、故石井進先生を偲ぶ会の席上であった。そこで、上横手先生から、執筆する人物について提案を求められ、伊勢貞丈はどうかとお答えした。貞丈は、筆者の専門とする有識故実の江戸時代における大家である。筆者の提案に上横手先生も賛意を示されていたが、その案は編集会議ではねられたようで、それに代わって上横手先生からご下命を受けたのが、源義経であった。

編集会議の席上、上横手先生は、「弁慶みたいな男が義経を書く」と筆者を推薦して下さったようだが、義経のような大人物を依頼されたことは、非常に嬉しいことであり、上横手先生に対し感謝の気持ちでいっぱいであった。期待に応えねばと思った。

しかし、その一方で、はじめての人物史でもあり、また研究史の蓄積もなく、執筆できるかどうか大いに不安でもあった。そのため、どのように執筆するか、考えがまとまらぬまま時が過ぎ、昨春になって、本年のＮＨＫ大河ドラマが義経と公表された段階で、にわかにミネルヴァ書房編集部の堀川健太郎氏から催促を受けた。筆者としては、ドラマに合わせて執筆するようなことはしたくなかったが、いつまでも執筆を延ばしても仕方ないので、堀川氏の催促を機に、重い筆を持ち上げることになった。ただし、実質的に執筆を開始したのは、催促からほぼ半年後であるが、堀川氏による執筆中の的確な催促と、脱稿後の迅速な編集作業によって、刊行にこぎつけることができたのである。堀川氏には謝意を表したい。

さて、人物史には様々なアプローチの方法があろう。そのなかで根幹をなすのは、やはり政治史の流れのなかにその人物を位置付けるという方法であろう。

源義経についても、従来は政治性の欠如が説かれてきたが、近年は、義経の政治性を再検討（再評価）しようとする研究が現れてきた。そうしたなかで、本書は、義経の政治性を否定もしていないが、逆に特別な言及もしておらず、オーソドックスな義経像を提示したにすぎないかもしれない。

しかし、歴史は多様であり、政治史だけでは説けないことも多いのではないかと筆者は考える。特に人物史の場合は、政治的問題ばかりを追うと、血の通った生身の人物を描くことができなくなってくるのではなかろうか。その意味では、本書のような身体能力や戦士能力といった面からのアプローチは、有効なのかもしれない。しかし、その点は、読者の判断に任せるしかない。

ところで、筆者がそうした身体能力や戦士能力、それらの育成のための才能と訓練の必要性などに注目する背景は、筆者が研究の一方で、現役のスポーツ選手であるからによる。それは上横手先生が、筆者のことを「弁慶みたいな男」と仰ったこととも関係する。具体的には前著『騎兵と歩兵の中世史』の「あとがき」に譲るが、そのために、筆者は、たとえば「坂落とし」の虚実などについても、理屈や机上の空論ではなく、リアルな生身の問題として考えたかったのである。

それにしても、超人的な記録やパフォーマンスについては、人はとかく実際に見聞しないと信じない傾向にある。当然のことだが、その意味で、「坂落とし」の問題に関しては、第三章に掲載した写真の存在を知ったことは幸運であった。この写真の存在は、人類の馬利用——家畜化や騎乗の起源を考古学から研究されている国士舘大学の川又正智先生からご教示いただいた。明記して学恩に謝する次第である。

この他にも、本書には文化財を中心とする多くの写真が掲載されている。掲載を許可して下さった関係諸機関(一覧表参照)には、ここで改めて感謝したい。なお、写真のうち、一ノ谷・屋島・壇ノ浦・鞍馬の写真は、実際に筆者が現地を訪れ、デジタルカメラで撮影した写真である。

それらの取材旅行は、普段から親しく接している研究者諸氏や関西方面の大学院生諸君等と同行しているが、すべてにわたってご同行願ったのは、本日本評伝選で『源満仲・頼光』をお書きになった元木泰雄氏であった。元木氏のおかげで、毎回、楽しくかつ勉強になる取材旅行となった。好天にも恵まれた。

二〇〇五年七月吉日

近藤好和

源義経略年譜

和暦	西暦	齢	関係事項	一般事項
平治元年	一一五九	1	義経誕生。父源義朝、母常盤。	12月平治の乱起こる。
二年	一一六〇	2		1・4源義朝、謀殺される。 3・11源頼朝、伊豆へ配流。
永万元年	一一六五	7	鞍馬寺に入る。※嘉応元年（一一六九）説もある。	
仁安二年	一一六七	9		2・11平清盛、太政大臣となる。
嘉応二年	一一七〇	12		5・25藤原秀衡、鎮守府将軍となる。
承安四年	一一七四	16	鞍馬寺を出る。近江鏡宿で自ら元服し、東国へ向かい、やがて奥州へ下向する。※この年以前に鞍馬寺を出た可能性も高い。	
治承元年	一一七七	19		6月鹿ヶ谷の陰謀発覚。
三年	一一七九	21		11月平清盛、後白河法皇を幽閉する。
四年	一一八〇	22	10・21駿河黄瀬川陣で頼朝と対面。	2・21安徳天皇践祚。高倉上皇、

				院政開始。5・26以仁王・源頼政、宇治で平氏と戦い、敗死。6・2福原遷都。8・17源頼朝挙兵。8月源頼朝、石橋山合戦で敗れ、安房に逃れる。9・7木曽義仲挙兵。10・6源頼朝、鎌倉に入る。10・20源頼朝、富士川合戦で平氏に大勝。11・26福原より平安京に還都。12・18平重衡、南都を焼き討ちする。
養和元年	一一八一	23	7・20鶴岡八幡宮若宮棟上げに、大工への禄の馬を引く。11・5平氏を迎撃するための遠江発遣予定の関東軍の一員となる。	1・14高倉上皇没。閏2・4平清盛没。3・10平重衡、墨俣川合戦で源行家を敗る。義経同母兄義円、敗死。8・14平経正・通盛、北陸に進発。8・15藤原秀衡、陸奥守となる。
寿永二年	一一八三	25	閏10・17頼朝代官として上洛の途につく。11・4美濃不破関に到着。11・10近江にあり。11・18伊勢に到着。12・1伊勢で義仲クーデターの報を聞き、頼朝に報告。	3月源頼朝、木曽義仲討伐のために信濃に進発。義仲、子息義高を人質に差し出す。4月平維盛、北陸へ進発。5・11木曽義

和暦	西暦	年齢	事項	関連事項
				仲、倶利伽羅峠の合戦で平氏に大勝。7・22木曽義仲、延暦寺に入る。7・25平氏都落ち。7・28木曽義仲入京。8・20後鳥羽天皇践祚。10・9源頼朝復位。10月源頼朝に東海・東山の沙汰権を認める宣旨下る。※閏10月に出された可能性もある。閏10・1木曽義仲、水島合戦で平氏に大敗。11・19木曽義仲、後白河法皇を監禁する。12・10木曽義仲、頼朝追討院宣を得る。
元暦元年	一一八四	26	1・20宇治で義仲軍（志田義広）を敗り、入京。六条殿へ向かい、後白河を警固する。1・26平氏追討宣旨下る。1・29平氏追討のため出京。2・5三草山で平氏を夜襲し、敗る。2・7一ノ谷城郭を攻め、平氏を敗る。2・9京都に凱旋。以後、在京し、畿内近国西国の沙汰を行う。8・6検非違使・左衛門少尉となる。8・10平信兼の子息三人を誅す。8・12伊勢に向かい平信兼を討つ。8・26平氏追討官符	1・15木曽義仲、征東大将軍となる。1・20木曽義仲、粟津で敗死。3・10梶原景時、平重衡を伴い、関東下向。3・28源頼朝、平重衡と対面。6・5源範頼、三河守となる。8・8源範頼、平氏追討のために鎌倉を出立。8・17源頼朝、義経の平氏

			を賜う。9・14河越重頼の娘と婚姻。9・18従五位下に叙留（大夫尉となる）。10・11内裏・院御所の昇殿を許される。10・25大嘗会御禊行幸に供奉。	追討使の任を猶予。9・1源範頼、平氏追討のために出京。
文治元年	一一八五	27	正・10平氏追討のため出京。2・17阿波に向け摂津渡辺津を出航。2・18阿波に上陸。2・19屋島で平氏を敗る。2・21志度で平氏を敗る。3・21壇ノ浦に向かうも雨のために延期。3・24壇ノ浦で平氏を滅亡させる。4・24京都に凱旋。4・27院御厩別当となる。5・7平宗盛・清宗父子を伴い、鎌倉へ下向。5・15相模酒匂宿に到着。鎌倉入りを留められる。5・24大江広元に宛て書状（腰越状）を出す。6・9宗盛・清宗父子を京都へ護送。6・13与えられていた平氏没官領を没収される。6・21宗盛を近江篠原、清宗を同野路で梟首し、入京する。8・16大夫尉兼任のまま伊予守となる。9・12以降梶原景季に対面。源行家追討は病気平癒後に検討の由を回答。10・12行家に同意し、頼朝に謀反を決意する。10・16頼朝追討宣旨を申請する。10・17頼朝からの刺客土佐房昌俊を撃退。10・18頼朝追討宣旨下る。11・2山陽・西海の荘園・公領の沙汰権を得る。	正・26範頼軍、豊後に渡る。2・19佐藤継信、討死。4・21梶原景時が義経を讒言する書状が、源頼朝のもとに届く。6・23平重衡、南都で梟首。7・9京都大地震。11・11諸国に義経追討院宣下る。11・12河越重頼、所領を没収される。※この時、誅罰された可能性もある。11・17静、吉野蔵王堂に現れ、義経の消息を語る。11・24北条時政、上洛。11・25源頼朝に義経追討宣旨下る。11・29守護・地頭の設置が勅許される。12・8静、京都に護送される。12・29朝廷、粛正人事を中心とする頼朝の政治的要求を認める。

二年	一一八六	28	11・3行家とともに西海に出立。11・5摂津大物浦より出航するも難破。11・6天王寺辺に宿す。その後、吉野山へ向かう。11・7検非違使・左衛門少尉・伊予守を解官される。11・22吉野山から多武峰へ向かう。11・29多武峰から遠津河辺に向かう。3・15伊勢神宮に黄金造の太刀を奉納。4・20これ以前、入京し、以後、京中・比叡山・鞍馬・岩倉等に潜伏し、さらに南都・伊賀に移動か。5・10これ以前、義行と改名させられる。11・24義顕と改名させられる。	2・30熊野・金峰山及び畿内近国に義経捜索の宣旨下る。3・1静、母とともに鎌倉に着く。3・11九条兼実、摂政となる。4・8静、鶴岡八幡宮で芸を披露する。5・6京中で義経の捜索が始まる。5・12源行家、捕らえられて梟首される。6・6常盤と義経の妹、捕らえられ、尋問を受ける。6・16義経婿源有綱、自害。7・25伊勢義盛、殺害される。閏7・17義経に与力する僧等捜索の宣旨下る。閏7・29静、鎌倉で義経の子息を出産。その子は、即日殺される。

				9・16静、鎌倉を去る。9・20堀景光、捕縛される。佐藤忠信、自害。10・17義経を保護した興福寺僧聖弘、京都に召し出される。11・25畿内・北陸道に義経捜索の宣旨下る。
三年	一一八七	29	2・10伊勢・美濃を経て奥州に下向。	3・8聖弘、鎌倉に召し出され、尋問を受ける。10・29藤原秀衡没。
四年	一一八八	30		2・14藤原泰衡に義経追討の宣旨下る。2・21藤原基成・泰衡に義経召還の宣旨下る。10・17源頼朝、義経を奥州に送ったという比叡山僧俊章の追捕を御家人に命じる。12・16源頼朝、俊章の引き渡しを比叡山に求める。
五年	一一八九	31	閏4・30衣川館にて妻子とともに自害。	1・5源頼朝、正二位となる。3・9義経の召還の意志を示した藤原泰衡の請文、京都に届く。6・13義経の首級、腰越に届く。

7・19源頼朝、奥州征伐のために鎌倉を出立。8・22源頼朝、平泉館に入る。奥州藤原氏の滅亡。

人名索引

あ 行

か 行

さ　行

た　行

な　行

は　行

ま　行

事項索引

あ 行

か　行

さ　行

た　行

ま　行

や　行

ら　行

わ　行

《著者紹介》

近藤好和（こんどう・よしかず）

1957年　神奈川県生まれ。

1981年　國學院大学文学部卒業。

1987年　國學院大学大学院文学研究科博士課程後期日本史学専攻単位取得退学。

2002年　博士（文学）（広島大学）。

現　在　国立歴史民俗博物館客員助教授，早稲田大学文学部・駒澤大学文学部非常勤講師。

著　書　『弓矢と刀剣』吉川弘文館，1997年。

『中世的武具の成立と武士』吉川弘文館，2000年。

『騎兵と歩兵の中世史』吉川弘文館，2005年，

ほか。

ミネルヴァ日本評伝選

源《みなもとの》義《よし》経《つね》

——後代の佳名を貽す者か——

2005年９月10日　初版第１刷発行　〈検印省略〉

定価はカバーに
表示しています

著　者　近　藤　好　和

発行者　杉　田　啓　三

印刷者　江　戸　宏　介

発行所　株式会社　ミネルヴァ書房

607-8494 京都市山科区日ノ岡堤谷町１

電話（075）581-5191（代表）

振替口座　01020-0-8076番

共同印刷工業・新生製本

ISBN4-623-04475-0

Printed in Japan

刊行のことば

歴史を動かすものは人間であり、興趣に富んだ人間の動きを通じて、世の移り変わりを考えるのは、歴史に接する醍醐味である。

しかし過去の歴史学を顧みるとき、人間不在という批判さえ見られたように、歴史における人間のすがたが、必ずしも十分に描かれてきたとはいえない。二十一世紀を迎えた今、歴史の中の人物像を蘇生させようとの要請はいよいよ強く、またそのための条件もしだいに熟してきている。

この「ミネルヴァ日本評伝選」は、正確な史実に基づいて書かれるのはいうまでもないが、単に経歴の羅列にとどまらず、歴史を動かしてきたすぐれた個性をいきいきとよみがえらせたいと考える。そのためには、対象とした人物とじっくりと対話し、ときにはきびしく対決していくことも必要になるだろう。

今日の歴史学が直面している困難の一つに、研究の過度の細分化、瑣末化が挙げられる。それは緻密さを求めるが故に陥った弊害といえるが、その結果として、歴史の大きな見通しが失われ、歴史学を通しての社会への働きかけの途が閉ざされ、人々の歴史への関心を弱める危険性がある。今こそ歴史が何のためにあるのかという、基本的な課題に応える必要があろう。評伝という興味ある方法を通じて、解決の手がかりを見出せないだろうかというのも、この企画の一つのねらいである。

狭義の歴史学の研究者だけでなく、多くの分野ですぐれた業績をあげている著者たちを迎えて、従来見られなかった規模の大きな人物史の叢書として、「ミネルヴァ日本評伝選」の刊行を開始したい。

平成十五年（二〇〇三）九月

ミネルヴァ書房

ミネルヴァ日本評伝選

企画推薦
梅原　猛
ドナルド・キーン
佐伯彰一
角田文衞

監修委員
上横手雅敬
芳賀　徹

編集委員
石川九楊
伊藤之雄
猪木武徳
今谷　明
今橋映子
熊倉功夫
佐伯順子
坂本多加雄
武田佐知子
竹西寛子
西口順子
兵藤裕己
御厨　貴

上代

俾弥呼　古田武彦
日本武尊　西宮秀紀
雄略天皇　吉村武彦
蘇我氏四代　遠山美都男
推古天皇　義江明子
聖徳太子　仁藤敦史
斉明天皇　武田佐知子
天武天皇　新川登亀男
持統天皇　丸山裕美子
阿倍比羅夫　熊田亮介
柿本人麻呂　古橋信孝
元明・元正天皇　渡部育子
聖武天皇　本郷真紹
光明皇后　寺崎保広
孝謙天皇　勝浦令子
藤原不比等　荒木敏夫
吉備真備　今津勝紀
道　鏡　吉川真司
大伴家持　和田　萃
行　基　吉田靖雄

平安

桓武天皇　井上満郎
嵯峨天皇　西別府元日
宇多天皇　古藤真平
醍醐天皇　石上英一
村上天皇　京樂真帆子
花山天皇　上島　享
三条天皇　倉本一宏
後白河天皇　美川　圭
小野小町　錦　仁
藤原良房・基経　滝浪貞子
菅原道真　竹居明男
紀貫之　神田龍身
慶滋保胤　平林盛得
*安倍晴明　斎藤英喜
藤原道長　朧谷　寿
清少納言　後藤祥子
紫式部　竹西寛子
和泉式部　ツベタナ・クリステワ
大江匡房　小峯和明
式子内親王　奥野陽子
建礼門院　生形貴重
阿弖流為　樋口知志
坂上田村麻呂　熊谷公男
*源満仲・頼光　元木泰雄
平将門　西山良平
平清盛　田中文英
藤原秀衡　入間田宣夫
空　海　頼富本宏
最　澄　吉田一彦
奝　然　上川通夫
源　信　小原　仁
守覚法親王　阿部泰郎

鎌倉

源頼朝　川合　康
*源義経　近藤好和
後鳥羽天皇　五味文彦
九条兼実　村井康彦
北条時政　野口　実
熊谷直実　佐伯真一
*北条政子　関　幸彦
北条義時　岡田清一
曾我十郎・五郎　杉橋隆夫
北条時宗　近藤成一
安達泰盛　山陰加春夫
平頼綱　細川重男
竹崎季長　堀本一繁
西　行　光田和伸
藤原定家　赤瀬信吾
*京極為兼　今谷　明
*兼　好　島内裕子
重　源　横内裕人
運　慶　根立研介

法然 今堀太逸
慈円 大隅和雄
明恵 西山厚
親鸞 末木文美士
恵信尼・覚信尼 西口順子
道元 船岡誠
叡尊 細川涼一
*忍性 松尾剛次
*日蓮 佐藤弘夫
一遍 蒲池勢至
夢窓疎石 田中博美
宗峰妙超 竹貫元勝

南北朝・室町

後醍醐天皇 上横手雅敬
護良親王 新井孝重
北畠親房 岡野友彦
楠正成 兵藤裕己
新田義貞 山本隆志
足利尊氏 市沢哲
佐々木道誉 下坂守
円観・文観 田中貴子
足利義満 川嶋將生
足利義教 横井清
大内義弘 平瀬直樹
日野富子 脇田晴子
世阿弥 西野春雄
雪舟等楊 河合正朝
雪村周継 赤澤英二
宗祇 鶴崎裕雄
*満済 森茂暁
一休宗純 原田正俊

戦国・織豊

北条早雲 家永遵嗣
毛利元就 岸田裕之
*今川義元 小和田哲男
武田信玄 笹本正治
三好長慶 仁木宏
上杉謙信 矢田俊文
吉田兼倶 西山克
山科言継 松薗斉
織田信長 三鬼清一郎
豊臣秀吉 藤井讓治
前田利家 東四柳史明
蒲生氏郷 藤田達生
伊達政宗 伊藤喜良
支倉常長 田中英道
北政所おね 田端泰子
淀殿 福田千鶴
ルイス・フロイス エンゲルベルト・ヨリッセン
*長谷川等伯 宮島新一
顕如 神田千里

江戸

徳川家康 笠谷和比古
徳川吉宗 横田冬彦
後水尾天皇 久保貴子
光格天皇 藤田覚
崇伝 杣田善雄
春日局 福田千鶴
池田光政 倉地克直
シャクシャイン 岩崎奈緒子
田沼意次 藤田覚
末次平蔵 岡美穂子
林羅山 鈴木健一
中江藤樹 辻本雅史
山崎闇斎 澤井啓一
*北村季吟 島内景二
ケンペル ボダルト・ベイリー
荻生徂徠 柴田純
雨森芳洲 上田正昭
前野良沢 松田清
平賀源内 石上敏
杉田玄白 吉田忠
上田秋成 佐藤深雪
木村蒹葭堂 有坂道子
大田南畝 沓掛良彦
菅江真澄 赤坂憲雄
*鶴屋南北 諏訪春雄
良寛 阿部龍一
滝沢馬琴 高田衛
山東京伝 佐藤至子
平田篤胤 川喜田八潮
シーボルト 宮坂正英
本阿弥光悦 岡佳子
小堀遠州 中村利則
尾形光琳・乾山 河野元昭
*二代目市川團十郎 田口章子
与謝蕪村 佐々木丞平
伊藤若冲 狩野博幸
鈴木春信 小林忠
円山応挙 佐々木正子
*佐竹曙山 成瀬不二雄
葛飾北斎 岸文和
酒井抱一 玉蟲敏子
オールコック 佐野真由子
*月性 海原徹
西郷隆盛 草森紳一
*吉田松陰 海原徹
徳川慶喜 大庭邦彦

和宮　辻ミチ子

近代

明治天皇　伊藤之雄
大正天皇　フレッド・ディキンソン
大久保利通　三谷太一郎
山県有朋　鳥海　靖
木戸孝允　落合弘樹
井上　馨　高橋秀直
*松方正義　室山義正
北垣国道　小林丈広
大隈重信　五百旗頭薫
伊藤博文　坂本一登
井上　毅　大石　眞
桂　太郎　小林道彦
林　董　君塚直隆
高宗・閔妃　木村　幹
山本権兵衛　室山義正
高橋是清　鈴木俊夫
小村寿太郎　簑原俊洋

犬養　毅　小林惟司
加藤高明　櫻井良樹
田中義一　黒沢文貴
平沼騏一郎　堀田慎一郎
宮崎滔天　榎本泰子
浜口雄幸　川田　稔
幣原喜重郎　西田敏宏
関　一　玉井金五
広田弘毅　井上寿一
安重根　上垣外憲一
グルー　廣部　泉
東條英機　牛村　圭
蔣介石　劉　岸偉
木戸幸一　波多野澄雄
*乃木希典　佐々木英昭
加藤友三郎・寛治　麻田貞雄
宇垣一成　北岡伸一
石原莞爾　山室信一
五代友厚　田付茉莉子
安田善次郎　由井常彦

渋沢栄一　武田晴人
山辺丈夫　宮本又郎
武藤山治　阿部武司・桑原哲也
小林一三　橋爪紳也
大倉恒吉　石川健次郎
大原孫三郎　猪木武徳
河竹黙阿弥　今尾哲也
イザベラ・バード　加納孝代
林　忠正　木々康子
森　鷗外　小堀桂一郎
二葉亭四迷　ヨコタ村上孝之
巌谷小波　千葉信胤
樋口一葉　佐伯順子
島崎藤村　十川信介
泉　鏡花　東郷克美
有島武郎　亀井俊介
永井荷風　川本三郎
北原白秋　平石典子
菊池　寛　山本芳明

宮澤賢治　千葉一幹
正岡子規　夏石番矢
P・クローデル　内藤　高
高浜虚子　坪内稔典
与謝野晶子　佐伯順子
種田山頭火　村上　護
斎藤茂吉　品田悦一
*高村光太郎　湯原かの子
萩原朔太郎　エリス俊子
原阿佐緒　秋山佐和子
高橋由一・狩野芳崖　古田　亮
竹内栖鳳　北澤憲昭
黒田清輝　高階秀爾
中村不折　石川九楊
横山大観　高階秀爾
橋本関雪　西原大輔
小出楢重　芳賀　徹
土田麦僊　天野一夫

岸田劉生　北澤憲昭
松旭斎天勝　川添　裕
中山みき　鎌田東二
ニコライ　中村健之介
出口なお・王仁三郎　川村邦光
島地黙雷　阪本是丸
*新島　襄　太田雄三
澤柳政太郎　新田義之
河口慧海　高山龍三
大谷光瑞　白須淨眞
李方子　小田部雄次
古賀謹一郎　小野寺龍太
久米邦武　髙田誠二
フェノロサ　伊藤　豊
内村鑑三　新保祐司
*岡倉天心　木下長宏
徳富蘇峰　杉原志啓
内藤湖南・桑原隲蔵　礪波　護
岩村　透　今橋映子

西田幾多郎　大橋良介
喜田貞吉　中村生雄
上田　敏　及川　茂
柳田国男　鶴見太郎
厨川白村　張　競
九鬼周造　粕谷一希
辰野　隆　金沢公子
矢内原忠雄　等松春夫
薩摩治郎八　小林　茂
シュタイン　瀧井一博
福澤諭吉　平山　洋
福地桜痴　山田俊治
中江兆民　田島正樹
田口卯吉　鈴木栄樹
陸　羯南　松田宏一郎
竹越與三郎　西田　毅
宮武外骨　山口昌男
吉野作造　田澤晴子
野間清治　佐藤卓己

杉　亨二　速水　融
北里柴三郎　福田眞人
田辺朔郎　秋元せき
南方熊楠　飯倉照平
寺田寅彦　金森　修
石原　純　金子　務
J・コンドル　鈴木博之
小川治兵衛　尼崎博正

現代

昭和天皇　御厨　貴
高松宮宣仁親王　後藤致人
吉田　茂　中西　寛
マッカーサー　柴山　太
重光　葵　武田知己
池田勇人　中村隆英

和田博雄　庄司俊作
朴正熙　木村　幹
竹下　登　真渕　勝
*松永安左エ門　橘川武郎
鮎川義介　井口治夫
松下幸之助　米倉誠一郎
渋沢敬三　井上　潤
本田宗一郎　伊丹敬之
井深　大　武田　徹
幸田家の人々　金井景子
*正宗白鳥　大嶋　仁
*川端康成　大久保喬樹
松本清張　杉原志啓
安部公房　成田龍一
R・H・ブライス　菅原克也

金素雲　林　容澤
柳　宗悦　熊倉功夫
バーナード・リーチ　鈴木禎宏
イサム・ノグチ　酒井忠康
川端龍子　岡部昌幸
藤田嗣治　林　洋子
*井上有一　海上雅臣
手塚治虫　竹内オサム
山田耕筰　後藤暢子
武満　徹　船山　隆
力道山　岡村正史
美空ひばり　朝倉喬司
植村直巳　湯川　豊
西田天香　宮田昌明
安倍能成　中根隆行
G・サンソム　牧野陽子

和辻哲郎　小坂国継
青木正児　井波律子
矢代幸雄　稲賀繁美
石田幹之助　岡本さえ
平泉　澄　若井敏明
前嶋信次　杉田英明
竹山道雄　平川祐弘
保田與重郎　谷崎昭男
佐々木惣一　松尾尊兊
*瀧川幸辰　伊藤孝夫
福本和夫　伊藤　晃
フランク=ロイド・ライト　大久保美春
大宅壮一　有馬　学
清水幾太郎　竹内　洋

*は既刊

二〇〇五年九月現在